· 53WD1304 学前教育专业产学研用一体化模式实践探索

新编同步成长全书

XINBIAN TONGBU CHENGZHANG QUANSHU

畅销20余年的经典育儿宝典
万千家庭的选择

0~3岁儿童发展家庭实用指南

韩映虹 主 编
孙云瑞 副主编

天津出版传媒集团
天津教育出版社
TIANJIN EDUCATION PRESS

图书在版编目(C I P)数据

新编同步成长全书：0～3 岁儿童发展家庭实用指南 / 韩映虹主编. -- 天津：天津教育出版社, 2019.6
ISBN 978-7-5309-8258-7

Ⅰ.①新… Ⅱ.①韩… Ⅲ.①婴幼儿—家庭教育
Ⅳ.①G781

中国版本图书馆 CIP 数据核字(2019)第 060328 号

新编同步成长全书：0~3 岁儿童发展家庭实用指南
XINBIAN TONGBU CHENGZHANG QUANSHU
0~3SUI ERTONG FAZHAN JIATING SHIYONG ZHINAN

出 版 人	黄　沛
主　　编	韩映虹
副 主 编	孙云瑞
选题策划	王艳超
责任编辑	曾　萱
装帧设计	郭亚非
出版发行	天津出版传媒集团 天津教育出版社 天津市和平区西康路 35 号　邮政编码　300051 http://www.tjeph.com.cn
经　　销	新华书店
印　　刷	北京建宏印刷有限公司
版　　次	2019 年 6 月第 1 版
印　　次	2019 年 6 月第 1 次印刷
规　　格	16 开(787 毫米×1092 毫米)
字　　数	350 千字
印　　张	19.5
定　　价	148.00 元

主 编 韩映虹

· 天津市西青区人大代表
· 天津师范大学教育科学学院教授
· 天津师范大学津沽学院教育系系主任
· 天津师范大学学前教育学科带头人
·《中国传统文化幼儿园创意操作课程》研发与实施指导专家
· 教育部高等学校幼儿园教师培养教学指导委员会委员
· 出版著作六部，发表学术论文数十篇，承担省部级以上课题五项

副主编 孙云瑞

· 天津师范大学学生发展与教育专业博士在研，讲师
· 国家二级心理咨询师
· 中国心理学会会员
· 天津市康复医学会精神康复专业委员会青委
· 擅长沙盘游戏心理治疗和儿童绘画治疗
· 全国学前教育国培计划讲师
· 在天津市妇女联合会、天津市总工会和多所幼儿园开展家长课堂等系列讲座

编委会成员：

孟祥寒、徐学强、张雪松、于 洋、王 静、王建崸、汤 琛、陈 鑫、陈潇屹、李 玮、李 静、张 玉、季 明、赵 真

摄像、摄影：

张东旭、张烁星、孟祥寒、朱致文

录 音：

齐欣然、冀天然

出镜老师：

（按出镜年龄段排序）

孙雨萌、王 稳、郭晋吉、王乙朱、王晓彤、张 奕、王 静、张 玉、安 菲、刁文淼

出镜宝宝：

（按出镜年龄段排序）

田梓涵、田博予、王柏涵、陈浚喆、何佳怡、王泓博、姚雨涵、闫瑞淇、牛牧和、梅亦柔、杨潼媛、姚祥楠、付佳潼、于楠浠、李家加

本书使用说明

这是一本专门为中国0~3岁宝宝的家长量身打造的科学育儿宝典，由学前教育专家韩映虹携医学、营养学、心理学、教育学、护理学、美学等学科的专业团队精心打造。该书融合了国内外前沿的教育理念，同时融入新媒体，由专业团队录制了丰富的音视频资料，以二维码形式随书奉上，力求为读者打造一套集纸质图书与音视频相结合的权威婴幼儿教养方案。

一、本书设有以下栏目

身体发展指标①、心理发展指标——0~3岁是宝宝身体、心理发育最迅速的时期。本书列出了宝宝在各成长阶段的身体、心理发展指标，以供新手父母参考。

育儿关键期——关键期是宝宝最易掌握某种知识技能、行为动作的特定年龄时期，是自然赋予幼儿的一种生命助力。本书针对0~3岁宝宝的每个成长关键期进行分析指导，让家长不错过宝宝每一个成长关键期，使宝宝成长更快乐、家长育儿更轻松。

营养与护理——为新手父母提供婴儿喂养与护理知识，帮助新手父母健康喂养、科学护理。

疾病与预防——正处于快速生长发育期的宝宝，各器官的机能尚不完善，机体抵抗疾病的能力较差，容易受到疾病的伤害。本栏目针对宝宝各时期常见的疾病进行描述，建议家长积极采取预防措施，防患于未然，让疾病远离孩子。

育儿百宝箱——针对宝宝在不同成长阶段的不同表现和父母最关心的问题提供建议。

父母心理课堂——针对宝宝在每个成长阶段可能出现的一些"问题"，引导家长合理、恰当地给予宝宝心理营养，从而让宝宝健康快乐地成长。

夫妻互动课堂——有了宝宝后，家庭结构发生变化，夫妻要共同面对许多新问题，难免产生摩擦。本栏目将为新手父母重温甜蜜时光，提供一些"小妙招"。

二、纸质书与多媒体融合

打开手机，扫一扫二维码，专业团队将通过音视频的形式在线上为您呈现丰盛的视

① 因宝宝之间存在个体差异，故本书中"身体发展指标"一栏提供的体重、身高、头围、胸围指标及出牙情况，仅供参考。如有疑问，建议咨询执业医师。

听盛宴，让新手父母在专业人员的指导下科学合理地在家开展早教，和宝宝一起享受美妙的亲子时光。

视频内容包括：

家庭参考游戏——根据不同月龄宝宝的身心发展特点设计的亲子游戏，让宝宝在游戏中发展各项技能，增进亲子之间的感情交流。

抚触——为家长提供科学的抚触指导。通过大量温和良好的刺激，帮助宝宝获得安全感，增强宝宝对父母的信任感。

被动操——坚持每天给 2～6 个月的婴儿做被动操，可增强宝宝的生理机能，提高宝宝对外界自然环境的适应能力。

主被动操——主被动操适合 7～12 个月的孩子。在家长的适当扶持下，加入婴儿的部分主动动作完成。

音频内容包括：

歌谣——大量充满童趣的短小歌谣，有助于宝宝的语言发展。

国学——让宝宝感受中国传统文化，在传统文化的滋养下学习做人的道理，塑造美好的品格。

故事——有趣的小故事可吸引宝宝的注意，从而更好地刺激宝宝的语言发展。

希望本书能成为您育儿道路上的好助手、好伙伴，并陪伴您和宝宝同步成长，度过人生最宝贵的三年快乐时光！

序

拥有一个健康聪明的宝宝是所有父母最大的心愿。0~3岁是人一生中身体、智力发展的关键时期。意大利著名幼儿教育家蒙台梭利曾经说过:“人生的头三年胜过以后发展的各个阶段。”

在0~3岁阶段,人的大脑迅速发展,形成今后智力、情感、运动、社会交往等各方面能力发展的基础。大量实验研究和教育实践证明,婴幼儿的自我发展具有积极力量,这种“积极潜能”超过了以往人们的想象。在这一阶段,父母如果不给予宝宝丰富的环境刺激,宝宝这种与生俱来的“潜在生命力”就不能得到很好的开发。因此,0~3岁是激发和促进宝宝潜能、开展早期教育的最好时机。而这个时期的养育、教导主要来自父母。如何把握宝宝身心发展规律,抓住每个成长关键期,从而实现婴幼儿的科学教养、健康保健、潜能开发、心理陪伴等方面的有效进行,是做父母首先要学习的必修课。

打开这部书,您将发现我们对儿童的早期教育倾注了很多全新的理念,为已经或即将为人父母的您,编写了这部0~3岁儿童发展家庭实用指南。新手父母们将在本书的引领下见证宝宝的点滴成长。其实在孩子成长的同时,爸爸妈妈们也获得了很多自我成长。在这段美好的时光里,您会陪伴孩子亲手种下一粒爱的种子,而在您和孩子心中,这粒种子将生根发芽,茁壮成长,终有一天,枝繁叶茂,硕果累累。0~3岁阶段的宝宝与爸爸妈妈的同步成长更多在家庭,本书中的“家庭参考游戏”栏目为家长在家给宝宝做早教提供指导,家长还需要细心地观察生活,因为家庭里的很多物品都可以成为教具,家庭生活中的点滴细节都可以成为早期教育的内容和题材。

本书还列出了宝宝各阶段的身体、心理发展指标以供参考,您的宝宝可能在某些方面与“常模宝宝”存有差异,这是正常的,不必太过担忧,因为孩子之间存在个体差异。您只需静下心来关注孩子的每一点成长:第一次抬头,第一次迈步,第一次微笑,第一次喊“爸爸”“妈妈”……陪伴他们,对,就这样默默地陪伴他们。

孩子出生的最初几年获得的成长经验丰富与否,在很大程度上影响着他的大脑发育。早期教育体验越丰富,孩子获得的成长经验越多,其获得的每一份经验都会强化大脑的神经细胞,成为永久的记忆。衷心希望这本书能成为新手父母的育儿助手,帮您从容迎接新生命,开启新生活。

本书编者

目　录

0～1 岁

1～2岁

0~1 岁抚触、主被动操视频

0~1 岁游戏视频

0~1 岁歌谣音频

0~1 岁故事音频

0~1 岁国学音频

因为怕失掉你，

我把你紧紧地搂在胸前。

是什么魔法，

将这世界的珍宝引入我的怀抱？

——泰戈尔

1个月

一、身体发展指标

	男孩	女孩
体重	2.9 ~ 5.6 千克	2.8 ~ 5.1 千克
身高	49.7 ~ 59.5 厘米	49.0 ~ 58.1 厘米
头围	34.5 ~ 39.4 厘米	33.8 ~ 38.6 厘米
胸围	36.9 ~ 37.6 厘米	

二、心理发展指标

(一)粗大动作发展

1. 能做出搜寻反射、吮吸反射、抽缩反射、抓握反射等反射动作;
2. 当有突然刺激时,婴儿会产生全身性的惊跳动作。

家庭参考游戏:找找我的小玩具

游戏目的:训练宝宝俯卧时抬头,锻炼颈椎、腹肌、背肌和胸肌。

游戏准备:宝宝喜欢的发声玩具。

游戏过程:

Step1:让宝宝俯卧位趴好,家长拿来宝宝喜欢的发声玩具,在宝宝周围(上下左右)晃动,让宝宝对其产生兴趣。

Step2:家长再将玩具慢慢放至宝宝头顶斜上方,慢慢移动玩具,宝宝的目光会跟着发声玩具游走。

温馨提示:每次训练宝宝的时间不宜过长,可随次数增加逐步延长时间。另外,为避免吐奶,喂奶半小时后再进行该游戏。

(二)精细动作发展

1. 用手指触碰婴儿手心,婴儿能握住;
2. 婴儿可以模仿成人"吐舌头"的动作。

家庭参考游戏:抓握小玩具

游戏目的:培养宝宝的抓握能力,刺激宝宝的视觉、触觉,并帮助宝宝练习手眼协调能力。

游戏准备:各种材质的玩具。

游戏过程:

Step1:用玩具逗引宝宝,吸引宝宝的注意力。

Step2:让宝宝平躺在垫子上,家长将玩具拿在手上,并与宝宝保持一定距离,让宝宝看到玩具并鼓励宝宝抓握玩具。

温馨提示:玩具与宝宝的距离保持在30至40厘米左右。

(三)言语发展

1. 一般来讲,婴儿越早笑出声,越早会说话;
2. 宝宝能注意和模仿"a""wu""yi"等单音。

(四)认知发展

1. 能转头注视人或能追视红球过中线;
2. 当听到爸爸、妈妈的声音时能平静下来;
3. 可以用目光追随距离自己20至25厘米范围内移动的物体;
4. 可以有意识地将头转向声音传来的方向。

家庭参考游戏:找找星光

游戏目的:训练宝宝的视觉追随能力。

游戏准备:布、小灯。

游戏过程:

Step1:宝宝平躺,父母用一块深色的布蒙住小灯,将小灯置于距宝宝双眼约30厘米远处。

Step2:家长沿水平方向前后慢慢移动蒙布小灯几次。让宝宝练习追视,寻找“小星光”。

温馨提示:家长在移动物体时,千万不要让物品掉落,以免砸伤宝宝;在移动小灯过程中,家长可用语言跟宝宝进行沟通。本游戏每次进行3至5分钟即可,不宜时间过长。

(五)情感与社会性发展

1. 在成人的时刻关注下,宝宝知道“我不舒服时妈妈会关心我”;
2. 妈妈语气过重或声音过高时,宝宝会感觉不安。

家庭参考游戏:表达爱

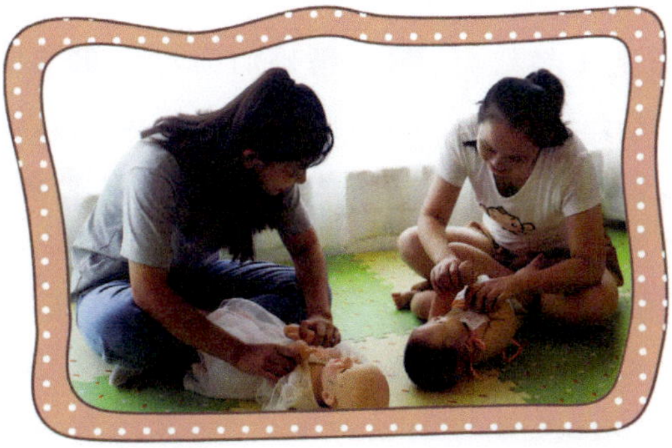

游戏目的:传递妈妈对宝宝的爱,促进宝宝与外界建立良好的关系。

游戏准备:垫子。

游戏过程:

Step1:将宝宝平放在可平躺的垫子上,边跟宝宝说话,边抚摸宝宝。

Step2:从肩部出发,沿着双臂抚摸到手;再从脚出发,沿着双腿抚摸到臀部;然后从颈部出发，从上到下抚摸到宝宝的胸部；最后抚摸宝宝的脸蛋、眉毛、额头、眼睛和鼻子。

Step3: 接下来，把宝宝抱起来，用手抚摸宝宝的背部、颈部和头。

温馨提示: 妈妈的动作应尽量轻柔；抚摸时，妈妈要面带笑容，并不断地与宝宝说话。

三、育儿关键期

安全感

对新生儿，及时满足其各种生理需要很重要。然而研究发现，婴儿不止有生理需要，还有心理需要，他们会要求和父母做心灵上的相互交流和沟通。当他们哭时希望有人回答，笑时希望有人对着他们笑，他们希望父母和家人给予爱抚、触摸和搂抱。因为这个时期的宝宝最需要建立安全感，及时满足宝宝，会使宝宝对家长和这个世界产生信赖和认同。

看似简单的照顾，其实对于新手父母来说，却面临着从心理到生理上的巨大挑战。新手父母应积极调整自身的角色和心态。首先是妈妈，产褥期的妈妈一方面身体需要恢复，另一方面又要照顾宝宝。由于宝宝还没有建立起生活规律，也没有和妈妈建立起默契，新手妈妈们面对宝宝常常会不知所措，极易引发焦虑情绪。这时新手爸爸就要大显身手了。妻子正在经历着巨大的冲击，特别需要老公的支持；宝宝也正面临着生活的考验，特别需要爸爸这双大手的呵护。

不过，相对而言，第一个月面临挑战最大的还是宝宝。宝宝从妈妈体内稳定的环境来到纷繁复杂的世界，一切都是陌生的，这时的婴儿十分缺乏安全感。所以，这个月最关键的任务就是：尽可能及时满足宝宝的各种需要，满足孩子对依恋的需要，给他足够的温暖和安全感，让他在这个抱持的环境中成长，培养宝宝健康的心理。

四、营养与护理

(一)婴儿喂养

1. 母乳喂养

对于婴儿来说,母乳是最好的营养品,母乳中含有婴儿生长发育所需的一切营养物质。0~6个月的婴儿免疫能力很低,通过母乳喂养可以增强宝宝抵抗力。母乳可提供免疫球蛋白,增强婴儿免疫力,且营养比较丰富;另外母乳喂养能够增进母婴感情,帮助产妇和婴儿得到情感满足,从而缓解产妇产后抑郁,更有利于婴儿神经系统的发育;对于产妇来说,母乳喂养能够抑制排卵,延迟月经,促进子宫收缩,减少产后出血,从而有利于产妇恢复。因此世界卫生组织建议:6个月之前纯母乳喂养,6个月后在添加辅食的同时继续哺乳到24个月或以上。

(1)喂养准备

母乳喂养一定要注意清洁卫生。首先,母亲要勤剪指甲,避免坚硬的指甲划伤宝宝稚嫩的皮肤;其次,每次喂奶前要洗手,并用温水清洁乳头和乳晕。

(2)喂奶姿势及含接姿势

喂奶时,以母婴双方舒服的姿势为主,另外可以参考的姿势还有摇篮式、侧卧式和主动寻乳式。不论哪种姿势,都需要全身放松。

①摇篮式

妈妈先找一个舒适的姿势,抱起婴儿后坐好,再调整婴儿到胸部的高度。让婴儿整个身体倾斜,婴儿的头枕着妈妈胳膊的内侧,妈妈用小臂托着婴儿的后背,用手托着婴儿的屁股,把婴儿的头靠在妈妈的大臂上,脸对着妈妈的乳房,头和身体保持一条直线。

然后在妈妈的背后、腿上各放一个枕头,婴儿身体下方的手臂垂放在妈妈的体侧。

之后,妈妈用另一只手的手指和手掌从下面拖住乳房,大拇指从上方扶住乳房,挤出一些乳汁把乳头浸湿。

最后再用乳头碰触婴儿的嘴唇,直到婴儿张大嘴巴,让婴儿含住整个乳晕,乳汁保存在乳晕上,这样可避免婴儿单纯吸吮乳头，有效缓解乳头的不适感，帮助婴儿正确衔乳。

②侧卧式

侧卧式适合在床上喂奶。妈妈先舒服地躺下，头枕在一只胳膊上，可以在头下再放一个枕头。

然后让婴儿的肚子紧紧贴着妈妈侧身躺着，头与身体呈一条直线。为使婴儿侧身躺得更舒服，可以在婴儿背后放一个枕头。

最后按照摇篮式，帮助婴儿正确衔乳即可。

【小贴士】

喂养婴儿时要注意“三贴一对”。“三贴”即妈妈和婴儿胸贴胸、腹贴腹、婴儿的下颌贴妈妈的乳房；“一对”即婴儿鼻子、嘴巴对准乳房。

喂养时妈妈可用一只手的食指和中指按压并夹住乳房，使得婴儿容易吮吸，又不会压迫鼻子，造成呼吸困难。婴儿吸奶的时候，如果发出“啧啧啧”的声音，表明婴儿没有吸到奶，需要调整衔乳方法。两侧乳房交替喂奶，尽量均衡，防止断奶后两侧乳房不对称；此外，平时要注意尽量佩戴棉质胸罩，防止乳房下垂。

对于产妇而言，第一个月建议选择侧卧式喂养，使腰背放松，防止长时间坐式喂养造成产后腰疼。但是长期躺式喂养会影响婴儿下颌发育，故应量力而行。

若婴儿已吃饱，乳房内还有余奶，可用吸奶器将余奶吸出，以促进母乳分泌，同时防止堵塞乳腺管，引起乳腺炎。

③主动寻乳式

母乳喂养需要尊重母亲和婴儿的能力，婴儿有与生俱来的觅食能力，婴儿的吸吮能帮助母亲的乳房正常、适量地产奶。我们不但需要让妈妈们知道婴儿的觅食能力，帮助妈妈建立信心，同时，也要尊重婴儿和母亲的能力，细致耐心地协助母婴顺利地开始母乳喂养。产后立刻就让母亲和婴儿皮肤对皮肤直接接触，是最回归自然、最节省能量、最甜蜜的开始。

(3)喂养时间和次数

世界卫生组织和联合国儿童基金会规定：对未满月的新生儿按需喂养，以不定时、不定量为哺乳原则。是否哺乳由新生儿决定，只要宝宝想吃或者妈妈奶涨都可以喂。每次喂养多少也由新生儿决定，因为母乳喂养过程除了满足宝宝的生理需求外，还能满足宝宝的心理需求。

(4)吐奶、呛奶的应对

①吐奶现象

吐奶是新生儿期的常见现象，是由于消化道和其他有关脏器受到某些异常刺激而引起的神经反射性动作。

注意喂奶姿势。喂奶时婴儿吸进空气即容易造成吐奶,原因多是由喂奶姿势不正确造成的。喂奶时要让宝宝的身体倾斜呈45度左右,头部高一些,身子低一些,以减轻吐奶。此外,喂奶时要让婴儿尽量含住整个乳头和乳晕,避免吸进空气。

掌握喂奶的时间。过于频繁地给婴儿喂奶,也会容易造成吐奶。因为婴儿消化系统还很弱,如果频繁喂奶,而上一次的乳汁在胃里还没有消化完,再次喂奶容易引起婴儿胃部饱胀,就会吐奶。一般情况下,婴儿胃部排空需要3至4小时,所以可以根据婴儿的需求喂奶。

喂奶后拍嗝。喂奶后可以让宝宝趴在妈妈的肩上,让宝宝保持直立姿势,用空心掌轻轻拍打婴儿背部,直到打出嗝,表明已排出胃部气体。当然,拍嗝不是必需的,可根据宝宝状态来判断是否拍嗝。

②呛奶现象

当婴儿吃奶时或吐奶后,乳汁误入气道,容易引起呛奶。轻微的呛奶,多数婴儿会自己调节呼吸和吞咽，或者吐出乳头,暂停吃奶，有时伴有轻微的呛咳。但是若呛奶严重,就要采取措施,否则乳汁会堵塞气道,造成呼吸困难,因此要尽量预防呛奶。故应注意以下事项:

喂奶时机适当。喂奶时一定要保证婴儿心情舒缓,大哭或大笑都不利于喂养;不要等到婴儿饿极了再喂,否则婴儿容易因吃得太急而造成呛奶。

喂奶姿势正确。母乳喂养要让婴儿斜躺，这样容易使乳汁顺畅地流入胃部。人工喂养也应采取斜坡位,且奶瓶底高于奶嘴,以防止婴儿吸入空气。

控制乳汁流出的速度。若妈妈的奶水量多且流出过快,则容易呛到宝宝,此时可用食指和中指轻压着乳晕部位,减缓奶水流出的速度。

喂奶后拍嗝。拍嗝方法和上面防止吐奶的方法相同,拍完嗝后注意把宝宝放在床上保持右侧卧姿躺一会儿。

(5)保持泌乳的方法

母乳是否充足虽和妈妈个人体质有很大关系，但其实真正乳汁不足的妈妈是很少的，绝大多数妈妈都可以产生足够的奶水喂养宝宝。因此只要配合正确的方式方法，绝大多数妈妈都可以成功实现母乳喂养。要保证母乳充足，需要依靠婴儿规律的吮吸与乳房的排空，以及母亲充足的睡眠、轻松愉悦的心情并摄入足够的营养。

①抓住泌乳的时机

为了使母乳充足，首先应重视“三早”，即“早接触”“早吸吮”“早开奶”。新生儿断脐后就会被医务人员抱到母亲乳房前，进行母婴肌肤的“早接触”；新生儿由于吮吸反射也会自发地开始吸吮乳头，即“早吸吮”；隔一会儿再喂奶，即“早开奶”。实行“三早”，对刺激泌乳有重要作用，只有早吸吮、勤吸吮，才能促进乳汁分泌。吸吮是一种良好的刺激，可以增加泌乳反射，进而增加奶量。且刚分娩一周内的乳汁称为“初乳”，虽量少，但营养价值高。初乳含有更多的抗体，能够增强婴儿免疫力，是上天送给婴儿的第一份“礼物”。

②乳房按摩

如果由于一些特殊原因导致母婴不同室，妈妈就要及时对乳房进行按摩，促使乳汁分泌，以防回奶。平时为增加乳汁分泌，也可以每天对乳房进行按摩：双手张开，从乳房基底部两侧开始，向乳头方向挤压，轻轻按摩乳房，露出乳头，围绕乳头均匀按摩，上下左右交替进行；或者每次哺乳前，用湿热毛巾为乳房做热敷，同时打圈按摩 10 至 15 分钟，这样可以刺激奶水分泌；还可以用梳背，经常从乳房基底部像梳头发一样梳到乳头，这样可以有效地促进乳房的血液循环，畅通输乳管道，保证乳汁充足。

③及时排空乳房以增加奶量

如果乳房中存有余奶，就会给大脑信号，宝宝吃不完，所以大脑就停止泌乳了，长此以往，奶水会越来越少。并且，如果乳房长期存奶，还会导致乳腺堵塞，引发乳腺炎。

④科学饮食

哺乳期妈妈一定要注意避免过量进食高热量食物或补品，这样非但不能增加乳汁量，还有可能造成胃肠功能紊乱。另外，还需要注意别吃辛辣刺激食物。若乳汁分泌不足，可以配以药膳或催乳粥汤，适当进补催乳食品。

⑤轻松愉悦的精神状态

分娩后的新手妈妈，往往情绪波动较大，容易情绪低落甚至出现产后抑郁，这都会抑制母乳的分泌量。因此应该始终保持良好的情绪，坚定信心，从而保证乳汁正常分泌。

(6)婴儿吃饱的征象

对于母乳喂养的新手妈妈来说，可能开始无法把握婴儿的吃奶量，故无法判断婴儿到底有没有吃饱,尤其是初生儿,大部分时间都在睡觉,而吃奶对婴儿来说是一个力气活儿,往往婴儿会吃着奶睡着,这就更让新手妈妈迷茫——宝宝究竟吃饱了吗?要保证宝宝吃得好,新手妈妈就要掌握一些新技巧。

①宝宝状态

喂奶几分钟后,会出现奶阵,此时可观察宝宝嘴角有没有漏奶,听婴儿吸吮时有没有吞咽的声音。或者婴儿自动吐出乳头,引不出觅食反射,进而表现出满足感。

②大小便次数

婴儿每天至少有小便六七次,大便二三次。

③小便颜色

浅色或无色,说明水分充足;深色表明宝宝摄入母乳不足。

④体重

体重有规律性增长。一般而言,3～4 个月的宝宝体重是出生时的两倍,1 岁左右是出生时的三倍。

如果上述现象都出现了,说明婴儿已经吃够奶了。

2. 母乳储存

为促进母乳分泌,或者因为特殊原因不能及时喂奶,或者已经上班的妈妈需要备奶,这时就需要将母乳挤出来储存。那么,母乳应该如何储存呢?

将挤好的母乳装进储存袋封好,把储存袋上留存的水分擦干,在储存袋外面贴好标签,注明时间,以便给孩子按时间先后食用。那么,母乳的保存期限有多久呢?

根据卫生部有关母乳宣传的小册子,对母乳保存的方法建议如下:

室温:19℃至 26℃时 4 小时;

冷藏:单门冰箱 24 小时,双门冰箱温度低于 4℃时 72 小时;

冷冻:单门冰箱 2 周,双门冰箱 2 个月;

独立冰柜:-20℃至-18℃时 6 个月。

储存的母乳需要放入温奶器中加热后再喂给婴儿,或者放入热水中温热。如果婴儿没有吃完,两个小时之后母乳即会变质,需要立即倒掉,不能再次放入冰箱储存。

虽然冰箱可以保存母乳,但从卫生和营养角度来看,非特殊情况,还是要尽量保证婴儿能够喝到最新鲜的母乳。

3. 混合喂养

母乳喂养对母婴的好处多多，但是由于一些特殊原因，有些妈妈会面临母乳不足的问题，这时一般要采用混合喂养的方式，以确保婴儿获得足够的营养。混合喂养需要注意以下几个方面：

(1)以母乳为先，尽量多吃母乳

混合喂养应该采用“补授法”，即每次先尽可能多地让婴儿吃母乳，如果吃完母乳他还没有饱，可再补充一定量的配方奶。先从少量开始，比如一次加配方奶30毫升，然后观察宝宝反应，如果宝宝吃后不入睡或不到1小时就醒，张口找乳头甚至哭闹，说明他还没吃饱，可以再适当加量，直到宝宝吃奶后能安静或持续睡眠1小时以上。千万注意不要因为母乳不足，而不让婴儿吃母乳或者减少吃母乳的次数，这样会使母乳越来越少。要知道，促进母乳分泌的方法之一，就是婴儿的吸吮刺激。

(2)一次只吃一种奶

也就是说，吃母乳和吃配方奶要错时进行，否则会使婴儿消化不良，也会造成婴儿对乳头混淆，进而厌奶或拒绝奶瓶。

(3)可以利用夜间让婴儿多吃母乳

夜间母乳的分泌量相对于白天会多一些，而婴儿在夜间的乳汁需求量又相对要少，所以一般在夜间，母乳能够满足婴儿需求，故夜间可以让婴儿多吃母乳。如果母乳不够，再考虑喂养配方奶粉。

4. 人工喂养

(1)进行人工喂养的原因

①疾病原因

母体疾病：当妈妈患有乳腺疾病、传播性疾病（如结核、肝炎、艾滋病等）、糖尿病、心脏病、慢性肾炎、严重感染性疾病（如肺炎、严重感冒等）、精神疾病（如癫痫）、恶性肿瘤等时，需要配合各种药物进行治疗，都不宜进行母乳喂养，否则会危害婴儿的健康。

婴儿疾病：当婴儿出现母乳性黄疸、代谢性疾病（如半乳糖血症或苯丙酮尿症）以及婴儿先天缺陷（如严重唇腭裂）等时，不宜进行母乳喂养，否则会加重疾病。

②其他原因

除了因母婴疾病而无法进

行母乳喂养外，可能还有其他客观原因。比如母乳不足或母乳稀薄无营养，或者母亲因上班、出国或出差，不得不与婴儿长期分离，也需要进行人工喂养。

(2)科学进行人工喂养

给婴儿喂配方奶前后，一定要对喂奶工具进行清洁和消毒，可以使用消毒机，也可以采用沸水煮的方式。之后按照配方奶粉说明上的比例冲调奶粉。

注意人工喂养的姿势，奶瓶要倾斜一定角度，让奶液充满整个奶嘴，防止婴儿吸入空气。婴儿的身体也要倾斜一定角度，且需要控制婴儿喝奶的速度，防止婴儿吐奶或呛奶。人工喂养的婴儿更容易吐奶和呛奶，所以喂奶以后，一定要正确地给婴儿拍出奶嗝，且帮助婴儿以右侧卧姿在床上躺一会儿。

人工喂养的婴儿容易上火便秘，所以要在两次喂奶之间喂婴儿一些白开水。另外可多给婴儿以顺时针方向按摩腹部，以减缓便秘。

第一个月的宝宝食量并不大，但也需要保证白天2至3小时给宝宝喂一次奶，每次60至90毫升，晚上可间隔3至4小时喂一次，但是也要根据宝宝食量而定。每次准备的奶量可以超过宝宝实际要吃的量，一方面方便准确判断宝宝的食量，另一方面又可满足宝宝的食欲。

5. 婴儿营养的补充

科学喂养方式提倡婴儿6个月以内尽量采用纯母乳喂养。正常情况下，母乳足够满足6个月以内宝宝营养所需，唯一需要另外补充的就是维生素D。维生素D又被称为“阳光维生素”，可以促进钙的吸收，助力婴儿骨骼、牙齿发育。如果长期缺乏维生素D会导致佝偻病，严重的还会造成孩子骨骼发育不良，出现O型腿、X型腿等问题。因此，对于母乳喂养的宝宝，从其出生15天开始一直到3周岁，都需要补充维生素D。富含维生素A、D的主要是维生素AD制剂。另外，婴儿满月后，还需要增加每天晒太阳的时间，以保证摄入充足的维生素D。

(二)婴儿护理

1. 如何抱新生儿

新生儿颈部还很软,竖不起来,而且身体各个部分的骨骼也都是软的,所以需要掌握一些技巧,做到科学地抱宝宝。

(1)摇篮抱

首先成人将一只手伸到宝宝脖子底下,用手掌轻轻托住宝宝的头和脖颈,另一只手从另一侧伸到宝宝臀部底下,托住宝宝的腰部和臀部。

然后成人的身体靠近宝宝,两只手小心地将宝宝的身体抱起。注意要使宝宝的头、脖颈、腰和臀部保持在一条直线上。

最后成人挪动托在脖子后面的那只手, 让宝宝脖颈完全靠在成人的胳膊肘内侧上,成人用手掌托着婴儿的后背,另一只手依然托着宝宝的腰部和臀部。

(2)竖抱

首先和摇篮抱一样,先横着抱起宝宝。

然后成人将身体靠近宝宝,两手托着宝宝的头、脖颈和臀部将宝宝的头贴在成人肩膀上,再慢慢竖起来。

最后稳稳地竖抱起来后,分别用两手托住宝宝的脖颈和臀部。

【小贴士】

①婴儿头重脚轻,且3个月内的婴儿脖颈很软,撑不住头部,所以抱的时候一定要注意扶住婴儿的头和脖颈。

②用摇篮方式抱宝宝，最好让婴儿的头贴近成人的左胸口，这样可以听见成人的心跳声，达到安抚宝宝情绪的目的。

③给婴儿喂奶之后，宜竖抱宝宝进行拍嗝，这样可以拍出吸入胃部的空气。

④抱新生宝宝可以增加宝宝的安全感，安抚宝宝情绪，但注意不宜长时间抱宝宝，否则容易使宝宝疲劳。

2. 婴儿沐浴

沐浴可使婴儿保持皮肤清洁，预防感染，促进血液循环，增强抵抗力，还可增进亲子关系，并促进宝宝触觉、温度感知觉等能力的发展。需要注意的是，新生儿沐浴不是必需的，因为其身体上的胎脂对其有保护作用，不需要过度清洗。

给婴儿沐浴可采用盆浴或淋浴，但是对于家长来说，盆浴更方便掌握。婴儿需要有自己专用的浴盆，以防细菌感染。

(1)沐浴之前的准备

①给婴儿沐浴要注意在其不饿时进行，最好选择在婴儿吃完奶1小时之后。

②为婴儿准备好更换的衣服、尿片，以及宝宝的浴巾、洗护用品（包括润肤露、沐浴露、爽身粉、护臀膏以及消毒用品）等。

③保证室温不低于26℃，水温保持在37℃至38℃，需要用水温计测温，或者用手肘关节来测试水温，感觉不冷不热为宜（安全起见，注意洗澡水要先放冷水，再放热水）。

(2)沐浴方法

①给宝宝洗澡时动作要轻柔，亲切地注视着宝宝，边洗边和宝宝温柔地说话。

②洗澡顺序：先洗上半身，后洗下半身，先洗前面，后洗背部。具体顺序为：头颈—胸腹部—腋下—四肢—生殖器—背部—臀部。

(3)具体步骤

准备：将宝宝放入浴盆，成人用左手的拇指、食指从宝宝的耳后向前遮挡其两只耳洞，防止水流入耳内；左臂托夹宝宝身体，使宝宝背部靠在成人前臂上；然后给宝宝湿身，让宝宝适应水温。

洗脸：首先成人用纱布清洁宝宝眼部（从眼角到眼尾进行擦拭），然后再依次清洁面颊、口、鼻和两耳前后。

洗头：弄湿头发，成人手抹少许宝宝专用洗发液，从前到后，轻轻按摩宝宝头部。注意宝宝的前囟门[①]部位不要用力按压和搓洗。清水洗净之后，用干毛巾

---

① 囟门指宝宝颅骨结合不紧所形成的颅骨间隙。有前囟和后囟之分。后囟门靠近宝宝头枕部，是两侧顶骨与枕骨之间的骨缝形成的三角形间隙；前囟门在宝宝头顶部，是两侧额骨与两侧顶骨之间的骨缝形成的菱形间隙。

擦干。

洗颈部→胸腹部→腋下→四肢→生殖器：成人一手从宝宝颈后部握住其上臂，让其头部依靠在成人的前臂上，另一只手取少许沐浴液，分别清洁宝宝颈部、胸腹部、腋下、四肢和生殖器。注意让水从上向下流，且要认真清洗褶皱处。

洗背部→臀部：成人一手从宝宝前胸部握住宝宝上臂将其翻转，宝宝的头要露出水面，前胸依靠在成人前臂。取少许沐浴液分别清洁宝宝的后颈、后背和屁股。

擦干：将宝宝放在备好的浴巾上，擦干全身，涂抹润肤露、爽身粉和护臀膏，穿好衣服。

消毒：如宝宝脐带尚未脱落或脱落后第一周，用75%浓度的酒精消毒其脐窝部。

(4)注意

给宝宝洗澡应在5至10分钟内完成，最长不能超过15分钟；另外不要频繁给宝宝使用洗发液和沐浴液，一周使用2至3次即可。

3. 婴儿皮肤护理

宝宝刚出生时，肤色都较浅，通常是粉红色，这是因为婴儿的皮肤很薄，所以红色的血管清晰可见。新生宝宝身上还会有一层胎脂，是一种白色的奶酪状物质，可以在羊水中保护宝宝的敏感皮肤。新生宝宝通常在出生后几天内有脱皮现象，对此不必过于担心，过段时间就会恢复到正常的皮肤。

4. 婴儿脐部护理

脐部一定要护理好。脐带内有两根动脉、一根静脉，且脐带下方是腹膜，再下方就是肝。如果脐部护理不好，可能会引起败血症。

(1)婴儿出生时，医生将为宝宝结扎脐带。出生1天后脐带会自然干燥，2至3天变黑色。正常情况下，7至15天宝宝脐带脱落，1个月左右完全长好。

(2)脐部要尽量暴露、保持干燥，做好清洁(每天消毒脐部一至两次)。如果仅仅潮湿，没有发红和炎症，一天消毒一次就够了，不要过度消毒；如果分泌物多，需要消毒两次；如果红肿，则怀疑感染，应该尽快就医。

(3)脐带脱落前消毒方法：先用一根干棉签擦净脐窝内的水；然后换一根棉签浸透75%

浓度的酒精溶液，棉签离开溶液瓶时不能碰到瓶口；分开脐带和皮肤，将棉签横过来由中心向外涂抹一个直径2至3厘米的圆圈；观察棉签，如果有白色黏物，就换一根棉签再次消毒，直到棉签颜色不变。

(4)脐带脱落后的消毒方法：先用一根干棉签擦净脐窝内的水；然后换一根棉签浸透75%浓度的酒精溶液，擦拭脐部，若出现少许白色泡沫，则说明脐部有炎症；再用棉签蘸取2%浓度的碘酒溶液擦拭消毒，可换棉签消毒两次。若红肿明显，则需要及时就医。脐带脱落一周后，如果没有炎症或分泌物，就可以不用再消毒了。

5. 婴儿哭声的解读

婴儿无法用语言表达自己的需求，唯有通过哭与父母沟通交流。因此父母要慢慢学会听懂婴儿的哭声，看懂婴儿的身体语言和暗示。

(1)“妈妈，我饿了”——出现于喂奶之后2至3小时，一般声音洪亮、短促而有节奏，时哭时停，间歇有转头左右觅食动作，抱起后头立即偏向妈妈一侧乳房，做吸奶动作，喂奶后哭声停止。

(2)“妈妈，我尿湿了”——婴儿大小便染湿了尿布就会不舒服，其哭声是先短后长，无节奏感，两声之间间隔较长，抽泣时短促有力，换完尿布，哭声立即停止。

(3)“妈妈，我被吓到了”——猛地出现一个声音或一个物体等，婴儿会突然大哭，先长后短，这时候尽快将婴儿摇篮式抱在怀里，让其听听妈妈的心跳，轻轻晃动宝宝，并深情地望着他，和他温柔地说说话，听听轻柔的音乐或用玩具逗宝宝等，哭声会渐渐停止。

(4)“妈妈，我要人陪”——出生1个月内的婴儿需要安全感，当婴儿哭哭停停，哭声长短不一，无节奏感，且不时左顾右盼时，说明婴儿可能是无聊了，这时如将其抱起，哭泣就会停止。建议爸爸妈妈在这个时候陪陪宝宝，拍拍他，哄哄他，陪他说说话……总之先安抚，不要立刻抱起来。

(5)“妈妈，我困了”——如果婴儿出现打哈欠的动作，且成人没有理解，还去逗他，宝宝的哭声就会变得强烈，且伴有颤抖，这说明宝宝困了，试着安抚他睡觉，哭泣会停止。

(6)“妈妈，我肚子痛”——婴儿哭得很厉害，甚至哭声尖锐，大概出现在宝宝出生3周以后，一般在傍晚和前半夜，每次持续大约3小时，一周大约出现3天，大约会持续3个月，可能就是肠绞痛。这时候可以给宝宝做腹部按摩，让宝宝趴着睡，可以在宝宝肚子上垫个小枕头；每次给宝宝吃得少一点儿，可使肠绞痛得到缓解。

(7)“妈妈，我生病了”——婴儿突然大哭，声音大而节奏快，短而尖锐，难以通过上面的方法使其停止；或者哭声细微、无力，似呻吟，持续不停止，甚至精神状态不佳，或伴有呕吐，应该前往医院检查。

6. 婴儿大小便的观察

(1)小便

婴儿出生 12 至 24 小时，第一次排尿，出生 1 至 2 天内，排尿量很少，一周后逐渐增多，每天 6 至 8 次。正常的小便颜色微黄，如果呈现微红色，且尿量少，表明奶吃得太少了，应该适当增加奶量。

(2)大便

婴儿的胎便一般会在出生后 24 小时之内排出，因为要排出胆红素，所以初生宝宝的大便是墨绿色的，且黏稠无味。胎便一般三四天可以排完，若超过 48 小时没排胎便，需要及时就医。之后的大便为过渡便，为黄绿色，黏稠度比胎便要小，一般一两天内排完。新生儿在一周内排完胎便和过渡便后，便是正常的大便了。

①母乳喂养和人工喂养的大便特征

婴儿的大便量没有固定标准，且每个宝宝都有自己的排便习惯，次数不定。出生 1 到 2 个月的宝宝，一天排便 2 至 5 次，甚至七八次的都有，还有的宝宝一周排便 1 次都可能是正常的。但母乳喂养的宝宝和人工喂养的宝宝大便则明显不同。

母乳喂养：母乳喂养的宝宝正常情况下，大便为金黄色，软糊状，没有泡沫比较好，会带有酸味，无臭，一般一天 3 至 5 次，因食量不同而有所不同。

人工喂养：人工喂养的宝宝大便可能会干燥些，呈硬条状，颜色为淡黄或淡棕色，味臭，次数较少，有片状物，但需要注意有奶瓣不一定是消化不良。

②异常大便

草绿色大便：

情况 A：大便量少，但次数频繁，一天七八次，则为饥饿性大便，表明宝宝没有吃饱，需要增加母乳量，如果母乳不足则应该添加配方奶粉。母乳喂养的宝宝的大便中有颗粒，那是未被吸收的脂肪粒，证明奶肯定够了；喝配方奶的宝宝大便中出现颗粒，则可以将奶冲淡一点。

情况 B：大便量多，并带酸臭味，可能是宝宝受凉了，这时需要护好宝宝的腹部。

蛋花(水泻)状大便：

即婴儿腹泻。判断婴儿是否腹泻不看大便次数，看大便性状。出现水泻状大便，应考虑宝宝是否对妈妈饮食中的某些食物过敏，可适当调整妈妈的饮食。比如妈妈产后经常会吃红糖，如果直接红糖兑热水泡开或者在某样食品中直接添加红糖，都容易引起宝宝水泻状大便，所以红糖水一定要煮开喝。出现水泻状大便，也有可能是宝宝对妈妈进食的鸡汤、鱼汤、虾等不适应。

有血丝大便：

表现为宝宝夜哭，可能为肠绞痛，也可能是由细菌引起的腹泻，宝宝腹部非常硬而鼓，需要马上就医。

宝宝每日大便的形状和次数是判断宝宝是否健康成长的重要依据，爸爸妈妈一定要学会观察婴儿大便，以便及时了解宝宝的身体状况。

7. 婴儿睡眠

出生1个月内的宝宝大部分时间都在睡觉，大概每天需要睡15~18小时，其中白天睡3至5次，一般睡7~9小时；夜醒2至3次，夜间大概睡8~9小时。其中睡整觉的时长一般为3小时左右，所以妈妈要隔3小时左右喂一次奶。因为婴儿大脑发育尚未成熟，需要充足的睡眠来保证大脑休息，从而促进神经系统发育，因此一定要给予宝宝健康的睡眠。

(1)睡眠环境

婴儿睡眠环境以温度24℃至26℃，湿度保持60%左右为宜，并且房间最好向阳、通风、清洁，另外父母需要注意不要给睡眠中的宝宝穿盖得太厚，温度较高容易使宝宝烦躁不安，影响睡眠。父母要注意在宝宝日常的睡眠中教会宝宝分辨昼夜，可以在白天的睡眠中，保持正常的亮度和声响，因为宝宝在妈妈肚子里时，已经适应了白天嘈杂的环境，所以对他来说，反而有安全感。但是在晚上睡觉时就要把灯关掉，并保持房间的安静，给婴儿创造一个安静的睡眠环境。这样，婴儿就会逐渐懂得白天是玩耍时间，晚上是睡觉时间，进而分辨昼夜，为以后有规律的睡眠打好基础。

(2)睡眠习惯

有很多关于宝宝睡眠问题的理论，但是鲜有研究成果可以支持这些理论，因为每个宝宝都是不一样的，睡眠习惯也各不相同。

对出生1个月内的宝宝不必太纠结于哄睡方式，无论怎么哄睡，让宝宝睡才是主要目的。科学的睡眠理论不建议抱睡和奶睡，但是就实践经验来看，抱睡和奶睡是不可避免的，因为婴儿来到这个世界，大部分器官尚未发育成熟，他们喜欢妈妈的怀抱，妈妈的气味和心跳会给他们安全感，可以让他们安心入睡。奶睡对于未满月的宝宝来说也是不可避免的，因为这个时期的宝宝更多时间是睡觉，且对他们来说，吃奶是一个力气活，很容易因为疲惫而睡着，所以妈妈不用过于担心这会成为一个坏习惯，只需要关注宝宝是否吃饱就可以了。婴儿往往还没吃饱就会睡着，所以妈妈可以逗引他，捏捏宝宝的耳朵，摸摸宝宝的小手、小脚等，以确保宝宝吃饱。但是对于奶睡，妈妈需要把握好度，到宝宝满月后就需要慢慢调整，直到形成自己认为最佳的方式，以避免因为夜奶而造成宝宝频繁夜醒和妈妈的身心疲惫。

(3)睡眠姿势

对于婴儿来说，睡眠姿势主要有仰卧、侧卧和俯卧。仰卧时，不必担心宝宝窒息，这种睡姿也方便宝宝的四肢活动。但是仰卧容易造成宝宝吐奶和呛奶，需要密切关注。同时由于宝宝会有惊跳反射，容易造成婴儿缺乏安全感，从而影响睡眠质量。而侧卧可以减少宝宝吐奶和呛奶，不容易造成异物堵塞。但是对于出生1个月的宝宝来说，侧卧容易疲惫，且不易独自侧卧，需要借助外力支撑。俯卧是婴儿在妈妈肚子里的姿势，对婴儿来说更有安全感，容易睡熟，且易于婴儿消化，帮助婴儿锻炼颈背大肌肉群。但对于头重且颈部无力的宝宝来说，俯卧容易造成窒息，也不方便四肢的活动，所以在宝宝能稳当抬头并会自由翻身之前，还是建议宝宝“仰着睡、趴着玩”。

各种睡姿都有其优劣，为了帮助婴儿塑造完美头型，可以时常将其头部向左、向上、向右交替调整，以免因长期同一个睡姿造成婴儿头型睡偏。更重要的是，每个妈妈可以根据自己宝宝的情况，为宝宝选择睡姿，以减少意外伤害，提高睡眠质量。

(4)睡眠安全

婴儿睡眠安全是大家密切关注的话题，世界范围内在睡眠中发生意外的婴儿不在少数，因此新手父母一定要做好防范。要注意婴儿的睡眠安全，千万不要因为新生儿还不会翻身、不会滚、不会爬而放松警惕。

①父母与婴儿尽量同屋不同床。如果父母与婴儿同床的话，应高度警惕，避免成人因睡得过沉而压到宝宝导致骨折，或因被子、乳房堵到婴儿气道导致窒息的情况。

②宝宝睡眠中不可俯卧，因为新生儿头重，且颈部无力，还抬不起头来，在无人照看的情况下，俯卧容易造成窒息。

③出生2个月内的婴儿虽然还不会翻身、滚、爬、坐等，但是睡眠中会转圈、蠕动，因此，婴儿睡床的四周和床附近地面一定要做好防护措施，另外看护者最好不要长时间离开。

④出生1个月内的婴儿还不会控制自己的小手，所以婴儿周围不要放毛绒玩具、口水巾、松软不固定的床单、衣物等，以防婴儿将其捂到脸上，遮盖口鼻导致窒息。

⑤需要经常检查婴儿周围是否存在细小的东西，如头发、珠子、小球等，以防婴儿误食或堵住口鼻。最好不要束缚婴儿的小手，可以经常给婴儿剪指甲以防其抓破自己。

⑥不要让没有接触过训练的宠物接近熟睡中的婴儿，也不要让稍大一些但还不懂事的宝宝和熟睡中的婴儿独处，以防发生意外。

⑦根据婴儿的身高、体重选择符合安全标准的婴儿床，保证护栏间距不要超过7厘米，以防宝宝的头或身体伸出护栏造成危险，也最好不要低于4厘米，防止卡住宝宝的胳膊或腿而发生意外。所以要时常检查婴儿床的零件，确保没有安全隐患。

婴儿真的很脆弱，身为父母，为了宝宝的健康成长，要努力做到防患于未然。

五、疾病与预防

（一）新生儿贫血

新生儿贫血是指新生儿期红细胞和血红蛋白数量相对不足的症状。新生儿贫血可发生在出生时，产生的原因包括失血过多、红细胞溶血和红细胞再生障碍等。出生时的贫血可表现为苍白、心力衰竭或休克，早期新生儿贫血比较紧急和危重，需要及时有效地诊疗。

（二）新生儿黄疸

新生儿体内胆红素的累积引起巩膜、皮肤、黏膜或其他器官黄染的现象称为黄疸。黄疸是新生儿常见的症状，这是由于新生儿的胆红素增加、肝细胞摄取胆红素不足等原因导致的。

新生儿黄疸可分为生理性黄疸与病理性黄疸，其中以生理性黄疸为多见。生理性黄疸一般发生在出生后2至3天，4至6日达到高峰，出生后两周消退；病理性黄疸多发生在出生24小时以内，症状持续时间长，两周后不消退。引起新生儿病理性黄疸的疾病中，以ABO溶血与Rh溶血最为常见。新生儿黄疸可导致神经系统的损害，称为核黄疸。所以无论新生儿出现哪类黄疸现象，成人都应密切观察，做到早发现、早治疗。

(三)脐部肉芽肿

脐带剥脱后的表层由一层很薄的皮肤覆盖，随后形成瘢痕组织，创面一般在半个月内完全愈合。细菌会导致脐带延迟脱落并增加脐部发炎的可能性。脐带受到轻微的感染或上皮组织形成不完全时，脐基底部会长出湿润的肉芽组织，伴有少量黏液或脓性物质渗出。每天用酒精彻底清洁创面数次，会取得很好的疗效。脐底部肉芽组织的形成比较常见。肉芽组织较软，含有血管，呈粉红色颗粒状，伴有脓性渗出物。

(四)唇腭裂

唇腭裂为胚胎 4 至 10 周期间，由于某些致病因素导致的胎儿面部发育异常。唇裂为常见的畸形，分为单侧、双侧和正中型，可单独发生或与腭裂并发。腭裂是因为胚胎时期向腭部融合的突起发育障碍，造成口腔与鼻腔相通。造成唇腭裂的因素包括基因与环境因素，除少数家族遗传倾向外，环境因素包括母体环境、感染、药物和不良生活习惯及营养因素。在怀孕前 3 个月，母体病毒感染、服用药物、营养缺乏、接触有害化学物品、中毒、接触放射性物质等均可能对胎儿造成不良影响。

唇腭裂手术一般在婴儿出生后 2 至 3 个月内进行，双侧唇裂婴儿手术时间可推迟至 6 个月以后进行，术后配合进行婴儿语言训练，对以后的发音说话起着重要作用。唇腭裂除影响婴儿发音以外，还会影响其哺乳过程，易发生呛咳，可采取坐位哺乳或滴管哺乳，以免乳液流入鼻腔内。

(五)先天性甲状腺功能减低症

先天性甲状腺功能减低症患儿常在出生半年后出现典型症状：

1. 特殊面容和体态。头大，颈短，皮肤粗糙、面色苍黄，毛发稀疏、无光泽，面部黏液性水肿，眼睑浮肿，眼距宽，鼻梁低平，唇厚，舌大而宽厚，常伸出口外。患儿身材矮小，躯干长而四肢短小，腹部膨隆，常有脐疝。

2. 智能发育低下，表情呆板、淡漠，神经反射迟钝；运动发育障碍，如翻身、坐、立、走的时间均延迟。

先天性甲状腺功能减低症，在生命早期对神经系统功能损害严重，但是该病治疗容易、疗效佳，因此早期诊断、早期治疗非常重要。对出生后 2 至 3 天的新生儿进行取血筛查，可以帮助患儿早期确诊，避免精神发育迟滞，减轻家庭与社会负担。新生儿筛查阳性者，确诊后应立即开始正规治疗。

六、育儿百宝箱

(一)早接触、早吮吸、多吮吸

新生儿喂养是门大学问。出生后母乳喂养越早越好，一般为出生后半小时左右。如果妈妈暂时没有分泌乳汁，也要尽量让新生儿吮吸乳头，以促进乳汁分泌，并增进母婴的感情，也利于母体因分娩造成的伤口的愈合。根据联合国儿童基金会和世界卫生组织提供的促使母乳喂养成功的十项措施要求，对正常分娩，母亲情况良好者，提倡母亲在产后半小时开始哺乳。因为吸吮反射是人类本能，此反射于胎内 32 至 36 周时成熟，出生后 10 至 30 分钟最强，30 分钟后减弱，要到第二天才恢复。早吸吮可锻炼、巩固吸吮反射，有助于母乳分泌及喂养成功。乳汁是越吸越多，且边吸边分泌。

(二)按需喂养很重要

给宝宝喂奶最好有一定规律。喂奶的次数同年龄、体重有关。1~3 天的宝宝，按需哺乳，每次喂 10~15 分钟(要遵循按需哺乳的原则，根据个体差异而定)。4~14 天的宝宝，每 4 小时喂奶一次，每次喂 15~20 分钟，每次喂 30~90 毫升。15~30 天的宝宝，每隔 3 小时喂奶一次，每次 15~20 分钟。喂奶时间可安排在 6 点、9 点、12 点、15 点、18 点、21 点、24 点、3 点，每次喂奶 70~100 毫升(要遵循按需哺乳的原则，根据宝宝个体情况而定)。

2个月

一、身体发展指标

	男孩	女孩
体重	3.5～6.8 千克	3.3～6.1 千克
身高	52.9～63.2 厘米	52.0～61.6 厘米
头围	36.4～41.5 厘米	35.6～40.5 厘米
胸围	38.9～39.8 厘米	

二、心理发展指标

(一)粗大动作发展

1. 仰卧时头会左右转动;
2. 俯卧时能抬头 45 度,持续 1~2 秒钟。

家庭参考游戏:抓一抓,捏一捏

游戏目的:会反射性抓住放入手中的物体。

游戏准备:摇铃、响圈儿等能发出响声,且色彩鲜艳的玩具。

游戏过程:

开始可将玩具放在婴儿手中,让其握住,逐步地再用玩具的声音和色彩逗引孩子,以引起他注意,同时触碰他的手,吸引他去抓握。每天多次训练,发展婴儿手眼的协调能力。

温馨提示:准备的玩具要圆滑、轻巧,适宜抓握。

(二)精细动作发展

1. 会反射性抓住放入手中的物体;
2. 眼睛可追视移动的物体转动90度以上。

家庭参考游戏:绕拳

游戏目的:开发宝宝的双手协调能力。婴儿对成人的强烈依赖感是具有保护性的生理功能,能帮助成长中的宝宝承受生活中的压力。

游戏准备:游戏在宝宝睡醒状态下进行。

游戏过程:

Step1:妈妈握着宝宝的两个小拳头绕转。

Step2:边绕边说:"小拳头,绕啊绕,绕啊绕,骑车上街逛一逛。慢慢转,慢慢转,加速加速(加快绕转速度),绕、绕、绕(越来越快)。"

温馨提示:结束时抱抱宝宝,亲亲宝宝,鼓励宝宝。

(三)言语发展

1. 宝宝听到声音会朝声音的方向转过头去;
2. 会发出一些无意义的声音;
3. 能发细小喉音。

家庭参考游戏:美丽的窗外

游戏目的:提高宝宝辨别声音方位的能力,为将来发音作准备。

游戏准备:将宝宝抱至视野开阔的窗户前。

游戏过程：

现在有些小区的绿化做得非常不错，所以家长们可以在宝宝清醒的时候，抱着宝宝站在窗前看看窗外：微风吹拂树叶，沙沙作响；邻居牵着的小狗，发出汪汪的叫声；飞过窗前的鸟儿，叽叽喳喳地叫着……这些都让宝宝感到新奇，家长可在宝宝耳边轻声地一一介绍。

温馨提示：此游戏主要锻炼宝宝对户外环境的感知能力，能随着家长的语言观察环境的变化。每次进行观望的时间不宜过长，也不宜有过强的光和过大的声音，以免宝宝感到不适。

(四)认知发展

1. 能注视人脸或者红球；
2. 喜欢与家庭成员交往，对家人有一定的依赖性；
3. 看到陌生人会感到紧张害怕。

家庭参考游戏：全身活动打响球球

游戏目的：促进宝宝大脑的发育。

游戏准备：响球。

游戏过程：

Step1：将一个大的响球挂在宝宝能看到的地方，用一根绳子连在一个松紧圈上，再将松紧圈环套在宝宝的右腕上。

Step2：家长轻握着宝宝的右腕摇动，打响响球，然后放手。这时，宝宝便会全身活动起来，自己打响响球。

Step3：经过几次活动后，宝宝会觉察到只动右腕就可以打响响球了。可让宝宝熟练地玩一会儿。

Step4：过一段时间，家长再将松紧圈移到宝宝的左腕上，同宝宝玩一会儿，然后让宝宝自己玩。宝宝会先用右腕，当发现不能打响响球后，又会活动全身来使响球发出声音，经过几次练习，便会察觉只动左腕就能打响响球了。

温馨提示：宝宝熟悉这个活动后，家长可将松紧圈分别移到宝宝的左踝和右踝上，宝宝同样会找出打响响球的方法。

(五)情感与社会性发展

1. 能注意别人的脸；
2. 当尿布干爽、吃饱奶会微笑。

家庭参考游戏：爸爸和我捉迷藏

游戏目的：训练宝宝灵活地扭动上身的能力，促进亲子感情。

游戏准备:爸爸、妈妈一起参与。

游戏过程:

Step1:妈妈竖抱着宝宝,爸爸在妈妈的身后叫宝宝的名字。

Step2:宝宝会随着声音扭动上身去寻找。

Step3:爸爸先在右侧喊宝宝名字,等宝宝的头转到右侧,再在左侧喊,如此反复几次。

Step4:爸爸可躲在妈妈身后喊宝宝,和宝宝玩躲猫猫的游戏。宝宝找到爸爸时,爸爸可以对宝宝做个鬼脸,逗宝宝大声笑起来。

温馨提示:该游戏最好选择在宝宝精神好、情绪稳定的时候进行。

三、育儿关键期

抚触

出生第二个月的宝宝清醒的时间多了,在建立起生活规律的同时,家长可以在宝宝清醒的时候多跟他进行交流。如在宝宝清醒的时候跟他进行目光交流,温柔地抚触宝宝的全身并跟他轻声说话。选择宝宝精力充沛的时候让其在床上趴一趴,给宝宝做被动操,活动活动宝宝的肢体和关节。还可以利用鲜艳的玩具和图片,选择悦耳的铃声和轻柔的音乐,帮助发展宝宝最初的视听能力、抬头能力,简单的视觉捕捉和追踪能力,以及交流的能力。

国内外专家经过多年的研究和临床实践发现,对婴儿进行长期系统的抚触,不仅有利于婴儿的生长发育,促进食物的消化和吸收,提高免疫力,减少哭闹,帮助其形成优质睡眠,更能够增加婴儿与父母的交流机会,帮助他们获得安全感以及增强对父母的信任感。心理学家的研究发现,在婴幼儿期有过抚触经历的孩子,成长中较少出现攻击性行为,喜爱助人,表现出更多的合群倾向。

为宝宝做抚触的最佳时段应为两次喂奶之间,当宝宝的情绪稳定没有哭闹和身体不适的时候。一定要由妈妈或者爸爸来进行。每次抚触的时间长度可随着宝宝的成长而逐渐延长,可以先从 5 分钟开始,然后延长到 15 至 20 分钟。每个宝宝都是与众不同的，有自己独特的喜好，所以抚触的顺序和重点部位可以进行个性化安排。但要注意的是，切忌在宝宝过饱、过饿和过度疲劳的时候进行抚触，否则不但不能让宝宝享受亲子之间的快乐，反而让他对抚触活动产生反感。

四、营养与护理

（一）婴儿喂养

1. 母乳喂养

经过了一个月的成长，婴儿的吸吮能力和消化能力都有了一定的增强，到了第二个月，母乳喂养的宝宝应继续按需喂养。如果婴儿每天能尿 6 次以上，且每周体重增长150~200 克，说明婴儿的奶量是足够的，不用额外添加配方奶粉。如果达不到，则需要寻找原因，和第一个月一样，考虑是哺乳次数不够还是奶水不足。如果确认是奶水不足，先不要急着添加奶粉，而是让宝宝多吸吮，慢慢奶水就会多起来，母乳实在不够时再考虑添加配方奶粉，但还是以宝宝多吸吮为首要方法。第二个月的宝宝生长发育非常快，大脑也进入第二个发育高峰期。建议母乳充足的妈妈一定要坚持母乳喂养。

一般来说，第二个月的宝宝平均每个白天吃奶 6~8 次，夜间应有 2~3 次。另外，这个月和第一个月一样，妈妈还会出现涨奶的情况，所以妈妈们还是要及时吸出多余的奶，否则容易引起乳腺炎或者导致回奶。

2. 人工喂养

不同月龄的宝宝对奶量的需求是不同的，第二个月的宝宝进食量开始增大。对于人工喂养的宝宝，这个月很容易出现喂养过度，从而导致过度肥胖。婴儿肥胖会影响宝宝大动作及精细动作的发育，延迟婴儿学会翻身、坐、爬行以及行走的时间，不利于宝宝正常的生长发育。所以妈妈应该根据婴儿的需求，掌握喂养的规律。

（1）遵循奶粉说明书的冲调比例

冲调的奶粉过浓，会使宝宝消化不良，引起便秘；冲调的奶粉过稀，则会使宝宝营养不良。因此应该按照正确的比例进行冲调。

（2）不要强迫喂食

人工喂养的宝宝，有时已经吃饱了，奶瓶中却还有剩余的奶，可能家长怕浪费或觉得宝宝吃得太少，就会强迫宝宝喝完，这样就会导致宝宝进食过度，从而导致肥胖。正常情况下奶瓶中剩下一些奶，这说明奶量正好，如果宝宝全部喝完，则需要考虑是否奶量不够，下次则需要再多冲调些，以此来慢慢掌握宝宝的饮奶量。因此家长要尽量让宝宝自己来掌握食量，不要勉强宝宝进食。

(3)根据体重评估奶量

按照一般的标准，出生时体重为3~3.5千克的宝宝，在第二个月每天吃600~800毫升左右的奶，每天吃7次，就是正常的。如果宝宝过于肥胖，则可以按照最低量喂养，如果宝宝体重增长较慢，则可以按照最高量喂养。但是即使宝宝食量大，也不建议每次的奶量超过150毫升，否则易造成宝宝消化系统负担过重，如果宝宝哭闹，可以喂少许温开水。

3. 涨奶

在宝宝出生的头三个月，母乳妈妈的产乳量还没有形成供需平衡，因此常会有涨奶的情况，也就是当乳汁开始分泌时，乳房变热、变重，甚至像石头一样硬，慢慢乳汁会溢出来，浸湿衣服，这种情况就是涨奶。出现涨奶时，可以采取以下措施进行缓解：

(1)热敷

热敷可以促进乳房血液循环，使乳腺中的乳块变得通畅，改善涨奶情况。热敷时注意温度不宜过热，以免烫伤。

(2)按摩

热敷之后，可以对乳房进行按摩。双手托住乳房，从乳房底部按摩至乳头，再将乳汁挤出来。

(3)吸吮

宝宝吸吮是最快的缓解涨奶的方法。一般涨奶发生时，差不多也就是宝宝饿的时候，妈妈们可以以此判断宝宝吃奶的频率。如果宝宝不在身边或者吃不完，就需要借助以上两种方式进行缓解，同时借用吸奶器将乳汁挤出来，这样可以促进乳汁分泌，同时缓解乳房发胀，避免堵塞乳腺，引起乳腺炎。

涨奶只是暂时的，可以通过以上方式进行缓解。妈妈们要注意哺乳次数，约2~3小时哺乳一次，以保证乳腺管通畅，预防涨奶。

(二)婴儿护理

1. 科学晒太阳

日光中的紫外线能促进婴儿体内维生素D的合成，提高宝宝对钙的吸收，因此，满月之后的宝宝可以适当晒太阳，以促进其体内维生素D的合成，从而预防佝偻病、夜盲症及小儿手足抽搐症。那么，如何科学地晒太阳呢？

(1)晒太阳的时间

宝宝晒太阳的时间要因季节而有所不同。夏季可以选择在上午8点~10点，下午16点~17点之间。冬季选择在上午10点~11点，下午16点~17点之间。春秋季节是进行日光浴最好的季节，可以选择在上午9点~10点，下午15点~16点之间。

(2)晒太阳的注意事项

①不要空腹或洗澡后晒太阳

宝宝不宜空腹晒太阳,因为晒太阳时,宝宝体内会损失一部分水分,皮肤容易出现干燥粗糙的现象,也容易脱水。另外,宝宝洗澡后不宜马上晒太阳,因为洗澡容易把皮肤表层合成维生素 D 的物质洗掉。

②不要隔着玻璃晒太阳

玻璃会阻挡太阳光中的紫外线,因此隔着玻璃晒太阳达不到补充维生素 D 的目的。

③不要长时间晒太阳

宝宝皮肤很娇嫩,对于晒太阳的时间长短,可以根据宝宝的月龄决定,由几分钟、十几分钟到一小时逐渐延长。如果发现宝宝皮肤变红,出汗过多,应立即停止。另外,最好不要在强光下直接晒太阳,容易晒伤宝宝稚嫩的皮肤,可以选择在树荫下晒,适当涂抹婴儿专用的防晒霜,还要注意晒太阳后及时给宝宝补充水分。

2. 婴儿皮肤护理

(1)清洁。早晚用柔软的毛巾浸温水给宝宝擦脸、清洁五官,饭后清洁嘴边区域。另外,很多宝宝在第二个月开始出现吃手的现象,所以要注意时常清洁宝宝的双手。此外,睡前给宝宝洗温水澡,注意清洁宝宝的小屁股,防止红屁股。

(2)保湿。宝宝洗澡之后要注意及时涂抹婴儿润肤霜。

(3)防晒。宝宝皮肤稚嫩,很容易晒伤,因此要避免暴露在强烈阳光下,可适当使用婴儿专用的防晒露。

(4)奶痂去除。第二个月的宝宝在前囟和眉毛处渐渐会有积聚的奶痂,家长一定不要使劲擦除。正确的方法是涂上婴儿润肤油, 等奶痂变软以后用纱布轻轻擦掉。如果擦不干净也不需要太在意,慢慢会自行脱落。

(5)指甲修剪。宝宝的指甲长得很快,而且很容易挠伤脸,应及时进行修剪。可以选择在宝宝洗完澡睡着之后剪,这时婴儿的指甲很软,且拳头会放松,方便修剪。另外,最好使用婴儿专用的指甲刀,剪的时候要细心,不要剪得太短。

3. 婴儿睡眠

第二个月开始,婴儿的精力会明显比第一个月好很多,醒着的时间增加,睡眠也相对减少,可能不会像之前那样,吃饱就会呼呼大睡。第二个月的宝宝每天需要睡 14~15 小时,其中白天仍需要睡 3~5 次,一般睡 5~6 小时;夜醒 2~3 次,但睡眠时长有所增加,每晚大概睡 9~10 个小时。其中睡整觉的时长有所增加,一般为 3~5 小时。所以相对第一个月来说,妈妈在夜间的睡眠可以多一点儿了,但是每个宝宝都是有差异的,对于有些宝宝来说,可能还需要妈妈们每 3 小时起来喂一次奶。

这个月龄的宝宝不像第一个月一样睡得那么沉,因为他开始关注周围环境了,所以可能会受到影响,尤其是婴儿的惊跳反射还没有消失,所以一个突然的碰触或声响,都可能会使其惊醒。妈妈们可以采取包裹的方法,即将宝宝的手臂和上半身包裹起来,这样宝宝会更有安全感,从而睡眠质量会更好。但是一定要注意,不要包裹宝宝的双腿,让宝宝双腿保持自然蛙状,利于宝宝臀部肌肉发育,也方便宝宝活动。

4. 婴儿抚触

(1)婴儿抚触的意义

①婴儿抚触可以促进婴儿全身皮肤的触觉发育,同时增强机体免疫力,减少刚刚脱离母体的婴儿对外部世界的紧张和焦虑。

②可以增强宝宝食欲,促进食物消化吸收。同时帮助婴儿稳定情绪,减少哭闹,提高睡眠质量。

③抚触可以增强亲子之间的沟通和交流,通过抚触,宝宝能获得满足感和安全感,增进亲子关系。

(2)抚触的准备工作

抚触者准备:妈妈洗净双手,摘下饰品,双手涂润肤露。准备抚触用的隔尿垫、纸尿裤、润肤露和干净衣物。

环境准备:安静舒适的房间,室温保持在28℃至30℃,配以轻柔舒缓的音乐。

婴儿准备:宝宝裸体,排空大小便。最好选择在宝宝睡醒后,两次喂奶之间,且宝宝精神状态较好的时候。

(3)抚触的操作方法

抚触之前先和宝宝进行语言交流,打个招呼,告诉他我们现在要开始做按摩了,同时,用宝宝自己的小手摸摸他的小脸,可以促进宝宝的听觉和视觉发展,这是在做抚触之前一个非常重要的环节。然后将抚触油涂匀手掌,注意不要滴在宝宝眼睛里。准备就绪,开始做抚触。

【抚触】

第一部分:头部按摩

要领: 画出笑脸

Step1: 双手轻轻握住宝宝头部两侧,用双手大拇指的指腹,从额头中间,由眉心沿眉弓上缘慢慢推向太阳穴,然后在太阳穴上轻轻一压,做3至5次。

Step2: 同样也用大拇指指腹,由下巴中点自下而上,沿宝宝脸蛋的弧度慢慢推压到耳旁,使两嘴角成微笑状。

功能: 经常做面部抚触,有利于宝宝咬肌和牙齿的发育,促进脸部肌肉的放松,缓解出牙的不适,并且可以提高宝宝睡眠质量。

Step3: 头顶,一只手托住宝宝脑后,另一只手四指并拢,用手掌面从前额发际向上向后滑动至脑后下发际,至宝宝耳朵后的乳突处摁一下,做类似捋顺宝宝头发的动作。注意要避开前囟门和后囟门，两手交替进行。

功能：经常做头部抚触，有利于刺激婴儿大脑，促进大脑发育，并增强宝宝的免疫力。

第二部分：胸部按摩

要领：交叉循环

Step4：用四个手指的指腹从肋骨下侧经胸前推向锁骨中部到上方对侧肩肘处，两手交叉进行，注意避开宝宝的乳头。

功能：胸部抚触可以帮助宝宝顺畅呼吸。

第三部分：腹部按摩

要领："I"（第 1 步），"Love"（第 2 步），"U"（第 3 步）

Step5：用四个手指的指腹在宝宝左腹部从上到下画英文字母"I"，再由左至右画倒写的"Love"，最后从左到右画倒写的"U"，对宝宝说"I Love You"。若宝宝脐带未脱落，要避开宝宝的脐带。

功能：经常做腹部按摩，有助于促进宝宝的消化和吸收，减轻胃部胀气，促进宝宝排便。

第四部分：手和臂部按摩

要领：捏挤扭转

Step6：两只手一上一下攥住宝宝的胳膊，右手自外向内向下边转边捏，左手则自内向外向下边转边捏，类似于挤牛奶。再用双手夹住宝宝上臂，上下轻轻搓滚肌肉群至手腕。注意关节处是宝宝容易痛的地方，所以在按摩宝宝腕部、肘部和肩部的时候一定要轻柔，不要在关节处用力。

一只手握住宝宝的手腕，另一只手四指并拢，与拇指分开呈"C"状握住宝宝的手臂，由宝宝臂膀处缓缓转动至其手腕处。左右两臂交替按摩数次。

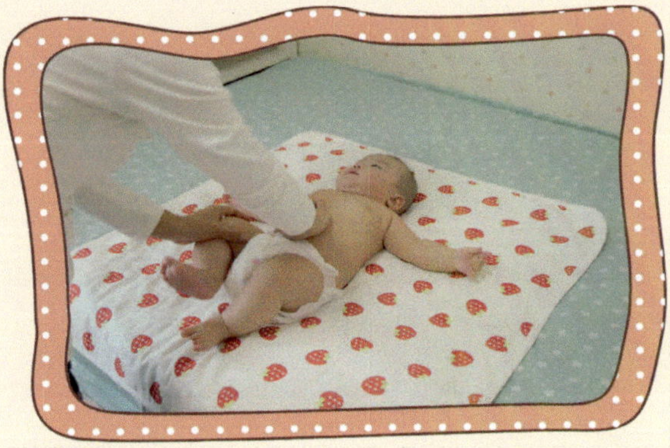

Step7：用双手拇指交替抚摸宝宝手掌心，其余四指按摩宝宝手背。

Step8：一只手握住宝宝手腕，用另一只手的拇指和中指捏住宝宝的手指，食指起固定作用，由宝宝指根部捏向指尖。每根手指做四次。

功能：手臂部按摩可以强化宝宝手臂肌肉，增加肌肉弹性及抓取力，灵活手部关节。

第五部分：腿脚部按摩

Step9：腿部抚触同手臂抚触，用“挤奶式”在宝宝大腿根部轻轻挤捏，然后搓滚至宝宝小腿踝部。让宝宝觉得整条腿都得到了充分的照顾，左右两腿交替按摩数次。

Step10：双手四指放至宝宝两只脚的脚面，拇指从宝宝脚后跟抚摸至其脚趾。注意要和宝宝多交流，一开始宝宝会怕痒的。然后用其余四指按摩宝宝脚背。

Step11：一只手握住宝宝脚踝，另一只手用拇指和中指捏住宝宝脚趾，由趾根部捏向趾头，手法与手指抚触一样。每根脚趾四次。

功能：上下肢抚触可以增强宝宝的运动协调能力。

第六部分：背部抚触

Step12：一只手托住宝宝的颈背部，另一只手托住宝宝的胸部，帮宝宝翻身，呈俯卧姿势，同时，让宝宝的头偏向一侧，避免发生窒息，让其双手呈上举状。以脊椎为中分线，双手与脊椎呈直角，用双手指腹部由中央慢慢推移滑向两侧。这个动作从宝宝背部上端开始做到其臀部，每个部位重复4~6次。（用整个手掌）

Step13：用大拇指指腹轻轻按摩宝宝脊柱两边的肌肉，由上往下轻轻打圈按压，慢慢滑向臀部。

Step14：两手掌心交替沿前额及脊柱，轻轻按摩至臀部，重复四次。做背部按摩的同时，可以鼓励宝宝把头抬起来。

功能：背部抚触可以舒缓宝宝背部的肌肉，促进宝宝排便。

第七部分：从臀部到收尾

Step15：用手掌心抚摸宝宝臀部，两手向同一方向打圈。

Step16：五指分开，从宝宝头部按摩到脚部，注意用手腕力量。同时告诉宝宝按摩结束了，并给予宝宝鼓励。

【小提示】

①抚触前要做好环境、物品等方面的准备，抚触者要洗净双手，并保持双手温暖。

②注意选择在宝宝睡醒吃饱后做抚触，最好在两次喂奶之间。抚触过程中，如果宝宝精神状态不佳，要停止抚触，并对宝宝进行安抚。

③抚触没有固定的顺序，妈妈可以灵活掌握。

④抚触可从宝宝一个月开始做到六七个月，坚持做，不放弃，一天两次，每次5~15分钟。

⑤抚触时要注意多和宝宝进行亲子互动，保持语言沟通交流，以及微笑着与宝宝进行眼神交流。

⑥抚触时动作要轻柔，把握好力度，要根据宝宝感受来调节抚触的力度。比如做完抚触后，宝宝皮肤微微发红，表示力度正好。如果做了两三下就发红了，说明力度太强了。如果抚触完，宝宝皮肤没有明显的改变，则说明力度太弱了。另外，随着宝宝月龄的增长，力度也要适当增加。

五、疾病与预防

（一）脑性瘫痪

脑瘫是指出生前到出生后一个月内，由各种原因所致的非进行性脑损伤，临床主要表现为中枢性运动障碍和姿势异常。许多围生期危险因素被认为与脑瘫的发生有关，主要包括：早产与低出生体重、脑缺氧缺血性脑病、产伤、先天性脑发育异常和先天性感染等；但对于部分患儿仍然无法明确其发病的具体原因。胚胎早期的这种发育异常主要来自受孕前后孕妇体内、外环境影响，遗传因素以及孕期疾病引起妊娠早期胎盘羊膜炎症等。

除运动障碍与姿势异常外，相当部分脑瘫患儿可能伴有智力低下、听力和语言发育障碍、视力障碍、过度激惹、小头畸形、癫痫、流涎、关节脱位等症状。治疗新生儿脑瘫，重点在于早期筛查，对于高危婴儿做到早诊断早治疗是关键。

（二）维生素D缺乏性佝偻病

维生素D缺乏性佝偻病又叫骨软化症，是以维生素D缺乏导致钙、磷代谢紊乱和骨骼的钙化障碍为主要特征的疾病。维生素D不足导致的佝偻病，是一种慢性营养缺乏病，发病缓慢，影响生长发育。

维生素D缺乏性佝偻病主要症状：睡眠不安、好哭闹、易出汗等，由于出汗后头皮痒而在枕头上摩擦，易出现枕部秃发。随病程的发展，婴儿出现骨骼改变和运动机能的发育迟缓，如用手指压 3~5 个月患儿的枕骨、顶骨，能够明显感觉颅骨内陷，手指松开后颅骨可弹回，此症状称为乒乓球征。患儿还可能呈方颅症状，前颅囟大及延迟闭合；胸骨中部向前突出形似“鸡胸”，或下陷成“漏斗胸”；胸廓下缘向外翻起为“肋缘外翻”；两侧肋骨与肋软骨的交界处膨大如珠子，称“肋串珠”；脊柱后突、侧突；当患儿能够站立行走后，其两腿会形成向内或向外弯曲畸形，即 O 型腿或 X 型腿。

维生素 D 缺乏性佝偻病重点在于疾病的预防。维生素 D 的缺乏往往与生活方式密切相关，只要采取科学的育儿方法和综合性防治措施，本病完全是可以避免和控制的，孕期妇女和 1 岁内婴儿都应该作为重点关注对象。本病的预防应做到以下几点：①充分认识和了解维生素 D 对人的重要作用以及缺乏所带来的危害，指导家长科学育儿；②做好维生素 D 缺乏性佝偻病患儿的日常护理工作，做到合理喂养、膳食平衡，不偏食不挑食；③孕期妇女应经常进行户外活动，进食含有丰富钙、磷的食物，预防母乳中维生素 D 含量不足；④婴幼儿应尽早开展户外活动，逐渐增加活动时间，尽量暴露婴幼儿的头面部、手足部，做到无遮挡直接照射；⑤由于母乳中维生素 D 含量不足，纯母乳喂养的婴儿应每日口服维生素 D 补充制剂。

六、育儿百宝箱

如何解决抱睡、奶睡问题

第一，在婴儿床上铺上柔软的毯子或毛巾被，不要让宝宝接触硬而冷的床面，这样更容易将宝宝成功放下。

第二，宝宝刚吃饱时容易放得下，肚子饿时就比较困难。

第三，抱在手上多坚持一会儿，待宝宝进入深睡眠时妈妈易把宝宝成功放到床上。妈妈可以轻轻提一下宝宝的小胳膊，如果小手是软塌塌的，就说明宝宝已经睡熟了。

第四，开始时依然是抱着他睡，一旦睡着马上放到床上，但是妈妈不要马上离开，依然用身体挨靠着宝宝，这时宝宝正处于轻度睡眠，以为还是在妈妈的怀里，让他慢慢适应“半怀抱、半床铺”的感觉。

第五，妈妈盘腿坐在床上，把宝宝抱怀里，等宝宝入睡后把腿分开，轻轻地把宝宝放在床铺上，然后撤出抱着宝宝下半身的那只手，再轻轻地抽出另一只手。

3个月

一、身体发展指标

	男孩	女孩
体重	4.1 ~ 7.7 千克	3.9 ~ 7.0 千克
身高	55.8 ~ 66.4 厘米	54.6 ~ 64.5 厘米
头围	37.9 ~ 43.2 厘米	37.1 ~ 42.1 厘米
胸围	40.2 ~ 41.4 厘米	

二、心理发展指标

(一)粗大动作发展

1. 俯卧能抬头,能支撑上身抬头 40~90 度;
2. 竖抱宝宝,其头部自然立直片刻。

家庭参考游戏:宝宝飞

游戏目的:训练宝宝的背部肌肉。

游戏准备:较柔软的地垫。

游戏过程:

家长半躺在地垫上,双脚呈 90 度屈膝抬起,双手扶住宝宝的腋下,让宝宝俯卧(俯卧最佳,仰卧亦可)在自己的小腿上,然后家长可以慢慢地前后移动腿部。这样的游戏可以让宝宝的腹部感受到压力,可以带给宝宝一定的触感刺激,同

时也能够训练宝宝背部、大腿后部的力量，增强宝宝的平衡能力。

温馨提示：这个游戏能很好地锻炼宝宝控制自己身体的能力，但要注意保护好宝宝，量力而行。

（二）精细动作发展

1. 开始出现有意的抓握动作，如用手抓周围的东西；
2. 能握住某些玩具片刻，如拨浪鼓。

家庭参考游戏：感觉变变变

游戏目的：触觉锻炼，身体认知能力和社交能力的开发。

游戏准备：柔软的物品（例如天鹅绒、灯芯绒、丝绸、海绵、纱、棉布或羽毛等）。

游戏过程：

Step1：让宝宝触摸和把玩质地柔软的东西。比如，可以拿一块柔软的布在宝宝肌肤上轻柔地滑动，随着宝宝两手握力的提高，他会开始抓这些布，并放在两手间揉搓玩耍。

Step2：用柔软的布在宝宝脸上、身上轻轻滑过，痒痒的、绵绵的，让宝宝感到舒适。

Step3：更换不同质地的柔软物品与宝宝的肌肤接触。

温馨提示：父母准备的布块不能太小，小了有可能被宝宝吃进嘴里引发危险。同时，必须保证这些物品绝对干净。宝宝喜欢一丝不挂，以便让皮肤感到有点儿凉，这样的触觉刺激对宝宝大脑的成熟大有助益。

（三）言语发展

1. 能发简单的元音，会发“a、o、e”等音；
2. 听到新异的声音会停下正在做的事情；
3. 有时会改变音调和音高。

（四）认知发展

1. 能追视红球 180 度，能追视走动的家人；
2. 可以辨别出几种不同的声音；
3. 听到声响时迅速将头转向声源；

4. 喜欢听自己的声音和轻快柔和的乐曲，不喜欢听强烈的打击声。

家庭参考游戏：黑与白

游戏目的：刺激宝宝的视觉发育。

游戏准备：黑白对比色的卡片，或将A4大小白纸对折，分别涂成黑色和白色。

游戏过程：

这个时候，宝宝最感兴趣的还是对比强烈的黑白两色，尤其是黑白相间的图案。

父母将准备好的材料举在宝宝眼前20~38厘米处，观察宝宝的眼球是否在黑色和白色的两个画面上看来看去，以刺激其视力发育。

温馨提示：每次游戏时间不宜过久，3~5分钟即可，以免伤害宝宝视力；在看图片过程中家长可用语言引导，告诉宝宝哪边是白色，哪边是黑色。

（五）情感与社会性发展

1. 被成人引逗时会与成人互动；
2. 感到舒适时喜欢微笑。

家庭参考游戏：点点头、碰碰头

游戏目的：培养宝宝的模仿能力，同时促进宝宝将语言与动作联系起来，激发宝宝愉快、放松的心情。

游戏准备：可准备节奏感较强的音乐。

游戏过程：

Step1：让宝宝靠坐在妈妈身上，说："宝宝看妈妈。"然后开始上下有节奏地点头。

Step2：观察宝宝是否也在模仿着轻轻点头，只要宝宝稍稍动一下，就说明他在模仿。

Step3：接着妈妈可以把点头的幅度增大，看宝宝是否也会模仿。

Step4：如果宝宝跟着模仿，妈妈应该说："宝宝真棒，点头点得真好。"

Step5：然后可以把宝宝抱到怀里，用自己的额部轻轻地碰触宝宝的额头，并温柔愉快地呼唤宝宝的名字，说："碰碰头。"

Step6：重复多次后，当你的头稍稍往前一倾，宝宝就会主动把头凑过来，然后露出愉快的笑容。

温馨提示：在游戏过程中，家长可以选择一些节奏感较强的音乐配合练习，有时候宝宝也会跟着音乐节奏用力地点头。这个游戏也能够培养宝宝的节奏感。

三、育儿关键期

被动操

生命在于运动，婴儿从刚出生起就需要运动。适量的运动能够增强婴儿骨骼与肌肉的发育，促进新陈代谢，安定情绪，改善睡眠质量。被动操是完全在成人的帮助下完成的体操，适用于2~6个月的婴儿。

被动操与抚触要求相似，最好由妈妈或爸爸来完成，因为从心理学角度讲，被动操有助于增进亲子感情，促进婴儿智力发育，形成良好的亲子依恋关系。被动操每日可以进行1~2次，每次15分钟左右。做操时，宝宝应先排尽尿，不宜吃得太饱，最好选在宝宝吃饭前1个小时左右。妈妈要洗干净双手，摘掉手上的饰品，若是冬天要把双手焐热。

在进行被动操练习时，注意动作要轻柔，每节操之前都要告诉宝宝下面要做什么动作，一边做动作一边轻声地喊口令："一二三四，二二三四，三二三四，四二三四。"声音要轻柔，语调要有节奏。需要特别注意的是，进行锻炼时要随时注意婴儿的表情反应，时时与婴儿进行交流，包括说话和微笑，整个过程也可配合轻松活泼的儿童音乐进行。对于动作幅度以及节拍顺序等，家长不要强求，一般而言，不同的孩子配合程度也是不同的，家长要有耐心，循序渐进地进行。

此外，由于婴儿胃肠比较柔弱，仍处于发育之中，肠胀气是这个月龄婴儿常见的生理问题。被动操就是一种可以帮助孩子排气、预防和缓解肠胀气的好办法。

四、营养与护理

（一）婴儿喂养

1. 母乳喂养

第三个月的宝宝生长迅速，活动量增加，消耗的热量增多，因此食量也随着增加。一般情况下，食量小的宝宝母乳喂养就足够了，如果宝宝的体重每周增加150克以上，说明母乳是充足的，不需要添加配方奶粉。这个阶段的宝宝吃奶的次数仍然是有规律的，白天大概3~4小时吃一次，一天吃五次左右。晚上睡眠时长有所增加，大概睡10小时，其中睡整觉的时长有所增加，一般可以保持4~6小时。一般夜醒2~3次，因此夜间可能还需要喂奶2~3次。总体来讲，出生3个月内的宝宝都需要按需哺乳，既可以满足宝宝的生长需求，又可以帮助妈妈促进乳汁分泌和排乳。

2. 人工喂养

人工喂养或混合喂养的宝宝仍然主张每次先喂母乳，不够再补充配方奶粉。婴儿满月后到两个月，奶量按体重逐渐增加，每日喂6~7次，每次间隔3.5~4小时，每顿约吃80~120毫升左右，最多可吃到150毫升。2~3个月的宝宝，每天喂5~6次，每隔3~4小时喂一次，每次吃奶150~200毫升。注意每两顿奶中间需喂水。

(二)婴儿护理

1. 婴儿皮肤护理

(1)臀部清洁

第三个月的宝宝晚上睡整觉的时间逐渐延长，醒的次数减少，小便次数也会变少，但每次尿量会变多，所以容易引起红屁股。有条件的话，最好白天多给宝宝打开尿布透透气，勤用清水洗洗小屁股，另外能够晒晒太阳消消毒是最好的。

(2)双手清洁

第三个月的宝宝慢慢学会“吃手指”，所以在清洁宝宝双手的时候，一定要注意宝宝手指根部缝隙处的消毒清洁。另外，宝宝双手抓握能力逐渐发展，能够拿住一些轻的物体，但是因为宝宝处在口腔期，是用嘴巴来感知世界的，所以在训练宝宝抓握的同时，要注意物品的清洁消毒。

(3)鼻腔护理

宝宝的鼻腔慢慢会分泌出异物，但这些并不一定全是垃圾，这些分泌物中含有的酶，可以预防细菌感染。所以爸爸妈妈一定要分清导致宝宝鼻腔堵塞、呼吸不畅的原因是鼻黏膜水肿还是分泌物，如果是鼻黏膜水肿，不适合使用婴儿吸鼻器，否则水肿会更严重，可以使用滴鼻液；如果是分泌物过多，可以使用棉签蘸取橄榄油进行清理，以保护鼻黏膜。

2. 婴儿便秘的应对

第三个月的宝宝可能会开始出现便秘，尤其是奶粉喂养的宝宝更容易出现大便异常的情况，而母乳喂养的宝宝很少会出现便秘。婴儿便秘的主要表现有大便次数减少，甚至两三天不排便，或者大便又硬又干，很难拉出来。可以通过以下方法缓解症状。

(1)按摩和运动

让宝宝多运动，或者做腹部按摩。以肚脐为中心，顺时针按摩，每天2~3次，每次10到15分钟，可以帮助宝宝促进肠胃蠕动，减轻便秘症状。当然，给宝宝做抚触和被动操也对宝宝便秘的缓解起到一定作用。

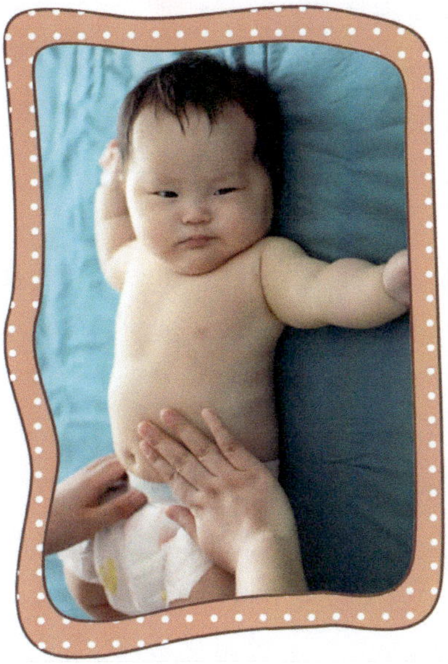

(2)更换配方奶粉

一般来说，引起便秘的奶粉中，酪蛋白和钙含量都较高。酪蛋白在胃酸的作用下容易凝结成硬块，不易消化；而钙容易和其他成分结合而形成难溶性钙，导致大便干燥。另外，有过敏倾向的宝宝也容易便秘。如果宝宝便秘症状严重，且通过按摩、运动等迟迟不见改善，这时候就要考虑为宝宝更换配方奶粉了，最好选择低聚果糖的奶粉，这种奶粉接近母乳，口味清淡，对宝宝肠胃刺激小，内含的益生元可以帮助宝宝肠道益生菌的生长，使之排便通畅。

(3)给宝宝补充水分

人工喂养的宝宝，每天需要在两顿奶粉之间补充适量的水分，每次10~20毫升，有助于改善便秘症状。

(4)服用益生菌

如果宝宝由于便秘或是腹泻引起肠道功能紊乱，就可以用点益生菌来调理宝宝的肠道菌群。

此外还需要注意的是，母乳喂养的宝宝是不容易出现便秘的，如果出现几天没拉大便的情况，但是宝宝并没有痛苦表现，而且排出的大便仍然是黄色的软便，量也不是特别多，这可能就是俗话说的“攒肚子”，也就是宝宝的吸收很好，没有多余的垃圾需要排出，所以就出现了积攒的现象。这时候妈妈们不需要着急，可以暂时观察，十天之内都是正常的，只要宝宝的大便不干结成块，就不需要额外干预，慢慢宝宝就会恢复正常。一定要注意不要轻易给宝宝吃一些消炎药或者使用开塞露，因为宝宝的消化系统还没发育完善，尤其是正常的肠道菌群还没完全建立，使用不当可能就会导致腹泻，干扰宝宝自身菌群平衡，这个时候请尽量让宝宝自己调整。

3. 婴儿睡眠

(1)避免养成抱睡习惯

第三个月的宝宝已经初步形成了自己的睡眠习惯，和第二个月一样保持每天睡14~15小时，但是睡眠次数白天会减少到三次，也就是晨觉、午觉和黄昏觉，一般睡4~5小时；可能只会夜醒两次，但夜间睡眠时长有所增加，大概睡10小时。其中睡整觉的时长有所增加，一般可以保持4~6小时。这种睡眠习惯一般会延续到第八个月。

当然，有的宝宝在夜里已经能睡4~6小时，有的甚至可以整夜不吃奶，睡长觉。因此，这个时期的宝宝可以慢慢引导他睡长觉，有的夜晚醒来，可能并不是因为饿，而是处于浅睡眠期，此刻如果妈妈们通过喂奶或者抱起来进行安抚，宝宝可能会真的清醒，从而影响睡眠质量。对于这种情况，妈妈可以先观察，伴随着抚摸，看看宝宝是否可以自行入睡。如果宝宝能够自己安静下来并睡去，就不需要任何干预。如果不行，再喂奶，从而慢慢延长宝宝的睡眠时长。而且第三个月的宝宝已经学会通过哭闹来表达不满，妈妈们要学会分辨宝宝哭闹的原因，尽量不要养成抱睡的习惯。

(2)培养良好的睡眠习惯

随着月龄的增加，婴儿白天的睡眠时间会越来越短。第三个月是培养宝宝良好睡眠习惯的最佳时期，此时要让宝宝认知昼夜，还要让其学习如何适应外界环境，帮助宝宝养成良好的睡眠习惯。

①根据宝宝需求选择白天睡眠模式

小月龄的宝宝，白天的睡眠模式不尽相同，有的习惯“吃—玩—睡”，有的则喜欢“吃—睡—玩”。科学育儿方法建议逐渐让宝宝在白天形成“吃—玩—睡”的睡眠模式，以避免奶睡。但是从具体实践出发，就要因人而异。比如小月龄的宝宝正处在生长高峰期，他可能饿得很快，而吃奶又是个力气活，宝宝吃奶时出现困倦，不让他睡，再强制宝宝玩上 1 小时，可能造成的结果就是哭闹，以致又饿了而无法踏实入睡。家长要量力而行，如果发现“吃—玩—睡”模式不适合自己的宝宝，发现喂饱他才能睡得更久、更踏实，就可以调整宝宝的睡眠模式，而等宝宝稍大一些，睡眠时间减少，生长慢下来，就比较容易习惯“吃—玩—睡”的模式了。

②晚上建立睡前程序

通常来说，第三个月的宝宝会逐渐形成自己的作息规律，当然，婴儿之间存在个体差异，因而家长要注意观察，当宝宝自己有了一定的作息规律时，可以在固定的、适当的时机将其哄睡，帮助宝宝规律作息。最好的方法就是建立睡前程序，从宝宝有了相对固定的犯困时间开始，可以在其睡前为其洗澡、按摩、喂奶、唱儿歌或讲故事，以及轻摇、轻拍等，当然家长可以根据自己和宝宝的情况来进行。

③睡眠安全

到了第三个月，有部分宝宝已经掌握了翻身的动作，也就是从仰卧到侧卧，再从侧卧到俯卧。这时妈妈们一定要注意宝宝的睡眠安全，有的宝宝可能会在睡眠过程中不经意地翻过身趴着睡，但是这个月份的宝宝还无法自如地从俯卧到仰卧，虽然大部分宝宝已经可以抬起头来，但为了避免因趴睡而致窒息，妈妈应及时将宝宝翻过来。另外也要注意在床四周做好防护措施，且看护者不要在宝宝睡着时长时间离开，防止宝宝自行翻下床。

4. 亲子被动操

宝宝满月之后，就可以做亲子被动操了。亲子被动操对宝宝而言是很好的运动，可以促进其动作发展，使宝宝手脚更加灵活灵敏，肌肉更发达，还可以增强宝宝的各项生理功能，并促进其神经和心理的发展。

做操之前要和宝宝轻声说话，保持微笑，可以配上节奏舒缓的音乐，并告诉宝宝要做的动作。一边做一边喊口令："一二三四，二二三四，三二三四，四二三四。"

预备姿势：宝宝仰卧，妈妈双手握住宝宝双手。妈妈可以把自己的拇指放在宝宝手掌内，让宝宝握住。

【被动操】

第一节　扩胸运动

①让婴儿双臂在其胸前交叉。

②然后双臂打开。

③重复以上两个动作。

④还原。

第二节　屈肘运动

①向上弯曲婴儿左臂肘关节。

②还原。

③向上弯曲婴儿右臂肘关节。

④还原。

第三节　肩关节运动

①握住婴儿左手，由内向外画圆，做旋转肩关节动作。

②握住婴儿右手，重复前面的动作。

第四节　上肢运动

①让婴儿双手向外展平。

②让婴儿双手前平举，掌心相对，距离与肩同宽。

③让婴儿双手在其胸前交叉。

④让婴儿双手向上举过头，掌心向上，动作要轻柔。

⑤还原。

第五节　旋转脚踝关节

①旋转婴儿左脚踝关节，反复4次。

②旋转婴儿右脚踝关节，反复4次。

第六节　下肢伸屈运动

双手握住婴儿两腿，交替伸展膝关节，做脚踏车动作。

①左腿屈缩到腹部。

②伸直还原。

③右腿重复左腿的动作。

第七节　举腿运动

①婴儿两腿伸直平放,大人两手掌心向下,握住婴儿两膝关节。

②将婴儿两腿伸直上举90度。

③还原后重复两次。

第八节　四肢交替运动

①双手握住婴儿右手和左脚,然后相碰。

②还原。

③双手握住婴儿左手和右脚,然后相碰。

④还原。

⑤重复两次。

第九节　翻身运动

婴儿仰卧,大人一手扶住婴儿胸部,一手垫于婴儿背部。

①帮助婴儿从仰卧转为侧卧。

②再从侧卧转为俯卧。

第十节　蛙腿屈伸运动

①婴儿保持俯卧,大人双手握住婴儿小脚,使其腿伸直。

②让婴儿双腿交替水平屈伸向上,呈蛙腿状。

③还原后重复两次。

五、疾病与预防

先天性心脏病

在各类先天性疾病中最常见的就是先天性心脏病。先天性心脏病的发病率为0.5%~1%。先天性心脏病指在胚胎发育过程中出现的心脏及大血管的形成障碍或发育异常，具体表现为心脏及大血管的解剖结构异常或者出生后应关闭的通道未能及时闭合。

先天性心脏病包括上百种分型,并且部分患儿会同时合并多种畸形,其症状表现千差万别,较轻者可终身无任何症状,而情况严重的患儿刚出生即出现缺氧、休克,甚至死亡。根据血液动力学结合病理生理变化,先天性心脏病可分为三类:无分流类(如肺动脉瓣膜狭窄、主动脉瓣膜缩窄)、左至右分流类(如房间隔缺损、室间隔缺损、动脉导管未闭)和右至左分流类(如法洛四联症、大血管错位)。

确诊患有先天性心脏病的患儿在2~3个月时就表现出与正常婴儿的不同:如患儿在吃奶时吸吮无力,喂养较困难,存在拒食、呛咳的现象;生长发育速度较慢,表现为消瘦与低体重;平时呼吸急促、多汗,在活动或哭闹后,口唇、指甲呈青紫色,有杵状指(趾);婴儿容易反复感冒、发热、上呼吸道感染,易患支气管炎、肺炎;心脏搏动的声音与正常婴儿明显不同。

一部分婴儿在出生后也存在着心脏"缺陷"(如房室瓣关闭不全),家长非常担心。如果这类"缺陷"不影响婴儿的生长发育和正常生活,可不必过分担忧。婴儿的心脏瓣膜轻度关闭不全大多可在出生后1~2岁内逐渐闭合,不需要治疗。此外,一部分先天性心脏病患儿在5岁前也能够自愈,另外有少部分患儿畸形轻微、对循环功能无明显影响,也无须任何治疗。但是大多数患儿需要进行手术治疗以校正心脏畸形。为降低婴儿的患病率与致死率,我国已经开展了先天性心脏病的新生儿筛查工作,作为家长应提高认识,不可忽视。

六、育儿百宝箱

如何测试宝宝是否有视觉障碍

刚出生的宝宝,通常眼球的前后径比较短,还没有健全的视力。1个月的宝宝视力为4.3左右,只能感觉到光线或者移动的物体。2岁的宝宝视力大概为4.6~4.8;3岁的宝宝视力在4.9左右;4岁宝宝的视力就可以达到5.0。正常的宝宝出生时可在医院进行眼底筛查,而早产儿,尤其是出生体重小于1500克或胎龄不到32周的早产儿都应到医院眼科检查眼睛,因为他们是视网膜病变的高危人群。但因宝宝较小,家长很难判断其是否有视觉障碍,可根据以下几个方法来进行判断:

检查法1:观察宝宝光觉反应。

新生的宝宝眼睛能追光,或当光线突然射进宝宝的眼睛,宝宝会不自觉眯起眼睛、皱起眉头,以此观察宝宝对光的反应。如果家长发现宝宝对光照无反应,说明宝宝出现视力障碍,应及时带宝宝到眼科就诊。

检查法2:观察宝宝追视物体的能力。

把一个直径10厘米的颜色鲜艳的球放在距宝宝眼睛15厘米处,1个月的宝宝眼球能追视小球左右移动至中线;4个月的宝宝两眼能追视小球左右移动180度。四个半月的宝宝能用双眼注视放在桌上的有颜色的小球。

检查法3:观察是否出现应答性微笑。

2个月的宝宝,当有人面对他并逗他乐时,宝宝会和对方互动,出现应答性微笑。

检查法 4:遮盖法观察宝宝。

家长可以交替遮盖宝宝的眼睛,并且观察和比较宝宝的反应。如果遮盖宝宝一只眼睛时,宝宝毫不在意,而遮盖宝宝另一只眼睛时,宝宝出现摆手等抵触反抗时,那说明第一次遮盖的眼睛很有可能有视觉障碍,应及时就医。

4个月

一、身体发展指标

	男孩	女孩
体重	4.7～8.5 千克	4.5～7.7 千克
身高	58.3～69.1 厘米	56.9～67.1 厘米
头围	39.2～44.5 厘米	38.3～43.3 厘米
胸围	41.3～42.3 厘米	

二、心理发展指标

（一）粗大动作发展

1. 俯卧时能抬头 45 至 90 度；

2. 仰卧位能变侧卧位；
3. 竖抱时不用手扶可以较稳地竖头，并且能左右转头追视。

家庭参考游戏：荡小船

游戏目的：训练宝宝身体的控制能力、协调能力，同时刺激宝宝的前庭觉①发展。

游戏准备：长浴巾。

游戏过程：

Step1：让宝宝躺在浴巾上，爸爸妈妈分别抓住浴巾的四角，将浴巾拉起来，抬高，但不要太高，让宝宝呈头高、脚低的状态。

Step2：爸爸妈妈合作拉着浴巾的四角左右摇摆，让宝宝随浴巾而摇摆，摇动速度要慢，且弧度不要太大。

Step3：爸爸妈妈可以配合儿歌进行这个游戏，表情可以尽量夸张一点儿，以吸引宝宝注意，多数宝宝会随着摇动，咯咯地乐起来。

温馨提示：这样的摆动对宝宝有很好的安抚作用，有助于发展宝宝的平衡能力。爸爸妈妈的陪伴、笑容及视线的接触，还可以增强宝宝对他人的信任感。

(二)精细动作发展

1. 双手可以在胸前接触；
2. 可将抓住的物品送入嘴巴；
3. 会双手抓握；
4. 能握住某些玩具(如拨浪鼓)30 秒。

① 前庭觉是影响婴幼儿成长和学习发展最重要的一种能力。由于前庭是大脑的门槛，整个身体的触觉、关节活动讯息也必须在此过滤，以选择重要的讯息做回应，所以前庭觉必须和平衡感取得完全协调，才能正确辨识身体的空间位置。前庭觉不良，身体活动会立刻受到影响，笨手笨脚、不听指挥，视听神经系统都会扭曲，形成阅读、听说及写字上的困难等。

家庭参考游戏:气球飞了

游戏目的:发展幼儿的手眼协调能力和手指的精细动作。

游戏准备:气球。

游戏过程:

Step1:热身运动,按摩婴儿的手臂,由上至下(捏一捏,揉一揉,搓一搓,推推小手掌和手指)。

Step2:让宝宝仰卧在地垫上,将气球的绳子一头系在宝宝的手上,家长拿起宝宝的手,上下左右晃动,使气球随之而动。家长边动边说:"小手动,气球动。"玩了数次之后,宝宝会自己晃手,使气球动起来。

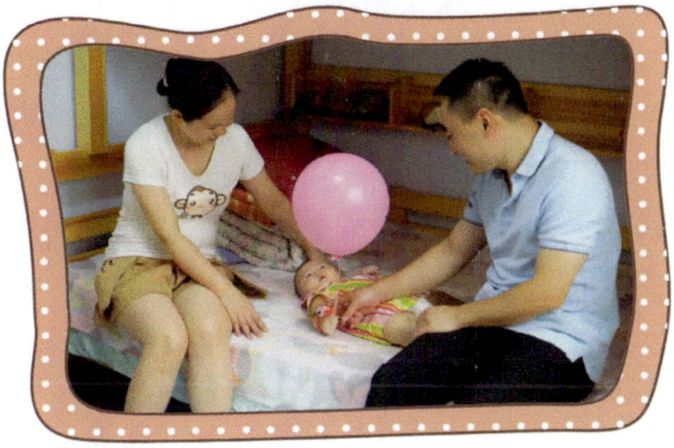

温馨提示:婴儿身体的很多部位都可以系上气球(如胳膊、手指、脚、腿等),以此发展婴儿身体各部位的灵活性。

(三)言语发展

1. 会发出"a""wu""yi"等音;
2. 能发出"咯咯"的笑声;
3. 偶尔能模仿大人的声调。

家庭参考游戏:叮叮当当

游戏目的:锻炼宝宝的视觉、听觉、触觉和大肌肉。

游戏准备:彩色的铃铛、彩色小毛球和瑜伽垫。

游戏过程:

Step1:让宝宝平躺在瑜伽垫上。

Step2:将彩色小毛球停留在宝宝面部上方,引起宝宝注意后,在面部上方转圈。

Step3:在宝宝头部的上下左右四个不同方位摇动铃铛。

Step4:将小毛球绑在铃铛上,在宝宝胸前摇动铃铛,逗引宝宝抓铃铛,感受毛球与铃铛的不同触感。

温馨提示：4个月的婴儿对声音和颜色鲜艳的移动物体很感兴趣，此游戏可锻炼宝宝的视听敏感度和追视能力。

（四）认知发展

1. 喜欢听自己的声音；
2. 听到声音会找声源；
3. 表现出对不同颜色的喜好，比较喜欢看红色物品。

家庭参考游戏：双手持物

游戏目的：培养宝宝的双手协调能力。

游戏准备：在宝宝的小床上方，宝宝的小手能够到的地方，悬挂两三样玩具。

游戏过程：

Step1：妈妈站在宝宝的小床前对宝宝说："宝宝看，好漂亮的玩具啊，快来抓住它！"边说边帮助宝宝用小手抓住玩具。

Step2：妈妈在鼓励宝宝抓玩具的同时，念儿歌给宝宝听："小玩具真美丽，抓一抓，抓到手里笑嘻嘻。"

温馨提示：应尽量选择一些颜色鲜艳且较轻的玩具。

（五）情感与社会性发展

1. 会注意其他孩子的存在；
2. 能分辨熟悉的脸和陌生人的脸；
3. 开始对不同的人展现不同的微笑，出现有差别、有选择性的社会性微笑；
4. 对主要抚养者，尤其是母亲笑得最多，最频繁。

家庭参考游戏：拔萝卜

游戏目的：帮助幼儿锻炼腿部肌肉；建立良好的亲子关系。

游戏准备：软垫。

游戏过程：

Step1：让宝宝平躺于软垫上，家长抓住宝宝脚踝做拔萝卜的动作，同时说着："拔萝卜，拔萝卜，拔呀拔呀拔萝卜。"

Step2：让宝宝双腿和着节拍反复弯曲、伸直。当家长说："拔出来啦！"随后动作夸张地拉直宝宝的腿。然后"洗萝卜"，对着宝宝说："现在我们要开始洗萝卜啦！"（给宝宝口令，让宝宝有准备时间，避免宝宝受到惊吓。）随后从脚到头胳肢或抚摸宝宝全身。

温馨提示：家长与宝宝游戏时，要注意与宝宝进行眼神交流，动作夸张但要适度，不能用力过大，避免拉伤宝宝。家长要用快乐的情绪感染宝宝。

三、育儿关键期

口欲期

著名心理学家弗洛伊德认为，1岁以内的婴儿满足各种欲望的主要途径是口腔。通过医学观察也发现，口欲期在孩子出生以前就开始了。通过B超手段，便可发现胎儿在妈妈子宫里就会吸吮自己的手指。初生的婴儿便会吮吸奶嘴和母亲的乳房。

此外，婴儿在1岁以前，除了吃奶外，他们还要用嘴巴去探索世界，这也是一种触觉的刺激。自己的手、身上穿的衣服、身边的玩具等，他们都爱用嘴巴去舔、去尝，并通过这种方式去认识事物。随着月龄的增长，婴儿活动范围增大，手的抓握能力增强，这种表现会更为突出。6个月以内的宝宝把手和玩具等放进嘴巴是正常的，在清洁卫生的前提下应充分满足，可选用一些安全的玩具，比如咬咬乐、牙胶等。这不仅有助于乳牙的萌出，有利于语言发展，而且有利于孩子的心理健康。

可见，1岁以前的口欲期并不是偶然现象，更不是不良习惯，一般情况下，到了一岁半，随着婴儿的快速发育，活动范围加大，兴趣转移，就可以自行纠正。如果在这期间婴儿得不到应有的满足和引导，则有可能使口欲期过度延长，心理学上称之为“过度补偿”。长大后一旦遇到焦虑不安、孤独无聊的情况，就会不自觉地吮指、咬物、咬唇等，并进一步发展为口腔不良习惯。

四、营养与护理

(一)婴儿喂养

1. 母乳喂养

(1)喂养次数

世界卫生组织建议，最好是纯母乳喂养宝宝到6个月，因此母乳充足的妈妈在这个阶段不用急于给宝宝添加辅食。大部分宝宝在第四个月的饮奶量增加得不多，但是宝宝满3个月之后，我们就要慢慢规范他的饮食习惯，也就是由3个月前的按需喂养慢慢转为按时喂养。白天大概需要吃奶6~8次，间隔大概三四个小时，夜间需要哺乳一次，甚至不需要哺乳了，以帮助宝宝形成夜间连续睡眠的习惯。

到了第四个月，有些妈妈就要准备重回职场了，所以就要开始背奶生涯。妈妈们要注意，可以提前锻炼宝宝用奶瓶吃奶的习惯，让他提前适应。另外，妈妈们在白天上班期间，也一定要保证3~4次吸奶，并做好储奶工作，且下班回家后要亲自哺乳，这样才有利于乳汁的分泌。

(2)母乳实现供需平衡

到了第四个月，妈妈们慢慢会发现涨奶的现象越来越少，甚至消失了，而且乳房也不再肿胀，甚至时常是软塌塌的，于是怀疑奶水不足，从而动摇纯母乳喂养的信念。在这里需要提醒母乳妈妈们，一般到了第四个月，母乳就会慢慢进入供需平衡阶段，此时母亲的大脑已经了解宝宝的具体食量，所以会均衡地分泌乳汁，从而达到供需平衡。但是因为个体差异，妈妈们达到供需平衡的时间并不一样，无论如何，关键是要保持自信。

(3)乳头护理

到了第四个月，宝宝可能会咬妈妈的乳头了，这是宝宝乳牙即将萌出信号，因为乳牙的萌出会造成牙龈的发痒和肿胀，所以母乳喂养的妈妈要注意及时护理好乳头，防止被宝宝咬伤。妈妈可以在喂奶之前先给宝宝一个奶嘴磨牙，等一会儿再喂奶。哺乳期间，如果宝宝咬乳头，也应注意不要硬拉拽乳头，否则会拉伤，可以压住宝宝下颌，等他张开嘴再拔出乳头。

2. 人工喂养

世界卫生组织建议，纯母乳喂养的宝宝可以在6个月以后添加辅食。而对于混合喂养或人工喂养的宝宝，建议在宝宝4~6个月时添加辅食，因为此时宝宝已将从母体带来的营养储备消耗殆尽，如不及时添加辅食，可能会造成营养不良。

对宝宝来说，第一口辅食最好是高铁米粉，因为此时宝宝的肠胃发育还不完善，而米粉是最容易消化的辅食，不会造成宝宝肠胃负担，且强化了钙铁锌等营养素，可以满足宝宝的营养需求。米粉最好在白天喂奶之前添加，每次一两勺即可。这个阶段的宝宝可以不用急着添加新的辅食，但是需要注意宝宝添加辅食之后的肠胃情况，如果发生过敏、便秘或腹泻的情况，说明宝宝肠胃发育还不完善，需要暂停辅食。

(二)婴儿护理

1.婴儿皮肤护理

(1)面部护理

宝宝到了第四个月，可能会出现流口水的现象，这是因为宝宝的唾液腺逐渐发育成熟，开始分泌唾液了，所以导致流口水。尤其是这个月开始添加辅食的宝宝，还有开始长牙的宝宝，唾液腺会分泌更多的口水。流口水是正常的，妈妈们不需要担心，但是要注意及时护理，因为口水中含有腐蚀性消化酶，容易腐蚀宝宝的皮肤，还会导致霉菌感染，引发湿疹等皮肤疾病，所以妈妈们要注意护理好宝宝口腔周围的皮肤。

①经常用清水清洗宝宝的口腔周围，使之保持干爽。如果已有湿疹或小红疹，要及时涂抹婴儿护肤膏。

②注意不要用粗糙的毛巾擦拭,容易损伤宝宝稚嫩的皮肤,可以用柔软的手帕蘸去口水。

③婴儿出牙期,牙龈发痒肿胀,会引起口水增多,可以借助牙胶来缓解宝宝牙龈的不适,牙胶也可以刺激乳牙萌出,减少流口水。

④如果宝宝口腔周围的皮肤已经出疹子甚至糜烂,要及时去医院就医。

(2)口腔护理

这个月龄的宝宝会因为乳牙开始萌出而导致牙龈肿胀发痒，因此家长应该每天为宝宝清洁口腔。用消过毒的医用纱布裹着手指,蘸白开水之后,贴着宝宝的牙龈,从上到下绕一个圈,以此来进行口腔的清洁护理,以缓解乳牙萌出的不适。如果乳牙已经萌出,更要坚持用纱布清洁口腔。有条件的可以每次喝完奶后擦一次,每天至少保证早晚各一次,这也有助于宝宝日后养成早晚刷牙的良好习惯。

(3)保持手脚清洁

第四个月的宝宝已经可以很好地控制自己的身体了，并且开始关注自己的小手和小脚,所以可能会出现触摸自己小脚甚至抱着吃的动作,因此要注意清洁宝宝的小手和小脚。另外,宝宝也会经常被周围的物体吸引,所以他会把能拿到的物体通通放在嘴里尝一尝,这些都要注意清洁。同时家长也要时常检查这些物体的安全性,过于坚硬锋利或是过小的物体都要尽量放到宝宝够不到的地方,避免弄伤宝宝或被宝宝吞食。

2. 婴儿睡眠

(1)培养自主入睡能力

对于婴儿来说,睡眠是一项技能,需要引导和锻炼。婴儿入睡主要源于生理需求,也就是宝宝累了、想睡了,这个“累”需要是合适的累,指两方面,一是感官方面,每天看的、听的要合适,二是身体的肌肉方面,运动量要够,否则也难以入睡。而前3个月的宝宝尚未掌握这一技能,可能需要借助奶睡,或者唱歌哄睡,甚至抱睡等方法,但是抱睡和奶睡都不是理想的入睡方法,长此以往,不利于宝宝养成良好的睡眠习惯。到了第四个月,可以慢慢培养宝宝自主入睡的能力了,因为4个月的宝宝已经对身体控制得非常好了,可以放松自己的身体,并在睡眠中根据自己的需要调整睡姿,因此应帮助宝宝形成吃睡分离,养成“吃—玩—睡”的睡眠模式,改掉奶睡的习惯。

(2)培养宝宝自主入睡能力的方法

①创造温馨的睡眠环境

温馨安全的环境是婴儿自主入睡最基本的客观影响因素。外界环境的刺激,包括声音、光线等,如果对婴儿来说是熟悉的、安全的,就可以让他感到舒服,不会产生紧张不安感,婴儿也就能慢慢做到自主入睡。

②借助安抚物来帮助宝宝自我哄睡

相信妈妈们都在努力创造条件帮助宝宝自己哄睡自己，培养宝宝良好的睡眠习惯。1~3个月，针对宝宝的惊跳反射，可以采取包紧襁褓等方法帮助宝宝入睡；到了第四个月，就可以借助安抚巾、宝宝熟悉的玩具等陪伴宝宝，促使宝宝安静入睡。

③采用"嘘拍法"和"抱起放下法"

嘘拍法。在宝宝出现揉眼睛、打哈欠、往妈妈身上拱等睡眠信号时，把宝宝放在床上。如果放下之后宝宝有点儿哭闹，说明他可能已经做好了睡觉的准备，但还没有自主入睡的能力，需要妈妈的帮助。此时，妈妈可以和宝宝面对面一起侧躺，一边在宝宝耳边发出"哦哦哦"的声音，一边轻拍他的背部，要用稳定、有节奏的动作拍后背，直到宝宝入睡。

抱起放下法。在宝宝出现睡眠信号时，先试着将宝宝放在床上，用"嘘拍法"哄睡。如果宝宝非常抵触，大哭大闹，这时可以先将他抱起来，轻拍后背安抚，等宝宝即将睡着，再尝试把他放下，同时递给他安抚巾，如果宝宝再次哭闹，可以等待一会儿，然后继续抱起安抚。重复抱起放下，直到宝宝睡着。注意如果持续半小时，宝宝仍无法入睡，说明他还没有做好自主入睡的准备，就要暂停训练。

五、疾病与预防

百日咳

百日咳是一种急性呼吸道感染，百日咳杆菌是引起百日咳发生的唯一原因。主要通过呼吸道飞沫传播，说话、咳嗽、打喷嚏都可能导致感染。患病幼儿的主要表现是痉挛性咳嗽，剧烈咳嗽可导致面部、眼睑浮肿和结膜出血，甚至颅内出血。同时，由于进食容易引发咳嗽，患病幼儿常常不愿意进食。应做到早发现早治疗，及时进行计划免疫接种是预防和控制百日咳的关键。

六、育儿百宝箱

宝宝的保暖问题

第一，穿得太多的宝宝更容易生病，特别是已经会走路的宝宝。因为小孩的体温相对成人偏高一些，运动量大，易出汗，而严实的衣服使宝宝身体产生的热量不能很好地散发，结果导致"热过了头"，会出更多的汗，稍稍受点风寒就会感冒。

第二，冬天，如果室内有空调或暖气，室温能保持在25℃左右，宝宝只要穿薄薄的小外套，内穿一件细软的薄棉衬衣即可，不必再添加毛衣了。如果家中没有取暖设备，室温比较低，可以给宝宝多加一件棉背心或者毛背心，这样可以保护宝宝前胸、后背不受风着凉，还有利于宝宝活动。

第三，给宝宝穿多少件衣服并不是一成不变的，而要根据衣服的厚薄和所处环境的温度而定。一般来说，在同一环境下，不会走的宝宝穿的衣服应该和大人安静状态下感觉舒适、不冷不热时所穿衣服的厚度相当。如果宝宝已经会走了，那么他在运动状态下可以少穿一件，因为行走中的宝宝运动量比较大，容易出汗。

5个月

一、身体发展指标

	男孩	女孩
体重	5.3～9.2 千克	5.0～8.4 千克
身高	60.5～71.3 厘米	58.9～69.3 厘米
头围	40.2～45.5 厘米	39.2～44.3 厘米
胸围	42.1～43.0 厘米	
出牙	0～2 颗	

二、心理发展指标

（一）粗大动作发展

1. 俯卧抬头超过 90 度；
2. 会自主翻身 180 度；
3. 扶立时能做蹬跳动作；

4. 能抓住物体往嘴里放；

5. 坐时背能竖直。

家庭参考游戏：小袜子长鼻子

游戏目的：拽掉小袜子这种行为能够使宝宝获得自主感，并且有助于锻炼和提升宝宝的身体协调能力。

游戏准备：可爱的小袜子。

游戏过程：

很多宝宝都喜欢啃自己的小脚，到了这个月龄，宝宝一旦学会了如何拽掉小袜子，露出小脚趾，他就会反复地这么做，把自己的小袜子拽得跟大象的鼻子一样长，乐此不疲。家长们不要迟疑，鼓励宝宝这么做吧！

温馨提示：如果天气比较冷，建议家长们买些袜筒较高的短袜，以防宝宝着凉。若天气不冷，宝宝光着小脚丫也没有关系。

（二）精细动作发展

1. 能熟练够到眼前的玩具；

2. 能够拍打悬吊的玩具。

家庭参考游戏：铃儿叮叮当

游戏目的：锻炼婴儿的手眼协调能力，促进婴儿精细动作的发展，培养婴儿的注意力。

游戏准备：将一个带铃铛的小球系在绳子的一端，绳子的另一端系在一根棍子上。

游戏过程：

Step1：请家长帮助婴儿平躺在地上，之后将小球放在婴儿胸部上方能够到的地方，引导婴儿伸手拍打小球使小球发出声音，吸引婴儿注意力。

Step2：击中小球后，小球会晃动，婴儿想再次击球，就需要运用手眼协调能力来进行判断，而击球则有助于婴儿精细动作的发展。

Step3：婴儿在拍打晃动的小球时，需要集中注意力来进行反复拍打小球的动作。

温馨提示：小球要在绳子上固定牢，避免掉下来使婴儿受到惊吓。家长要在一旁对婴儿进行引导，可不断调整小球的高度，以增强婴儿手眼协调的能力。

（三）言语发展

1. 能发很多音；

2. 咿呀作语的声调变长；

3. 会大声喊叫。

家庭参考游戏：宝宝起床啦

游戏目的：使婴儿在大人帮助下能听口令坐起来；促进婴儿的大运动发展，帮助婴儿能在日后坐稳。

游戏准备：有软垫的场地、轻快的音乐。

游戏过程：

Step1：请家长用双手扶住婴儿双肩，一边喊“起床啦”，一边慢慢向前向上扶拉宝宝双肩，此时婴儿会配合家长坐起来。

Step2：练习一段时间后，请家长抓住婴儿肘部，边喊口令“起床啦”，边拉婴儿坐起来。

Step3：练习一段时间后，请家长抓住婴儿手腕，一边喊口令“起床啦”，一边拉婴儿坐起来。

Step4：最后，请家长伸出两个食指，让婴儿握紧，随着口令“起床啦”，帮助婴儿借着大人的力量坐起来。

温馨提示：家长的口令要喊得清晰、准确。家长在做动作时要缓慢，避免动作过急使婴儿受到惊吓。在用食指让婴儿抓握时，最好旁边有人协助做好防护，或有相对较软的场地，避免婴儿因抓握能力不好而摔伤。

(四)认知发展

1. 呼唤宝宝的名字，宝宝听到召唤会回头找人，并微笑或大声喊叫；
2. 能发现眼前的小物品，并伸手抓握；
3. 可看到 4 至 7 米远的距离；
4. 开始建立立体感。

家庭参考游戏：宝宝点名了

游戏目的：这个训练能够刺激宝宝对特定语言产生反应。

游戏准备：轻柔的音乐。

游戏过程：

Step1：家长用相同的语调叫宝宝和其他亲人的名字。

Step2：在叫到宝宝名字时，观察他能否回过头来，露出微笑，使劲点点头，或是发出咿咿呀呀的声音。

Step3：宝宝如果能够听到呼唤并准确地做出反应，妈妈要说：“嗯，对了，你就是某某。”“宝宝真聪明！”之类的话，同时把宝宝抱起来，贴贴他的小脸蛋。

Step4：如果宝宝对呼唤他的名字没有反应，妈妈也不要着急，而要耐心反复地告诉宝宝："某某，你就是某某呀。"

温馨提示：这个游戏能让宝宝对特定语言产生反应，知道自己是谁，不过宝宝情绪不好时最好不要进行这个游戏。

（五）情感与社会性发展

1. 依赖熟悉的人；
2. 会注视陌生人；
3. 少数婴儿开始怯生。

家庭参考游戏：妈妈的包包摇呀摇

游戏目的：这个训练可以锻炼宝宝的平衡能力，潜移默化地培养宝宝的听力和节奏感，并且，爸爸妈妈充满关爱的陪伴，可以增强宝宝对他人的信任感。

游戏准备：结实柔软的大妈咪包。

游戏过程：

Step1：准备一个结实、柔软的大妈咪包，让宝宝坐进包里。妈妈可以轻轻地左右摇动包包，让宝宝感觉像是在摇篮中。

Step2：等宝宝逐渐适应后，妈妈可以背起包，慢慢站起来，然后做轻微的蹲起动作。妈妈可以一边做动作一边打着鼓点："咚、咚、咚咚锵，咚、咚、咚咚锵。"这个时候，多数宝宝会跟着律动和节奏发出咯咯的笑声。

温馨提示：在选择妈咪包时一定注意材质要柔软，背带要结实，以免弄伤宝宝的皮肤或摔伤宝宝。

三、育儿关键期

手眼协调

手眼动作的协调是指人在视觉配合下手的精细动作的协调性。对婴儿来说，6个月开始能够达到手眼协调的水平，即当宝宝看到物体时，伸手能够准确地够到该物体。这个成人看似简单的动作对于婴儿来说，却是具有里程碑意义的事件。因为手眼协调动作不仅需要视觉的发展，更重要的是在视觉指挥下的手的工作，这标志着婴儿的大脑活动有了质的飞跃。

每个宝宝手眼协调能力的发展会有个体差异，这与婴儿的生活环境、父母的培养以及训练有着十分密切的关系。婴儿精细动作的发展虽然进程缓慢，但是如果平时注意培养训练，手眼动作就能较快协调。

很多父母因为怕脏、怕危险，而没有放手让宝宝去探索；因为怕孩子累、怕孩子受伤而没有给予宝宝动手的机会，这都不利于宝宝的发展。父母应该积极地训练婴儿手眼协调能力，在宝贝不同的发展阶段，充分地创造条件鼓励宝宝去抓、握、拍、打、敲、捏、挖等，锻炼这些基本的技能。训练宝宝的手眼协调能力，也要考虑到宝宝的兴趣，利用宝宝感兴趣的游戏进行训练最有效，比如撕纸、翻书、套圈等都很适合宝宝。此外，还有很多通过大肌肉运动来训练手眼协调的游戏，如传球、拍球、投篮等。

四、营养与护理

（一）婴儿喂养

1. 喂养指导

在宝宝 4~6 个月，仍要坚持按时哺乳，每三四个小时一次，每天 6~8 次。另外，许多职场妈妈已经重新返回职场，因此妈妈可以尝试让宝宝独立喝奶和喝水，引导宝宝自己用双手握住奶瓶，再扶住奶瓶将奶嘴送向他的嘴巴，然后拿开手让他自己进食。

2. 生理性厌奶期

宝宝到了第五个月，可能会经历生理性厌奶期，即吃奶时喝喝停停，发出各种声音“抗议”，甚至吃得少或者不吃奶，但是宝宝的发育和每天的状态都没有因此而受到影响。遇到这种情况，妈妈不必担心，一般情况下再过 1 个月左右就能自然恢复。

如果宝宝厌奶情况非常严重，就需要采取干预措施了。首先，刚开始给宝宝添加辅食时一定要保持辅食的清淡，不要过早给宝宝添加重口味的食物，否则会加剧厌奶。其次，增加宝宝的运动量，俯趴、扶坐、做被动操、做抚触等都有助于促进宝宝食欲。再次，营造轻松愉快的家庭氛围。宝宝现在已经开始关注身边人的情绪了，家长过于紧张会增加宝宝的情绪负担，导致宝宝心情压抑而加剧厌奶，因此轻松愉悦的家庭气氛可以帮助宝宝快乐进食。

（二）婴儿护理

1. 口腔护理

（1）清洁口腔

帮助婴儿清洁口腔是一件非常重要的事情，帮婴儿擦洗牙龈会对他日后养成早晚刷牙的习惯产生间接的影响。随着宝宝的牙齿慢慢长出来，越来越多的细菌也随之滋生，每次喂食后，以及晚上睡觉前，用干净的细纱布缠在手指上，坚持每天两次帮婴儿擦洗牙龈和刚刚露出的小牙，能够帮助婴儿减少口腔中的细菌。

（2）为乳牙补充营养素

乳牙很脆弱，容易出现龋齿，而宝宝乳牙生长得好坏关系到他的口腔健康，也影响他的生长发育，因此要帮助宝宝保护牙齿，需要给乳牙补充营养素，主要是钙、磷、蛋白质以及各种维生素。因此要保证每天进食足够的奶，另外要多晒太阳，促进维生素D的合成，定期服用维生素AD制剂。母乳喂养的宝宝满6个月后，再配以相应的辅食来补充各种营养素。

(3)合理喂养，防止龋齿

及时给宝宝添加辅食，补充营养，也有利于乳牙发育。多吃纤维食物，多吃富含蛋白质、维生素的食物，提高牙齿的抗龋能力。另外，尽量减少夜奶的次数，避免宝宝含着乳头或奶嘴睡觉。因为母乳或配方奶中的乳糖容易附着在宝宝牙齿上而导致龋齿。

2. 尝试断夜奶

到了第五个月，宝宝夜间的睡眠开始延长，夜醒的次数也开始减少，为了帮助宝宝养成良好的睡眠习惯，此时可以尝试帮助宝宝戒掉夜奶。晚上可以让宝宝在临睡前多吃点奶，如果无法保证，则可以推迟最后一顿奶的时间。这时候的宝宝已经可以在夜间连续睡上6个小时，因此可以推迟最后一顿奶的时间，让宝宝能在睡前吃饱。如果宝宝半夜哭闹，就让他哭上几分钟再给予安慰(可以逐渐推迟给予安慰的时间)，但坚决不喂奶，坚持几天，宝宝慢慢就戒掉吃夜奶的习惯了。

断夜奶是一个循序渐进的过程，因人而异，毕竟宝宝肠胃的发育尚不完善，可能大部分宝宝在6个月内都需要吃夜奶。因此，宝宝的个体差异决定断夜奶的时间、方式，妈妈们不可硬来，要给宝宝足够的时间去慢慢接受。

五、疾病与预防

胃食管反流现象

胃食管反流是指胃及十二指肠内容物反流入食管，甚至流至口部、咽部的现象。胃食管反流现象在婴儿中经常见到，大部分属于生理性反流，并且反流量较小，随着年龄的增长，反流现象自然缓解，不会引起不良后果。

胃食管反流现象的处理：应避免过量、过于频繁地喂食婴儿，应按照婴儿需要适量喂食，避免婴儿吃得过饱。促使婴儿打嗝是有效的预防手段，虽然打嗝防返流效果不如少量多次喂养，但是在喂养过程中多次打嗝也能对本病起到预防作用。对于存在胃食管反流的婴儿，适当增稠食物，可以在保证提供充足能量的基础上减少食物摄入的次数与量。同时，家长还应该注意到喂食体位对本病的影响，在喂奶时尽量采用斜抱坐位、半坐位，不采用卧位喂养，尽量保持幼儿上身竖直。在喂养过程中，避免过分频繁更换体位，喂乳后可用斜垫子抬高婴儿头部，以及适当让婴儿处于俯卧位，均可起到良好的预防效果。

六、育儿百宝箱

(一)宝宝挠耳朵的原因

1. 油耳朵。黄色黏稠油状耳屎是正常的生理现象,但油耳屎多了会刺激耳道,宝宝会不自觉地挠耳朵。

2. 长牙。宝宝分不清是耳朵不舒服还是牙龈不舒服。

3. 喝奶。天热了喝一大瓶热奶,耳后很容易出汗,如果没及时擦汗就会因发痒而挠耳朵。

4. 中耳炎。宝宝因感冒,或者奶液、洗澡水进入耳朵,造成耳朵感染化脓,会有液体从耳朵流出。妈妈试着用手指按一下宝宝的耳朵,若宝宝哭闹,则立即停止按压。妈妈应及时带着宝宝去医院就诊。

(二)如何添加辅食

第一,辅食添加的时间。宝宝满 4~6 个月可以开始尝试循序渐进地添加辅食了。即使母乳非常充足,满 6 个月也要开始给宝宝添加辅食。辅食添加得过早容易造成过敏、排便异常等问题。4~6 个月为辅食适应阶段。因此,不要强求宝宝进食,应该鼓励宝宝对饮食产生兴趣,千万不要强迫宝宝,以免造成宝宝的心理负担。

第二,辅食添加的顺序。添加辅食应该循序渐进。辅食量要逐渐增加,增加的指标应根据宝宝的接受情况而定,而不是家长的主观意愿。宝宝满 4 个月后,最好的起始辅食应该是婴儿营养米粉(纯米粉)。婴儿营养米粉是最佳的第一辅食,其中已强化了钙、铁、锌等多种营养素,并且容易消化吸收。这样宝宝就可获得比较均衡的营养素,而且胃肠负担也不会过重。米粉最好在白天喂奶前添加,上下午各一次,每次两勺干粉(奶粉罐内的小勺),用温水调成糊状,喂奶前用小勺喂给宝宝。每次喂完米粉后,立即用母乳或配方奶喂饱宝宝。家长必须记住,每次进食都要让宝宝吃饱,使宝宝的进食有规律,不会形成少量多餐的进食习惯。在宝宝吃辅食后,再给宝宝供奶,直到宝宝不喝为止。当然,如果宝宝吃辅食后不肯喝奶,就说明宝宝已经吃饱。宝宝接受这个量后,可逐渐增加米粉的量。宝宝 6 个月后,米粉内可加入一些蔬菜泥。大约在宝宝添加米粉 2~3 周后,可以加上少许菜泥;7~8 个月后可开始加蛋黄、肉泥;鱼汤应该再晚些,以防过敏。

第三,蔬菜泥的简单制作。将洗净的蔬菜放入滚开水内,1~2 分钟后取出,然后剁成菜泥,加入调好的米粉,混合后一同喂给宝宝。最好选择绿色蔬菜的菜叶。另外,也可将土豆、南瓜等蒸熟压成泥,混在米粉中喂给宝宝。要注意胡萝卜的做法:

将洗净的胡萝卜切成大块，用少许热油煸炒一下，再放入蒸锅内蒸。这样在蒸的过程中，油就会与胡萝卜素结合，保证宝宝服用后，身体能够吸收足够的胡萝卜素。因为脂溶性食物的养分只溶解在油脂里，如胡萝卜的养分溶在油里，生吃或水煮达不到补充养分的目的。

6个月

一、身体发展指标

	男孩	女孩
体重	5.9 ~ 9.8 千克	5.5 ~ 9.0 千克
身高	62.4 ~ 73.2 厘米	60.6 ~ 71.2 厘米
头围	41.0 ~ 46.3 厘米	40.0 ~ 45.1 厘米
胸围	42.9 ~ 44.0 厘米	

二、心理发展指标

(一)粗大动作发展

1. 能做一些自主活动;
2. 能坐一会儿;
3. 仰卧时,能将自己的身体支撑起来;
4. 头颈肌发育成熟,不愿意被家长横抱,喜欢家长把自己竖抱;
5. 仰面躺时,会抓住自己的脚和脚趾。

家庭参考游戏:空中升降机

游戏目的:锻炼宝宝手臂及胸腹部肌肉,刺激宝宝前庭觉的发展。

游戏准备:柔软的地垫,舒缓的音乐。

游戏过程:

Step1:家长屈腿坐在地垫上,双手放在宝宝腋下，并将宝宝放在膝盖处让其双脚站在家长的脚上。

Step2：家长控制腹部力量，身体向后微仰，小腿同时尽量向上抬，嘴里配合说："呼——宝宝我们一起飞起来！"

Step3：多次练习之后，家长向后仰的幅度可以增加。

Step4：鼓励宝宝："宝宝你真棒！"

温馨提示：此项游戏对宝宝来说是有挑战性的，"升降机"升高和落下过程中，宝宝的平衡能力得到很好的锻炼，在心理上也增加了对父母的信任感，同时增进了亲子关系。游戏过程中，家长对宝宝的及时鼓励是不可缺少的。此外，力量要适度，要注意安全。

(二)精细动作发展

1. 两手能抓紧小物品；
2. 眼睛能看向父母手指的方向或物品；
3. 能将物品从一只手传到另一只手；
4. 能较准确地将手中的东西放入口中。

家庭参考游戏：小手抓抓

游戏目的：丰富宝宝手指的动作；帮助宝宝通过触觉认识事物，从而促进宝宝智能的发展。

游戏准备：毛绒玩具、海绵、小镜子、奶瓶刷子、能捏响的小黄鸭等不同材质的物品。

游戏过程：

Step1：将物品散落在地面上，让幼儿自己抓握想要的物品，在触觉刺激的同时丰富婴儿的语言感受能力。

Step2：宝宝每够到一个物品，家长都要给予鼓励，鼓励其抓下一个物品。

温馨提示：家长在对宝宝进行触觉训练时要注意宝宝的反应及感受，不可选择刺激度过强的物品，若宝宝出现反感，应暂停活动。

(三)言语发展

1. 会因高兴而尖叫；
2. 婴儿发音位置逐渐由"咽头"转向"口腔"；
3. 引逗宝宝时，宝宝能开怀大笑。

家庭参考游戏：笑一笑，藏一藏

游戏目的：引导宝宝"说话"；增进亲子关系；激发宝宝愉快的情绪。

游戏准备：宝宝感兴趣的物品。

游戏过程：

Step1：家长拿起宝宝感兴趣的物品逗引宝宝，此时宝宝可能会开怀大笑。

Step2：家长把宝宝感兴趣的物品藏到身后，让宝宝寻找，刺激宝宝发出声音，促进其言语发展。

温馨提示：家长应尽量调动宝宝的积极情绪，在游戏过程中可用夸张的表情或慢速的语言和宝宝交流。

（四）认知发展

1. 会移动身体寻找掉在地上的玩具；
2. 照镜子时会用手摸镜中的自己，冲着镜中的自己笑、说话、碰头等；
3. 知道自己的姓名，听到他人呼唤自己姓名时有反应。

家庭参考游戏：飞舞的沙滩球

游戏目的：让宝宝探索重力作用；学习移动身体寻找掉在地上的玩具。

游戏准备：大气球。

游戏过程：

让宝宝仰卧，然后将大气球轻轻掷向空中，再在宝宝身体上方接住，一次又一次。宝宝会非常喜欢看着大气球在空中“飞行”，也会开心地看着你在大气球就要落到他身上之前把球接住，这会令他惊讶不已。

温馨提示：家长在接气球的时候要注意宝宝的安全。这个时候的宝宝处于“发现”时期，有时候会重复做一些事情，比如将东西扔到地上让你捡，这个时候家长千万要有耐心，因为这是宝宝学习因果关系和通过自己的能力去影响环境的重要时期。

（五）情感与社会性发展

1. 宝宝会尝试踢打、摇晃某种东西观察出现的结果，并不断重复，这有助于他明白因果关系；
2. 听到熟悉的说话声音，宝宝会微笑或大声笑；
3. 看到食物或喜欢的玩具，宝宝会很兴奋，大声喊叫，表示索要；
4. 宝宝的情感开始丰富了，高兴、发脾气、害怕、恐惧都会用自己的方式表达；
5. 开始出现认生反应，遇到陌生人会将身体藏在妈妈身后或躲在妈妈怀里。

家庭参考游戏：我坐小椅子

游戏目的：锻炼宝宝前庭觉的发展，同时培养宝宝对家长的信任。

游戏准备：柔软的地垫，舒缓的音乐。

游戏过程：

Step1：家长盘腿坐在地垫上，让宝宝背对着家长坐在家长的腿上，家长的双手从宝宝腋下穿过，并抓住宝宝的双腿。

Step2：家长左右晃动两腿，让宝宝感觉在家长怀里像不倒翁一样。

Step3：多次练习之后，可以逐渐增大晃动的幅度。

温馨提示：此项活动需要家长有很好的柔韧性。

三、育儿关键期

游戏习惯的建立

6个月的宝宝，心理发展也进入了加速期。宝宝能够扶坐甚至开始独坐了，并似乎一下子长大了许多，哭泣逐渐减少而且主要是为了表达情绪，各种要求开始通过动作、声音加上表情来传达。生活上的事情已不再那么让人担心，家长自然开始更多地关注宝宝的能力发展。

这个阶段的核心育儿任务是“家长要跟宝宝建立良好的游戏习惯”。这一阶段，宝宝的精力越发充沛，他们喜欢玩但还不会玩，如果宝宝的兴致得到满足，在游戏过程中体会到快乐，就会激起学习的欲望，这将成为他一生的学习动力。家长应该给他创造足够的机会，安排丰富的环境，否则宝宝就会失望，时间长了还会感到失落。因为每个孩子天生的个性不同，有的宝宝更喜欢运动，比如喜欢被家长举起来；有的宝宝更喜欢听大人说话，跟大人对话，喜欢玩人际交流的游戏；而有的宝宝喜欢专注地摆弄小积木，或者闷着头撕纸，能够悄然地玩很长时间。

在这个关键期，相对来说“玩”本身更加重要，而玩什么游戏倒在其次。因为这个阶段，宝宝天生的发展冲动仍然起着主导的作用，只要家长每天都能有意识地跟宝宝一起游戏，宝宝就能学到本领；相反，即便家长读了很多书，特别研究了每个月该跟宝宝玩些什么，但没有与宝宝建立良好的游戏习惯，宝宝缺乏游戏期待或者难以顺利进入游戏角色，所有的方法都将是空中楼阁，所有的计划都将是纸上谈兵。

有研究证明，高智商的宝宝多半有个优秀的父亲。在宝宝的生活中，爸爸应更多扮演孩子游戏伙伴的角色。

四、营养与护理

(一)婴儿喂养

1. 喂养指导

到了第六个月，纯母乳已经不能满足宝宝的营养需求了。另外，随着宝宝乳牙的萌出，以及嘴部肌肉的发育，要开始训练宝宝吞咽和咀嚼的能力了。因此第六个月开始，母乳喂养的宝宝每天喂4~5次母乳，上、下午在两次喂奶之间添加1~2次辅食。人工喂养的宝宝每天需要喂800~1000毫升奶，3~4小时喂一次，每次200~250

毫升，可以分别在早、中、晚喂，每日总奶量不超过1000毫升，然后上、下午在两次喂奶之间添加1~2次辅食。

2. 辅食添加

(1)辅食添加的信号

辅食的添加不宜过早，也不宜过晚。一般如果出现以下信号，就说明可以给宝宝添加辅食了：

①婴儿体重达到了出生时的两倍，或体重达到5~6千克。

②婴儿喝完奶后仍有饥饿的表现。

③婴儿能够独自坐着，脖子能够直立，很好地支撑头部，且可以自如地转头、前倾、后仰等。

④婴儿挺舌反射消失，并具备吞咽能力。

⑤婴儿对成人吃饭表现出极大的兴趣，并伸手抓够等。

(2)辅食添加的原则

①黏稠度：由稀到稠

由奶制品到一般食物的逐渐过渡。宝宝的吞咽和咀嚼能力需要慢慢学习，因此初加辅食，食物应稀一点儿，如奶水一般，根据宝宝的适应程度，再慢慢变稠。

②量：由少到多

每添加一种新的辅食，可以让宝宝先试吃一点儿，如果宝宝精神状态良好，皮肤没有异常，大小便正常，就可以逐渐增加每次的食入量。同一种辅食连续吃三天，没有异常反应，则说明宝宝对这一辅食不过敏，以后就可以放心添加了。相反，如果吃后出现不适，需要马上暂停，三天后宝宝不适症状消失可再喂一次，如果仍然出现不适，说明宝宝对这一食物过敏，半年以内先不要吃了，半年后可以再尝试。

③种类：由一种到多种

初加辅食，宝宝的肠胃功能尚不完善，需要慢慢适应新的食物，且妈妈也要观察宝宝是否对某种食物过敏，因此一次只加一种新辅食。如果宝宝有过敏反应，妈妈也能清楚地分辨出是由哪种食物引起的。

④性状：由细到粗

初加辅食，宝宝的肠胃功能及消化系统尚不完善，因此辅食性状应该从精细开始，让宝宝慢慢适应。待到宝宝学会吞咽，且乳牙已经萌出，就可以逐渐由精细食物过渡到碎末儿、颗粒状的食物。

⑤调味：低糖无盐

婴儿肾脏发育尚不完善，食物中过多的盐分会增加宝宝肾脏的负担，容易使宝宝形成重口味，且宝宝从母乳或配方奶以及各种辅食中获得的钠已经足够了，因此不需要再额外添加盐分了，否则不利于宝宝的生长发育。另外，如果添加的辅食过甜，容易导致宝宝生龋齿，且过早添加甜食会造成宝宝以后挑食、偏食等不良习惯。

因此一周岁以内的宝宝应吃低糖无盐、清淡多样的食物，而且，让宝宝品尝到食物的天然味道更能刺激宝宝的食欲。

(3)辅食种类

食物形状：糊状或泥状。

量：开始时先尝试喂一两勺，待宝宝适应了再逐渐增加到一餐。

谷类：选择含铁的米粉为第一辅食。

蔬菜水果：尝试蔬菜泥(瓜类、根茎类、豆荚类)1~2勺，尝试水果泥1~2勺，每日2次。

喂养方法：婴儿坐在餐椅上，成人用勺喂食。

注意添加辅食后不要快速减少喂奶的量。在添加辅食时为宝宝创造良好气氛，不要破坏宝宝食欲，如果宝宝不爱吃某种食物，可以先暂停喂食，隔段时间再喂。

(4)水果添加方法

各类水果营养丰富，宝宝到了第六个月，可以在辅食中适量添加一些水果，以补充各种营养素。在宝宝刚接触水果的时候，最好选择比较温和的种类，比如苹果。由于宝宝的胃容量有限，一次给宝宝喂一勺的量比较合适。随着宝宝的成长，能接受的水果种类越来越多，这时候妈妈一定要根据宝宝的体质与身体状况选择水果。如果宝宝脾胃较虚、容易腹泻，则最好不要吃西瓜、香蕉、梨这类寒性水果；而便秘、体质偏热的宝宝可以吃点猕猴桃、火龙果一类的水果；如果宝宝容易过敏，则需要把水果煮一煮再食用。另外，要尽量选用时令水果，这类水果在自然环境中成熟，营养成分较丰富，给宝宝食用比较放心。

(5)进餐习惯

①进餐前先清洁宝宝的小手和脸，将宝宝放在餐椅上，给他围上围兜，这样就会将“要吃饭了”的信息传递给宝宝，让他逐渐明确接下来要做什么。

②6个月的宝宝好奇心比较强，容易受环境的影响，因此如果想让宝宝专心进食，需要让他在进食期间远离电视和玩具的干扰，并常与宝宝互动交流。泥糊状或固体食物还可以让宝宝自己抓食，让他喜欢上进餐。

③家长要做好心理准备，不要怕宝宝弄脏手脚、衣服、桌面和地面等，要给宝宝

提供一个安全无忧、没有阻碍的进餐环境，让宝宝大胆进食。另外，家长不要勉强宝宝进食，让宝宝自己决定饭量多少。

④家长要做好榜样。宝宝喜欢模仿爸爸妈妈的饮食习惯和行为，因此，家长进餐时要保持愉快，并多和宝宝交流沟通，享受美味的食物，这样宝宝也会喜欢上吃辅食。

(6)勺子喂食方法

添加辅食之后，需要宝宝慢慢学习用勺子吃饭。只要宝宝不再用舌头将勺子里的食物顶出来，就说明宝宝已经慢慢地接受了用勺子吃饭。

①让宝宝初识勺子

开始为宝宝添加辅食时，可以先给宝宝准备一个硅胶软头勺，并尝试让宝宝接触、认识勺子。给他一把勺子做玩具，让他认识勺子，感知勺子的用途，使宝宝不会排斥勺子。

②通过用勺子喂奶和水进行过渡

妈妈在给6个月的宝宝喂水或奶的时候，都可以用勺子喂。开始时用勺子轻压在宝宝的舌头上，等宝宝吞咽后再将勺子拿走，这样慢慢地，宝宝就不会用手推开勺子了，有利于宝宝很快接受勺子。

③喂辅食时不要用奶瓶代替勺子

用奶瓶代替勺子喂辅食不利于宝宝学习吞咽。让宝宝接受勺子，不仅可以引导宝宝主动张口吃东西，而且也刺激了宝宝想要吃一些新口味食物的欲望，这样有利于之后的辅食添加。

④循序渐进地诱导宝宝用舌头舔食

妈妈在给宝宝喂食的时候，可以张大自己的嘴巴给宝宝做示范，然后将勺子放在宝宝嘴边引诱其用舌头舔食，慢慢地，宝宝就会改变吸吮进食的方式。

3. 适时适量饮水

对于6个月以后的母乳喂养的婴儿，如果已经开始添加辅食，就应该适时适量地给他喝水了。根据月龄，每次喂水20~100毫升，一般来说，给宝宝喂水应少量多次。

另外，父母也要注意观察，如果宝宝出现不断用舌头舔嘴唇，或口唇发干，或尿布无尿、少尿等现象，都表明宝宝缺水了。一般在两次喂奶(喂食)之间、长时间户外活动之后、洗澡后、睡醒后、晚上睡觉前等都需要给宝宝喝水。

4. 营养素的补充

宝宝到了第六个月，体重一般是出生时的两倍，对铁的需求量大大增加，因此家长们此时就要注意防止宝宝缺铁。缺铁不仅会造成缺铁性贫血，影响宝宝的身体发育，还会影响宝宝的智力发育。而6个月后，宝宝从母体中带来的铁已经消耗殆尽，母乳中的铁含量已经远不能满足宝宝生长的需要，因此这时候就要给宝宝添加高铁米粉。另外，维生素C可以促进铁的吸收，可以多给宝宝吃一些富含维生素C

的蔬菜和水果，比如橙子、草莓、猕猴桃、西红柿、西兰花等，以满足宝宝成长的需求。到了第七个月，再辅以肉泥进行补充。需要注意的是，最好不要给宝宝服用补铁的营养品，如果铁含量过高，会导致铁中毒。一般情况下，只要均衡饮食，宝宝缺铁的现象是可以得到改善的。

（二）婴儿护理

1. 婴儿睡眠

6 个月大的宝宝平均每晚睡眠时长大约为 12 小时，通常白天会在上、下午各小睡一次，每次约 1 至 2 小时，夜间可以睡一整晚。他们不需要在夜间吃奶了。

这时候，固定的睡眠程序可以帮助宝宝很快入睡并且一觉睡到大天亮。睡前将宝宝放在小床上，给他一个喜欢的玩具，可以帮助他平静下来。睡前这段时间家长要陪伴宝宝安静地度过，切忌睡前过度兴奋或疲劳，否则会造成宝宝入睡困难。另外，如果这个月龄的宝宝还需要抱睡，就要慢慢改变，否则等宝宝大一点，就很难改变了。

从第六个月开始，如果宝宝频繁夜醒，即夜醒次数达到四次以上，就要想办法改变，否则会影响婴儿的生长发育。妈妈要观察宝宝是否生病或处在出牙期，这都会影响宝宝的睡眠质量。另外，宝宝在白天的精神状态也会影响其夜间的睡眠，比如白天宝宝玩得过于兴奋，或者受到惊吓，或者白天没有睡好等。因此妈妈们要根据不同的情况采取相应的对策，比如睡前陪宝宝玩安静的游戏、白天规律睡眠等。注意，如果实在找不到宝宝频繁夜醒的原因，就要带宝宝看医生了。

2. 提高婴儿免疫力

母乳中含有大量的免疫物质，能够增强宝宝抵抗力。但是到了第六个月，宝宝已经消耗了不少从母体带来的抵抗力，如果自身没有足够的抵抗力的话，就很容易生病，因此正确的护理是非常有必要的。

（1）抚触

从宝宝出生到七八个月，都可以坚持给宝宝做抚触。抚触不仅能加深亲子之间的感情，还可以改善宝宝的血液循环，提高宝宝的免疫力，促进其胃肠消化吸收以及生长发育。

（2）充足的睡眠

婴儿需要充足的睡眠，高质量的睡眠可以提高宝宝的免疫力。所以妈妈们要注意观察宝宝的睡眠规律和睡眠信号，以保证宝宝的睡眠质量。

（3）均衡饮食

到了第六个月，母乳已经不能满足宝宝的营养需求了，所以要尽快添加辅食。另外，要注意宝宝肠胃功能的发育情况，针对宝宝的特殊发育情况，避免让宝宝吃得过多、过饱、过杂，从而造成胃肠负担，导致消化功能紊乱，所以要认真遵循辅食添加的原则。

(4)多喝白开水

多喝白开水有利于增强免疫力，增强身体的消化功能，促进新陈代谢，促进肠道蠕动等。因此可以给宝宝多喝些白开水，注意不是纯净水、矿泉水或其他饮料。

(5)良好的卫生习惯

一周岁之前的宝宝一般处在口腔期(口欲期)，拿到什么东西都想往嘴里放。因此妈妈要注意做好玩具的消毒和宝宝皮肤的清洁，防止病从口入。

(6)最好少吃药

对于一些轻微疾病，如果不是非常严重，妈妈们可以不用急着给宝宝用药，可先观察、了解病症，再考虑是否用药。常用药品，尤其是抗生素，容易形成依赖，不利于宝宝免疫系统的发育，应慎用。

(7)合理穿衣

宝宝自身机体调节温度的能力尚未完善，极易受凉或受热，因此妈妈要注意给宝宝合理穿衣。如果宝宝颈后发潮，脚丫发热，则需要给宝宝减衣服；如果宝宝颈后发凉，手心、脚心也较凉，则说明需要加衣服；如果颈后温热，脚心温凉，则说明衣服正好。另外，要注意温差，根据室内室外温度变化适当给宝宝增减衣物。

3. 亲子主被动操

到了第六个月，妈妈可以和宝宝一起做亲子主被动操了。常做主被动操，宝宝的身体会更灵敏，肌肉更有力，左右脑发育更平衡。主被动操并不是由宝宝独立完成的，需要成人的帮忙，只不过会让宝宝自己用力，从而慢慢锻炼宝宝的颈部、腰腹部、臀部和腿部的力量，促进宝宝动作的灵活性，为以后独坐、爬行和行走做准备。

准备活动：做操之前先让宝宝仰卧在床上，妈妈洗净双手，摘掉首饰，将双手搓暖，和宝宝轻声说话，保持微笑，可配以节奏舒缓的音乐。先给宝宝做全身按摩，之后告诉宝宝要做操了。注意做操过程中动作要轻柔。

【主被动操】

第一节：起坐运动

①宝宝仰卧，让宝宝握住妈妈的大拇指，将宝宝双臂拉到其胸前，双手与肩同宽。

②轻轻向上、向前拉宝宝，鼓励宝宝通过自己的手脚和腰腹用力，并借助妈妈的力量坐起来。注意刚开始不用强迫宝宝一定要坐起来，只要宝宝在用力就可以了。随着宝宝力量的增大，慢慢就可以在大人的帮助下坐起来了。

③再慢慢躺下去,还原成仰卧姿势。

第二节:拱腰运动

①宝宝仰卧,妈妈一手托住宝宝腰部,一手按住其双脚脚踝。

②托起宝宝腰部,使之腹部挺起呈拱形。

③放下宝宝腰部,恢复仰卧位。

第三节:屈腿运动

①宝宝仰卧,妈妈双手握住宝宝双腿。

②轻轻将宝宝双腿向上抬起,使小腿和大腿呈90度直角,注意背部和臀部仍保持平躺,不能离开床面。

③还原成仰卧姿势。

第四节:俯跪运动

①宝宝俯卧,妈妈双手握住宝宝双脚脚踝。

②将宝宝双腿向内弯曲,使之呈跪状。

③还原成俯卧姿势。

第五节:起立运动

①让宝宝俯卧,妈妈双手握住宝宝手肘部。

②让宝宝由俯卧位先变成跪坐位,再扶宝宝站起。

③再让宝宝双膝跪坐在床上,然后至俯卧。

第六节:提腿运动

①宝宝俯卧,妈妈双手握住宝宝双腿。

②轻轻将宝宝双腿向上抬起,注意胸腹部仍保持俯卧,不能离开床面。

③还原成俯卧姿势。

第七节:游泳运动

①宝宝俯卧,妈妈用双手托住宝宝胸腹部。

②托起宝宝胸腹部,使之悬空,然后向前、向后来回摆动,鼓励宝宝活动四肢。

③放下宝宝,恢复俯卧位。

第八节:弯腰运动

①妈妈用一手扶住宝宝双腿,一手扶住宝宝胸腹部,使宝宝保持站姿。

②在宝宝前方放置宝宝喜欢的玩具,让宝宝弯腰前倾,鼓励宝宝捡起玩具。

③宝宝捡起玩具后，让其恢复成站立姿势。

第九节：跳跃运动

①妈妈用双手扶住宝宝腋下，让宝宝站立起来。

②稍稍用力使宝宝脱离床面，让宝宝足尖着床，然后扶着他轻轻跳跃。

第十节：扶走运动

①妈妈扶住宝宝腋下或手臂或手腕（根据不同月龄），帮助宝宝站立。

②鼓励宝宝向前迈步。

五、疾病与预防

苯丙酮尿症

苯丙酮尿症患儿出生时表现正常，通常从3至6个月开始出现症状，1岁时症状明显。苯丙酮尿症主要表现包括患儿在出生数月后因黑色素合成不足，头发由黑变黄，皮肤白皙，常见皮肤湿疹；由于尿和汗液中排出较多苯乙酸，可有明显鼠尿臭味；智能发育落后最为突出，智商常低于同龄正常儿。有行为异常，如兴奋、不安、抑郁、多动、孤僻等。可有癫痫小发作，少数表现出肌张力增高和腱反射亢进等症状。

苯丙酮尿症的控制关键在于新生儿的筛查工作。新生儿哺乳3天后，针刺足跟采集外周血，进行苯丙氨酸浓度测定。发现本病的患儿应立即治疗，开始治疗的年龄越小，预后越良好。主要给患儿喂专用型低苯丙氨酸配方奶粉，待血苯丙氨酸浓度降到理想浓度时，可逐渐少量添加天然饮食。其中首选母乳，因母乳中苯丙氨酸含量仅为牛奶的三分之一。较大婴儿及儿童可加入牛奶、粥、面、蛋等，应选择低蛋白、低苯丙氨酸食物，其量和次数随血苯丙氨酸浓度而定。由于每个患儿对苯丙氨酸的耐受量不同，故在饮食治疗中，仍需要定期测定血苯丙氨酸浓度，根据患儿具体情况调整食谱。低苯丙氨酸饮食治疗至少要持续到青春期，终身治疗对患者更有益。

六、育儿百宝箱

（一）怎么顺利度过宝宝出牙期

婴儿出牙是有一定顺序的，一般是按由下颌到上颌、由前至后的顺序。最先长出的常是下颌中间的门齿，然后是上颌中间的门齿，接着是门齿旁边的牙齿。宝宝出牙期往往会出现啃咬、疼痛、易怒、不眠、烦躁等问题。宝宝出牙最大的特点就是啃咬东西，咬自己的手，咬妈妈的乳头，可以说看见什么东西就咬什么，目的就是想借啃咬的施力来减轻牙床下长牙的压力。此外，疼痛和不舒服，是出牙过程中不可避免的。疼痛是因为牙床发炎，而发炎是柔软的牙床纤维对付逼近的牙齿的唯一办法，尤其是长第一颗牙及臼齿时最不舒服。当齿尖愈来愈逼近牙床顶端，发炎的情形愈严重，不断的疼痛使宝宝变得易怒和烦躁。宝宝不只是在白天长牙，晚上也一样在长。宝宝常会因牙不舒服而在夜间睡不踏实甚至烦躁。这种情形多发生在长第一颗牙及臼齿时。

宝宝出牙期的注意事项包括以下几个方面：

第一，牙胶用起来。出牙期的宝宝很喜欢咬东西，有时候还会咬人，为了避免宝宝抓咬不卫生、不安全的物品，此时妈妈们必须要为宝宝添置牙胶。牙胶多数是由硅胶制成，除了舒缓宝宝出牙时的不适感，增加安全感，还可以锻炼宝宝嚼、咬的动作，有助于牙齿的健康成长。

第二，口水巾不能少。出牙期的宝宝喜欢流口水，这主要是因为宝宝出牙的时候刺激了牙龈神经，引起了唾液腺分泌的增加，加上年幼的宝宝吞咽功能还不完善，所以自然会有口水流下。这时候要给宝宝准备口水巾或者围兜，注意一定要选择透气、柔软、吸水性超强的产品。

第三，口腔清洁很重要。在宝宝的牙齿快要萌出时，要特别注意口腔清洁。每次宝宝吃完辅食后，将宝宝抱住，让他的头稍微后仰，然后将消毒纱布缠绕在食指上，再蘸上温白开水，将其舌头及牙龈处的食物残渣擦拭干净。

（二）婴儿腹泻该怎么办

常见腹泻一般分为两类：一类是感染性腹泻，通常是由细菌和病毒引起的；另一类为非感染性腹泻，一般是因食物过冷、过热或消化不良引起的。由于宝宝的胃肠道尚未发育成熟，各种消化酶也比成人分泌得少，容易引起消化不良，导致腹泻。

第一，米汤加盐可缓解症状。对于腹泻的宝宝，护理中最重要的一点就是预防脱水和电解质紊乱。当宝宝拉肚子时，身体里的水分也随之流失，所以需要大量补充水和电解质。推荐使用米汤加盐，比例为一啤酒瓶的米汤加一啤酒瓶盖的盐。在补充水和电解质的同时，针对症状进行治疗。

第二，少喂高营养和刺激性食品。有的父母怕宝宝腹泻期营养流失太多，千方百计地喂宝宝牛奶、鸡蛋等高脂肪、高蛋白质的食物，殊不知这样做反而会加重宝宝的胃肠负担，使腹泻长时间不愈。此外，宝宝腹泻期忌食几类食品：一是刺激性食物；二是易发酵或胀气的食物，如蔗糖、牛奶、豆制品、凉拌菜、山芋等；三是促进肠蠕动及滑肠的食物，如香蕉、山药等有滑肠作用，粗纤维多的芹菜、韭菜等蔬菜有促进肠蠕动的作用；四是高脂肪、高蛋白质食物，如鸡蛋、动物油、油煎食品、奶油制品等。

第三，讲卫生，注意小细节。父母要讲究个人卫生。洗净的瓜果要放入冰箱冷藏，如果时间长了，应重新清洗。如果使用榨汁机给宝宝做果汁，要注意机器的清洁。夏天食品容易变质，最好给宝宝吃一顿做一顿，不要把食物储藏太长时间。另外，要勤给宝宝洗手、剪指甲。

7个月

一、身体发展指标

	男孩	女孩
体重	6.4～10.3 千克	5.9～9.6 千克
身高	64.1～74.8 厘米	62.2～72.9 厘米
头围	41.7～46.9 厘米	40.7～45.7 厘米
胸围	43.1～44.3 厘米	

二、心理发展指标

（一）粗大动作发展

1. 7 个月大的常模宝宝能自己扶物站起来，双手扶物可站一会儿；
2. 大多数婴儿在 7 个月初时会独坐；
3. 大多数婴儿到了七个半月时，可以俯卧着打转、会爬，意味着他们开始自主地探索周围的世界了；
4. 成人用手掌抵住婴儿的脚部时，他能向前爬行。

家庭参考游戏：阿拉丁“魔毯”

游戏目的：向不同方向拉动毯子能给宝宝带来不同的空间感受，能够刺激宝宝空间感知能力的发展，同时培养他的方向感，而宝宝的身体也会试着往你施力的相反方向转移重心，同时锻炼宝宝的平衡能力。

游戏准备：一条毯子。

游戏过程：

Step1：准备一条毯子，让宝宝坐或是躺在毯子上。

Step2：家长轻轻地试着向不同的方向拉动毯子。

温馨提示：宝宝坐在毯子上时，爸爸妈妈应有一方在宝宝身后进行保护，避免在移动过程中宝宝身体歪倒。

（二）精细动作发展

1. 大多数婴儿在七个半月时会用手空挠桌面，用手弄倒桌面上的东西；
2. 婴儿两手各拿一物，会用一物敲击另一物，会用手指捏细小的东西；
3. 会模仿成人做简单的拍手、招手动作。

家庭参考游戏：拆礼物

游戏目的：培养宝宝的手眼协调性。

游戏准备：毛巾、胶性玩具一至两个。

游戏过程：

Step1：家长和宝宝一起坐着，家长把宝宝的注意力引向别处一小会儿。

Step2：用一块毛巾包上一个小号的洗澡玩具，比如橡胶鸭或塑料恐龙。

Step3：把包装好的"礼物"拿给宝宝，说："我要送你一件礼物。"宝宝会打开毛巾，高兴得大声尖叫，而且马上就要再来一遍。

Step4:如果你手边有两块毛巾,你就可以在宝宝打开第一件“礼物”时迅速包裹第二件“礼物”,交替进行。

(三)言语发展

1. 7个月的婴儿开始模仿成人发音,能把熟悉的人和其称呼联系起来。

2. 此时期可以为宝宝选择挖洞书、立体纸板书或布书。应选择无字或仅有少量提示,且画面明快、构图简单的书,宝宝可以通过这些书理解一些故事的简单情节,目的是培养一定的理解力,最终还是为了培养其阅读的兴趣。但不要选择认汉字或字母的书,这样以知识为目的的阅读只会破坏宝宝的阅读兴趣。

3. 经常给宝宝讲他熟悉的、能引起他兴趣的事物,鼓励宝宝模仿成人发音。

4. 培养婴儿理解语言的能力,鼓励宝宝用语言和动作回答问题,如让他指出某一物品或熟悉的人在哪里,训练宝宝用眼睛找或用手指出。

家庭参考游戏:说说叠音词

游戏目的:此阶段的宝宝开始模仿家长的发音,能寻找声源并能听懂不同的语气。

游戏准备:娃娃、照片。

游戏过程:

Step1:妈妈每天都要同宝宝聊天,发出叠音,如嗒嗒、爸爸、妈妈、哥哥、娃娃、拍拍、咳咳等。

Step2:每发一种叠音就指向相应的人、物或做出相应的动作,使音与意义联系。例如在玩娃娃时,说“拍娃娃睡觉”;说“拿拿”,伸手拿东西;说“咳咳”时咳嗽几声。

温馨提示:依据宝宝的发展情况说一些易发声的叠音词。

(四)认知发展

1. 大多数婴儿在7个月时能将玩具从一只手换到另一只手;

2. 能用眼睛寻找成人提问的东西的位置。

家庭参考游戏:卷寿司

游戏目的:训练身体的协调性及身体的感知能力。

游戏准备:大浴巾、柔软的地垫。

游戏过程:

Step1:家长把准备好的浴巾横放在地垫上,让宝宝竖躺在浴巾的一边,像卷寿司一样用浴巾把宝宝裹住,妈妈可以一边卷一边念儿歌:“卷寿司,卷寿司,妈妈推,宝宝滚,噢!寿司做好喽!”

Step2:家长拉着浴巾的一头,使宝宝慢慢被动连续翻滚。宝宝滚出浴巾后,可以在平铺的浴巾上继续训练宝宝连续翻滚。也可以用一个彩色皮球从宝宝身边推出一小段距离，让宝宝去取，训练宝宝灵敏地连续翻滚。

温馨提示：游戏过程中，妈妈不能让宝宝滚得太快。宝宝在地板上滚的时候，要注意周围不能有会伤害到宝宝的家具。在床上玩的时候，注意不要让宝宝掉下来。

（五）情感与社会性发展

1. 大多数婴儿在7个月时会与人玩，见生人会哭喊、躲闪、乱蹬；
2. 宝宝在七个半月时开始表现出对人和物的爱憎，白天室内无人时会哭；
3. 喜爱玩“藏猫猫”游戏，并会模仿妈妈的动作；
4. 能分辨出熟人和陌生人，有的婴儿见到陌生人会有害怕、哭泣、躲避等表现。

家庭参考游戏：飞机宝宝

游戏目的：在宝宝哭闹不停、过度兴奋或疲倦的时候，帮助宝宝安静下来。

游戏准备：音乐、温暖的环境。

游戏过程：

Step1：家长一手托住宝宝的腹部，一手托住宝宝的胸部，让宝宝双手打开呈飞机状；

Step2：家长配合有节奏的歌曲托住宝宝身体，轻轻前后摇晃。

温馨提示：游戏中家长要时刻托住宝宝胸腹部，保护好宝宝的颈椎。

三、育儿关键期

依恋

依恋是婴儿与母亲（或能够代理母亲的人）之间形成的由爱连接起来的永久性心理联系。婴儿会寻求与母亲身体上的亲近，可以从母亲那里获得慰藉、安全感和丰富的刺激，而当依恋遭到破坏后，婴儿会感到痛苦。

大多数婴儿从5~6个月起（有的婴儿还要早些），开始能把亲人同陌生人分开来。如果看到不熟悉的人，婴儿会哭，会拒绝接近。当陌生人与婴儿距离渐远了，他们就感到安全。其实这是一种自我防卫的表现，也是特殊依恋形成的标志。一些研究表明，女孩会比男孩更早出现这种认生现象。此外，婴儿对待男性和女性也有区别，对男性比较警觉，而对女性则稍微放松些。

心理学研究表明，儿童依恋的发展要经历几个不同阶段。0至3个月的婴儿对所有人的反应是差不多的，不会因亲疏关系而有所差别。3至6个月的婴儿对母亲和他熟悉的人以及陌生人的反应是不同的，面对母亲开始表现出自发性的喜悦之情，有更多的微笑、依偎、接近。6个月至2岁，孩子会形成特殊的情感联结，这个时期的孩子特别关注母亲的存在。分离焦虑和认生的出现是依恋形成的标志，一般出现在6至8个月。当母亲离开时，婴儿会表现出明显的反抗、哭叫等行为，他们极力维持着与依恋对象的接近，会对陌生人表现出警戒和惧怕的情绪。同时，当母亲在他们身旁时，婴儿就能安心地玩，好像母亲是安全的基地。因此，父母应该注意对待孩子的态度，要关爱孩子，与孩子积极、亲切地交往，以形成良好的安全型依恋关系。

四、营养与护理

(一)婴儿喂养

1. 喂养指导

到了第七个月，母乳喂养的宝宝每天需要吃4~5次奶，在上、下午的两餐奶之间分别加一次辅食，但要保证600~800毫升的奶量。人工喂养的宝宝也要保证一日4~5次的配方奶，总奶量为600~800毫升即可，注意尽量不要超过800毫升，否则会造成过度肥胖。

2. 新辅食添加——肉类

第六个月，宝宝的辅食中已经逐渐添加了米粉、蔬菜和水果，到了第七个月，宝宝的肠道已经适应这些素食了，那么就可以考虑添加肉类食物了。肉类食物含有丰富的蛋白质和大量的铁、锌、维生素等，这些在谷物和蔬果中的含量是极其有限的，因此有必要在合适的时间为宝宝添加肉类辅食。

(1)添加原则

肉类辅食的添加原则和初加辅食时是一样的，即由少到多、由单一到多样、由稀到稠、由细到粗，以及低糖少盐。

(2)从肉汤开始尝试

可以先给宝宝尝试肉汤，选择不易导致过敏的肉类，如鸡肉。

(3)肉泥的添加

宝宝适应肉汤且无明显过敏反应之后，就可以开始添加肉泥了。还是从鸡肉开始，因为肉类不易消化，因此第一星期喂一两次即可，待宝宝适应之后再增加次数。另外，尽量选购低脂肉类，比如鸡肉，少买脂肪多的肉类。

(4)荤素搭配

肉类可以配合蔬菜一起喂食，利用蔬菜的味道来提升肉类的香味，也利用其减轻肠胃负担。

(5)烹调方式

一般来说，用煮、炒、蒸的方式烹调食物，食物中的营养成分损失得少些，直接用油炸的方式会破坏食物中的维生素。

3. 添加辅食的注意事项

到了第七个月，宝宝对辅食的接受度已经提高了很多，因此辅食不宜过于精细，需要添加一些较大颗粒的食物，否则宝宝吃饭时将食物直接吞下，不利于宝宝牙齿的发育，也不能帮助宝宝学习咀嚼，且过于精细的食物中纤维素不够，容易引起便秘。因此，到了第七个月，不建议继续让宝宝吃泥糊状的辅食了，可适当做些碎末儿状的、较软的大颗粒食物，帮助宝宝学习咀嚼。

（二）婴儿护理

1. 婴儿上火的应对

添加辅食之后，宝宝上火的情况可能会比较频繁，比如有眼屎、嘴角起皮、大便干燥、小便发黄、面部起痘等。宝宝上火不需要过度担心，慢慢调理饮食即可。但是，如果长时间上火就需要关注了，因为频繁上火会降低宝宝的免疫力，容易引起细菌感染。

（1）多喝水

对于尚未添加辅食的宝宝来说，一旦上火，最好的去火方法就是多喝水。但是要注意喝水量，即1周岁以内的宝宝每天的喝水量不应该超过1200毫升。对于已经添加辅食的宝宝，除了适量饮用白开水外，还可以喝些绿豆水、白萝卜水、冬瓜水、雪梨水等。

（2）多吃瓜果蔬菜

很多瓜果蔬菜都有降火的功效，对于已添加辅食的宝宝，可以每天喂食适量的果蔬。添加辅食初期，以宝宝不过敏为前提，少量喂食有去火效果的蔬菜泥和水果泥，比如柚子、橙子、苹果和雪梨等。宝宝出牙后，粗纤维的蔬菜也可以帮助去火，比如小白菜、菠菜、油菜、卷心菜和芹菜等。

（3）禁食荤腥食物

对于上火的宝宝，肉类辅食比如鸡肉泥、鱼肉泥等可以适当控制一下。因为宝宝肠胃发育尚不完善，高热量、高蛋白的食物不利于消化，未消化的食物会囤积在宝宝肠胃，从而引起上火，导致积食、大便干燥。

（4）充足的睡眠

睡眠不好也容易引起上火，因此要帮助宝宝养成良好的睡眠习惯。此外，让宝宝吃好、玩好，并且保持愉悦的心情，都有利于远离上火。

（5）锻炼身体

让宝宝坚持适当的锻炼，比如做亲子主被动操、多爬爬等，可以增强体质，提高免疫力，这是预防上火的关键。

2. 婴儿消化不良的应对

到了第七个月，给婴儿添加的辅食种类增多，可能会导致婴儿饮食过量，引起消化不良，主要表现为腹胀、睡眠不安、口臭、吐奶，大便稀且有酸臭味，并有大量未消化的食物残渣等。一旦发现宝宝消化不良，就需要采取一定的措施进行改善。

(1)适当控制宝宝食量

如果宝宝出现消化不良，首先应该做的就是避免再进食过多食物，以免加重宝宝胃肠负担。食物再好吃，营养再丰富，也要适量食用。

(2)注意饮食，荤素搭配

营养搭配不合理，经常吃高脂肪、高营养的食物，也容易造成消化不良。所以不要总是给宝宝吃大鱼大肉，也要适当食用蔬菜、水果，以获取充足的维生素和矿物质，如白萝卜、山楂、山药等，可以拿来煮汤给宝宝喝。

(3)按摩

宝宝消化不良应是胃肠蠕动缓慢，食物无法很好地吸收造成的，可通过按摩帮助宝宝促进胃肠的蠕动。可以做肚肚操，即手掌顺时针在宝宝肚子上打圈按摩，也可以通过捏脊按摩来缓解宝宝积食和消化不良的症状。

婴儿捏脊按摩：对于半岁以上的宝宝，可以通过捏脊按摩来进行身体保健，促进血液流通，提高免疫力，促进生长发育。捏脊是自下而上捏拿宝宝的脊背来促进气血循环，从而达到预防和治疗疾病的目的。捏脊可以每日一次，每次3~5分钟，但需要注意的是，应在宝宝空腹时进行，且要保证室内温度不过高或过低。

准备工作：调整室内温度；妈妈摘下首饰，注意剪短指甲，防止弄伤宝宝皮肤；妈妈用按摩油搓暖双手，让宝宝保持俯卧姿势（可配以背景音乐来营造温馨的氛围）。

按摩方法：

①宝宝俯卧，妈妈双手在其背部由上而下轻轻按摩两三遍，使宝宝背部肌肉放松；

②妈妈的双手呈空拳状，小指、无名指和中指自然弯曲，食指半屈，拇指伸直并对准食指的前半段，各个手指要自然；

③从宝宝尾椎开始，用双手拇指和食指一起，沿着宝宝脊柱的两侧，轻轻向上推起脊背上的皮肤，一边捏捻，一边向上推进，两手交替沿脊柱正中线向上边推边放，直到颈后平肩的骨突部位，反复五六遍；

④如果在捏的过程中用力拎起肌肤，再自然反弹回去，效果会更好。注意做的时候动作要轻柔，一边捏一边表扬宝宝勇敢、不怕疼，这样微笑着和宝宝互动，有助于宝宝更好地配合。

五、疾病与预防

鹅口疮

鹅口疮是指白色念珠菌感染引起的口腔黏膜发炎，可见于任何年龄阶段人群，在婴幼儿中最常见。其炎症黏膜表面形成一层假膜，故又称为“雪口”。婴儿口腔黏膜可见充血、水肿，白色假膜附着不紧密，轻轻擦去后可暴露炎症部位。

引起此类疾病的原因包括：母亲乳头不洁净，奶瓶消毒不彻底，出生时经产道感染白色念珠菌，长期使用抗生素类药物。良好的卫生习惯是预防婴儿鹅口疮的有效途径，母亲哺乳前进行清洁，经常使用温开水擦拭婴儿口腔等均可避免白色念珠菌的交叉感染。对于患病婴儿，可使用 2%~4%碳酸氢钠溶液清洁口腔，来抑制细菌繁殖。

六、育儿百宝箱

如何辅助宝宝爬行

1. 抵足爬行：让宝宝俯卧在床上，父母用手掌顶住宝宝的脚，宝宝就会自动地蹬住你的手往前爬。刚开始时，宝宝可能还不会用手使劲，整个身子也不能抬高离开床，大人不妨从旁扶助，必要时可用一点儿外力帮助孩子前进。每天练习 2~4 次，每次爬行 2~4 米，要天天坚持。

2. 上肢准备：俯卧抬头，两臂撑起上半身；可用镜子、玩具、画报等逗引宝宝抬头；出生 15 天后即可适当进行练习；满月后每天练习 3~4 次，累计半小时。

3. 单臂支撑：当宝宝学会上述动作后，可在其俯卧时，用玩具在他一侧手臂上方逗引他够玩具，两臂可轮流练习。

4. 前臂交叉练习：宝宝俯卧在床上，父母在床沿，伸出两手，或手持玩具逗引，慢慢移动手掌或玩具，带动宝宝手臂的运动，可让宝宝交替变换手臂。

5. 下肢准备：家长可将宝宝跪抱在大腿上，或当家长仰卧时，让宝宝跪在家长的体侧，手扶着家长的身体；可和宝宝一起看画报、念儿歌、玩玩具，使宝宝锻炼膝部的支撑力量。

6. 两腿交叉运动：在宝宝腹下垫上枕头，使其呈俯卧位，家长用双手抓住宝宝踝部，做两腿交叉运动。

7. 四肢协调爬行：让宝宝手膝(或手足)着地，腹部离开床面，四肢协调爬行。若宝宝腹部不能离开床面或不能向前移动，家长可用手托住宝宝腹部或用长围巾兜住其腹部，用玩具诱导其爬行。

8个月

一、身体发展指标

	男孩	女孩
体重	6.9 ~ 10.8 千克	6.3 ~ 10.1 千克
身高	65.7 ~ 76.3 厘米	63.7 ~ 74.5 厘米
头围	42.2 ~ 47.5 厘米	41.2 ~ 46.3 厘米
胸围	43.3 ~ 44.7 厘米	

二、心理发展指标

(一)粗大动作发展

1. 能从坐位到卧位再到坐位;
2. 能用双手双膝独立爬行;
3. 扶其腋下会做迈步动作。

家庭参考游戏:小白兔坐直升机

游戏目的:锻炼宝宝下肢力量,促进粗大动作的发展和情感的发育。

游戏准备:儿歌《小白兔白又白》。

游戏过程:

Step1:妈妈坐在椅子上抱着宝宝,随着音乐,让宝宝双脚踩在妈妈的膝盖上站起来。

Step2:扶着宝宝让其在膝盖上蹦跳,然后妈妈抱着宝宝站起来,再坐下,说:"宝宝飞起来啦。"(可重复进行)

温馨提示:妈妈要多用语言鼓励小宝宝。

(二)精细动作发展

1. 能双手配合完成一些简单的运动,如打开盒盖又盖上;
2. 能用拇指与食指捏取细小物体;
3. 可以将物体传递给旁边的人,但还不知道怎么松手,怎样给;
4. 喜欢从高椅或是小推车上故意将物体扔到地上。

家庭参考游戏:和宝宝一起手舞足蹈

游戏目的:培养宝宝的语言识别力、音乐节奏感及身体的协调性。

游戏准备:儿歌《找朋友》。

游戏过程:

Step1:和宝宝面对面坐着,妈妈一边唱儿歌一边做出相应的动作。

Step2:抓着宝宝的手一起做动作,反复几遍。

Step3:逐渐过渡到妈妈唱歌,宝宝做动作,共同表演:“找呀找呀,找朋友(招招手),找到一个好朋友(对人点头)。敬个礼(做敬礼动作),握握手(伸手与人相握),你是我的好朋友(先指对方,再指自己,再握手)。再见(挥手)!”

温馨提示： 刚开始进行游戏时，妈妈可以把唱歌的速度放慢一点儿，等宝宝熟悉后逐渐加快。还可以唱完一遍后，把宝宝递给爸爸，让爸爸再唱一遍，这样有利于促进亲子之间的感情。

（三）言语发展

1. 训练宝宝说叠音词，如“爸爸”“妈妈”等；
2. 经常结合语言做“再见”和“谢谢”的动作，让宝宝模仿，当有人离开和送东西给宝宝时，成人用语言提示宝宝做“再见”和“谢谢”的动作；
3. 能模仿发声，如咂嘴。

家庭参考游戏： 你的名字你的声音

游戏目的： 训练婴儿的听力和对音源的辨识能力。

游戏准备： 发条音乐玩具、铃鼓、响板等可以发声的用具，地垫。

游戏过程：

Step1：让宝宝仰卧于地垫上，耳朵不要紧贴垫面，以免影响听力。

Step2：先在宝宝右边做出声音刺激，宝宝会在瞬间集中注意力倾听，接着做音源探索。

Step3：接下来可以换音量较小的玩具，来刺激宝宝的听觉反应。

Step4：待宝宝找出音源后，可变换声音在不同的方向出现，训练宝宝的反应。

温馨提示： 注意玩具所发出的声音不要过于尖锐，避免伤到宝宝的耳膜。若宝宝对声音的刺激反应慢或无反应，则应多试几次，必要时可去医院做听力检查。

（四）认知发展

1. 能看懂成人的面部表情；
2. 家长应引导宝宝观察并注意一些物体，经常和宝宝说话、做游戏。

家庭参考游戏： 小门你好

游戏目的： 让宝宝认识门，学会用手表达要开门出去玩；培养宝宝的观察能力。

游戏准备： 舒适、不陌生的环境。

游戏过程：

Step1：家长抱着宝宝来到门前，一边把门打开一边说：“开门出去啦！”出门后又把门关上，说：“关门。”

Step2：再从门外推门进来说："开门回来啦！"宝宝会对门产生兴趣，如果以后想出去玩，就会伸手指向门的方向，让大人知道宝宝要出去玩了。

（五）情感与社会性发展

1. 宝宝对父母表现出依恋，而对陌生人则会有怯生的表现，此时不要和宝宝分离时间太长。
2. 有客人来访时，家长要表示欢迎。如宝宝见客人时表现出害怕，可暂时将宝宝带离，等会儿再带他靠近，让宝宝逐渐熟悉客人。
3. 让宝宝和外面的小朋友玩耍，以发展宝宝个性，并经常给予鼓励和表扬。
4. 陪宝宝玩时多给予鼓励，培养其勇敢、自信、豁达、乐观的个性。

家庭参考游戏：吹吹小喇叭

游戏目的：增强宝宝的肺活量，培养宝宝的探索意识，发展宝宝的模仿能力。

游戏准备：能够发出声音的小喇叭。

游戏过程：

Step1：在宝宝能够握住玩具的前提下，把喇叭拿给宝宝。

Step2：宝宝会把喇叭放进口中，但刚开始并不能吹出声响。

Step3：这个时候，宝宝需要家长的鼓励和示范，家长可以嘟起嘴巴，模仿吹喇叭的样子，然后发出"嘟嘟"的声音。

Step4：通过几次练习，宝宝会模仿大人的嘴型吹响喇叭，但是响声往往是宝宝往里吸气造成的声响。

Step5：这时家长应该开心地鼓励宝宝："真棒！""做得非常不错！"接下来要耐心等待，有一天你会突然发现，宝宝已经学会吹响小喇叭了。

温馨提示：每次让宝宝学吹小喇叭的时候，家长应当给小喇叭进行全面的消毒，以免病从口入。

三、育儿关键期

爬行

婴儿在第七个月时，多可以匍匐爬行了。以腹部着地，四肢不规则地划动，这个动作的效果往往不是向前爬，而是向后退，或者以腹部为圆心，在原地转动。到八九个月时便发展为用手和膝盖爬行。

有很多家长忽视了爬行这一阶段，没有积极地引导宝宝学习爬行，导致很多宝宝没有经历爬行这一阶段而直接过渡到了站立。殊不知这对宝宝的发展是非常不利的。

近年的研究表明,婴儿没有经过爬行阶段,可能会影响神经系统功能的发展。在爬行过程中,婴儿的左手配合右脚前进,紧接着右手配合左脚前进,同时视觉则在“由坐姿转到爬行,由爬行转到站立”过程中起着重要的调整作用。所以,婴儿在爬行的过程中将影响姿势的平衡能力、视觉、前庭感觉以及肢体感觉进行整合,达到眼、脑、四肢以及躯干的协调。研究人员认为,婴儿通过爬行还能够获得许多生活经验。比如爬行能够增加婴儿体验到同一物体在视野中不断消失、再现的机会;爬行后,婴儿主动去抓取物体的机会增多,在爬行取物的过程中,需要关注远处的目标物,随时调整自己的动作以接近目标,这可以促进婴儿的手眼协调能力;爬行取物时,婴儿需要抵御来自不断变化的外部景物的干扰,保持行进。

那么如何训练宝宝爬行呢?一般而言,从宝宝能够自如翻身开始他们就有了学爬的机会,这时家长便可以有意识地引导宝宝尝试爬行了。开始他们只能在原地扭转或是后退。在最初这个阶段,可以让宝宝趴在床上,妈妈在前面摆弄宝宝感兴趣的玩具,吸引他们的注意力,并用语言加以引导,同时爸爸则在身后用手推着宝宝的脚掌(注意宝宝姿势的协调,宝宝左臂在前时推右脚,右臂在前时推左脚),使其借助爸爸的力量向前移动身体,接触到玩具,以后逐渐减少帮助,训练宝宝自己爬。开始爬行时,宝宝会很费力,腹部不能离开床面,这时成人可用一条宽大的毛巾放在他的腹部,然后慢慢提起,帮助他练习手膝爬行,渐渐地,他就可以用双手及双膝协调灵活地向前爬行了。这样的练习锻炼了宝宝四肢的耐力,增强其平衡能力,而且对宝宝日后学习语言和阅读也会产生良好的影响。

四、营养与护理

(一)婴儿喂养

1. 喂养指导

从第八个月起,母乳喂养的宝宝喂奶次数可以酌情减少到每 4 小时喂一次奶,每次吃 200~250 毫升。人工喂养的宝宝喂奶的次数可以减少到每天三次,时间一般为上午 10 时,下午 14 时和 18 时,逐渐用辅助食物从代替半顿奶开始到代替一顿奶。

此时宝宝的胃液已经可以充分发挥消化蛋白质的作用了,因此可以多添加些富含蛋白质的辅食,如豆腐、鱼、瘦肉末、奶制品等。

2. 新辅食添加——蛋黄、粗粮

(1)蛋黄添加方法

鸡蛋易造成宝宝过敏,因此专家建议在 8 个月后开始添加蛋黄,1 周岁之后开始添加蛋清。在添加蛋黄时,先从每日四分之一个蛋黄开始,逐渐增多,在十天内加到一个蛋黄。如果期间宝宝有过敏反应，需要暂停食用，等宝宝大一些再食用。另外需要注意的是，虽然鸡蛋营养丰富，并且里面含有对大脑发育有益的卵磷脂，但是宝宝肠胃功能不完善，吃得太多容易造成消化不良，因此要适量食用。此外，蛋黄和肉类要隔天交替添加，且应注意一天中摄入的蛋白质不宜过多，否则会加重宝宝肾脏负担。

(2)粗粮添加方法

粗粮富含植物纤维，营养丰富，还可以预防便秘，保障消化系统正常运转，促进肠道蠕动，加速排便。因此适时适量地添加粗粮，有益于宝宝健康成长。粗粮主要包括玉米、小米、黑米、荞麦、燕麦等，另外，红豆、绿豆、红薯、山药等也是粗粮。

①粗粮做细了吃。给宝宝吃粗粮时，可以把粗粮打成糊，熬成粥，或者蒸熟压成泥，比如红薯泥、山药泥；也可以做成粗粮面条，比如荞麦面等。

②粗细混着吃。粗粮最好和细粮搭配吃，比如粗粮可以和大米、白面混合制作成米糊等，这样既可以帮助消化，又能增加口感。

③粗粮不宜多吃。粗粮虽然营养丰富，但是不能以粗粮取代细粮作为主要辅食，因为粗粮会使宝宝增加饱腹感，使进食减少，因此不可以过量。要观察宝宝食用后的反应，循序渐进地添加。

3. 自主进食的培养

八个多月的宝宝大部分已经会爬了，有的甚至可以借助外力自己站起来。他们的活动量慢慢增大了，这就导致更多的消耗，所以这时候的宝宝进食量也会增加。并且，这时候大部分的宝宝可能已经长出几颗牙齿，因此可以进一步引导宝宝锻炼咀嚼能力。

(1)练习咀嚼

这个月份的宝宝已经适应了辅食，并且能吃肉类、蛋类、蔬菜等很多食物了。而且此时大部分宝宝已经长牙了，正是锻炼咀嚼的关键期。可以做一些固体食物，在帮助宝宝自主进食的同时，让宝宝练习咀嚼，比如磨牙饼干、烤面包，平时吃的馄饨、包子、饺子等，都是非常好的练习咀嚼的食物。另外也可以给宝宝煮熟的土豆、红薯、胡萝卜、南瓜等块状食物，让他们自己拿着吃，既增加了粗纤维的摄入，又锻炼了咀嚼能力。也可以尝试着让宝宝自己咀嚼绿色蔬菜。

(2)创造愉悦的进餐氛围

注意从这个时期开始让宝宝尝试自己吃饭，不要给宝宝造成心理压力。这时候的宝宝手眼协调能力较差，虽然他可能把饭弄得到处都是，但不要因此就放弃训练宝宝自主进食的能力。可以选择一个小围嘴或者罩衣，在进食前给宝宝围上。另外，宝宝喜欢和大人一起吃饭，因此可以在大人午餐和晚餐时给宝宝添加两次辅食。宝宝吃饭的时候要时常给予表扬，耐心地帮助宝宝学习自主进食。

(二)婴儿护理

1. 婴儿积食的应对

积食的表现:1 周岁以内的宝宝,如果出现食欲下降、肚子发胀、睡眠质量差等症状,妈妈就要注意去医院确诊一下宝宝是否积食了。

原因:宝宝吃得过多,脾胃难以消化,身体承载不了如此多的营养而导致消化不良。

应对:如果宝宝发生积食,需要马上停食辅食,这样可以有效减轻肠胃负担,给肠胃恢复的时间。注意停食时间应该控制在 5~10 个小时,可以根据宝宝恢复情况而定。另外,如果是母乳喂养,妈妈们还要注意避免自身摄入高蛋白、高热量、高油腻以及辛辣刺激的食物,否则也容易造成宝宝积食。最后再辅以腹部顺时针按摩,加快宝宝肠道蠕动,促进消化,也可以有效缓解积食。

2. 学习使用便盆

到了第八个月,大部分宝宝已经可以坐得很稳了,这时候可以让宝宝学习坐便盆大便,以培养定时大便的习惯。爸爸妈妈如果发现宝宝发呆、停止游戏、扭动双腿,甚至发出使劲的声音,就可以及时让他坐便盆。开始时每次坐两三分钟,逐步到 10 分钟左右,若不解大便,可稍后再试。注意让宝宝认识到坐便器不是玩具,坐便盆时间也不是游戏时间,要培养宝宝专心排便的习惯。

五、疾病与预防

乳牙萌出过晚

乳牙萌出过晚是指 1 岁以上的婴儿尚未萌出第一颗乳牙;或者超过 3 岁的幼儿,20 颗乳牙尚未全部萌出。婴儿的乳牙萌出过晚,会限制营养的摄入,进而造成其生长发育迟缓。

人一生会有两副牙齿,即乳牙(共 20 颗)和恒牙(共 32 颗)。小儿出生时颌骨中已有骨化的乳牙牙胚,正常情况下,宝宝 6~7 个月时萌出第一颗乳牙。由于遗传等因素的影响,宝宝乳牙的萌出有早有迟,个体差异性较大。因此,我们会发现有的宝宝 4 个月就开始出牙了,有的则延迟至 10~12 个月,这都属于正常现象。

当宝宝超过 1 岁仍未出牙,则可视为异常。究其原因,主要有以下几个方面:首先与宝宝自身的营养和健康状况有关。若婴儿患营养不良、佝偻病、呆小病等全身性疾病,乳牙萌出就会延迟。其次与母亲妊娠期及哺乳期的营养状况有关。我们知道,乳牙在胚胎期就开始生长发育了,这期间如果孕母营养不良,势必影响乳牙的生长发育;而哺乳期,若母亲营养低下,也将影响宝宝对钙和磷的吸收，从而导致宝宝出牙延迟。最后，还要注意一种罕见的疾病——先天性无牙畸形。这种患儿不仅表现为缺牙或无牙，还伴有其他器官的发育异常，如毛发稀疏、皮肤干燥、无汗腺等。此外，某些口腔肿瘤也可能对出牙不利。

六、育儿百宝箱

宝宝被固体食物噎住怎么办

宝宝吃东西被噎住，在生活中并不算少见。可一旦被噎住，异物进入气道，堵塞气道后，机体就不能与外界进行气体交换，大脑就会严重缺氧，心跳也很快随之停止，情况非常紧急。从危险程度上讲，气道异物梗阻导致的气道阻塞是仅次于心脏骤停的急症之一！气道异物梗塞一旦发生，留住孩子的机会只有5分钟！从孩子被异物卡住喉咙的那一刻开始，只有5分钟左右的“黄金救治期”，在这期间如能采取正确的急救措施，孩子脱险的可能性还是很大的。超过5分钟，危及的便是孩子的生命。所以，无论是家长还是老师，面对异物卡喉，都一定要分秒必争，及时施救。

1. 海姆立克急救法

国际上通用的气道异物排除法是“海姆立克急救法”，是针对气道异物梗塞最为简单易学的急救方法。海姆立克急救法也叫“腹部冲击法”。

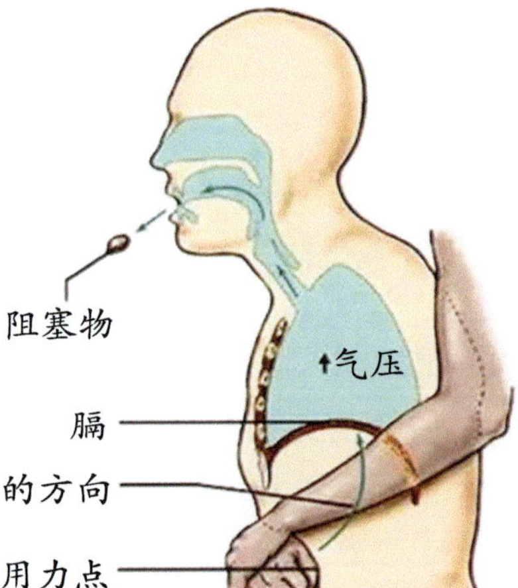

美国胸外科医师海姆立克于1974年发明了此手法。经反复验证，简单易行，实用有效，海姆立克因此被《世界名人录》誉为“世界上抢救生命最多的人”。

原理是窒息时，患者肺内仍有残留气体，给膈肌以下软组织以突然向上的压力，使胸腔压力骤然升高，从而压迫双肺，驱使肺内残存的气流进入气管，便可排出卡在气管口的食物或其他异物。海姆立克急救法根据患者的年纪不同会有不同的方式：

(1)针对1岁以内婴儿

抱起宝宝，将宝宝的脸朝下，使其身体倚靠在成人的膝盖上。保证宝宝处于头低脚高的位置。在宝宝背部拍击5次，同时用双指对宝宝胸部两乳头连线的中间位置冲击5次，循环往复，直至婴儿可以呼吸、咳嗽、哭泣。

(2)针对1岁以上儿童

孩子站着，家长站在背后，手臂环绕在孩子的腰部，一手握拳，放在肚脐稍上方，另一手包住拳头。然后用力快速向里收紧手臂，同时往后上方冲击孩子腹部，连续 6 至 8 次，直到孩子吐出异物或者能用力咳嗽、哭出声为止。

需要注意的是，不是所有的“噎住”都要使用海姆立克急救法。如果孩子被噎住后，还能呼吸、哭泣、说话、咳嗽，这说明异物还没有完全阻塞气道。这种情况不需要实施海姆立克急救法，应当让孩子用力咳嗽，咳嗽产生的气流能非常有效地把气道里的异物冲出来。

但如果孩子被噎住后已无法咳嗽、说话、呼吸，且脸色发紫，就一定要争分夺秒实施海姆立克急救法。其他家人去拨打 120 急救电话。

2. 预防哽噎

要预防孩子被哽噎的危险，家长要尽量做到以下几点：

(1)防止误吞

儿童容易误吞的十大异物：花生、瓜子、硬币、笔头、笔帽、鸡骨、纽扣、拉链、吊坠、电池。对这些家里常见的物品家长一定要万分小心提防。除了这些，还有杏仁、巴旦木等坚果类；汤团、年糕、粽子、软糖等黏性比较大的食物；葡萄、荔枝、桂圆等小巧型的水果，都要谨慎给孩子喂食。

(2)认真吃饭是个好习惯

要教育孩子吃饭的时候不要说话，不要奔跑打闹，不边玩边吃。家长也不要在孩子吃东西时惊吓或打骂孩子，或者去逗孩子笑，要帮助孩子养成良好的吃饭习惯。

(3)家里的零碎小物件要收好

家长一定要把家里的零碎小物件收好，放在孩子拿不到的地方。给孩子选择玩具时，要注意上面是否有可拆卸的小零件，以避免孩子误食。

9个月

一、身体发展指标

	男孩	女孩
体重	7.2～11.3 千克	6.6～10.5 千克
身高	67.0～77.6 厘米	65.0～75.9 厘米
头围	42.7～48.0 厘米	41.7～46.8 厘米
胸围	43.5～44.9 厘米	

二、心理发展指标

(一)粗大动作发展

1. 能做蹲下、站起、坐下、俯卧等动作；
2. 能独站片刻，拉其双手能走几步；
3. 能扶东西站起来，爬行动作自如。

家庭参考游戏：手足戏球

游戏目的：锻炼宝宝双腿上举的能力。

游戏准备：一个质量轻的大球。

游戏过程：

Step1：宝宝仰卧时，会将自己的双脚举起，并用手去抓脚。

Step2：此时把一个质量轻的大球放在宝宝的脚上，或将大球吊在宝宝手脚都能够着的地方，让宝宝用手、脚去抓、去踢，当宝宝抓到或踢到的时候父母要给予表扬，说：“宝宝你真棒！”

温馨提示:大球要干净,不要砸到宝宝面部。游戏时,父母要时刻在幼儿旁边。

(二)精细动作发展

1. 能捏住小物品并持续一会儿;
2. 能做出双手抛掷、倒出、放入等动作,如反复将物体放入瓶子中再倒出。

家庭参考游戏:虫虫飞飞

游戏目的:训练宝宝视线的灵活性,增强宝宝的手眼协调能力,训练宝宝的语言能力。

游戏准备:爬行垫。

游戏过程:

Step1:游戏时,妈妈让宝宝坐着,背靠在妈妈怀里,爸爸盘腿坐在妈妈和宝宝对面,爸爸和宝宝的距离越近越好,30~40 厘米最佳。

Step2:爸爸两只手攥起来,各伸出一个食指,指尖并拢,说:“虫虫,虫虫。”

Step3:把并拢的指尖分开,同时说:“飞!”如此反复几次,看看宝宝有何反应。

Step4:觉得时机成熟的时候,对宝宝说:“好,现在让宝宝和爸爸一起做。”示意宝宝模仿。

温馨提示:游戏时,爸爸的示范动作可以适当夸张一点儿,食指并拢和分开的幅度要大,以便于宝宝观察。游戏过程中,爸爸妈妈要始终保持微笑,引起宝宝良好的情绪反应。在宝宝做动作后,要对宝宝给予鼓励。

(三)言语发展

1. 通过认识日常生活中的常见动作和常用物品,使宝宝理解词的意义;
2. 练习模仿各种声音;
3. 能初步掌握一些词并进行最初的交流。

家庭参考游戏:钉马掌

游戏目的:促进宝宝语言和想象力的发展。

游戏准备:一个软垫。

游戏过程:

Step1:和宝宝同向坐在地垫上,把宝宝搂在怀里。

Step2:抓住宝宝的两只脚踝,一边愉悦地唱儿歌,一边抓着宝宝的两只脚有节奏地轻拍地面。“小马驹,钉马掌(双脚同时有节奏地点地)。呱嗒,呱嗒,呱嗒呱(双脚同时有节奏地点地)。左一下,右一下(左点一下,右点一下)。钉了一下又一下(双脚同时有节奏点地)。哈哈!我的马掌钉好啦(抓起宝宝一只脚挠他的脚心)。”

温馨提示:用脚点地时,动作要轻柔,不要太用力;游戏前,可先给宝宝看马的图片。

(四)认知发展

1. 成人给婴儿做用手推动球、滚动球等动作,并不断改变方位,让婴儿也参加活动,以训练婴儿的空间知觉;
2. 让婴儿拿几件他熟悉的物品,婴儿做到了要鼓励他;
3. 外出散步时,告诉婴儿看到的东西的名称,并要求他指出树、石头、花等。

家庭参考游戏:宝宝别害怕

游戏目的:培养宝宝的危险意识。

游戏准备:宝宝背带或腰凳或婴儿车。

游戏过程:

Step1:在天气好的日子,不妨多带宝宝逛逛超市,让宝宝摸一摸冷冻食品柜,也可以拿一块小冰块在宝宝身体的不同部位摩擦,进行冷刺激。

Step2:将浸过热水的毛巾拧干后接触宝宝身体的各部位,进行热刺激。但要注意,毛巾的温度一定要适宜,不可烫伤宝宝。

温馨提示:危险性刺激就是对宝宝具有威胁的刺激,如给宝宝听警报声,轻轻掐宝宝手心等。给宝宝进行危险性刺激,可以刺激其感官发展。宝宝的这种能力很发达,虽然刚出生时宝宝对危险没有什么意识,但随着宝宝的长大,这种意识发展得很迅速。

(五)情感与社会性发展

1. 会拍手表示"欢迎""再见";
2. 看到某人归来表示高兴;
3. 会随音乐舞动;
4. 懂得命令;
5. 理解"不"的意思,大人说"不许动",可以立即停止运动。

家庭参考游戏:鸟巢与鸟宝宝

游戏目的:促进亲子间的亲密交流,增加妈妈与宝宝之间的信任度,帮助妈妈拉伸腿部肌肉,锻炼宝宝的平衡能力。

材料准备:柔软的地垫。

游戏过程:

Step1:妈妈脚掌相对盘坐在地垫上,将宝宝背对着自己放在双腿中间。妈妈双臂穿过宝宝腋下抓住宝宝的双腿。

Step2:妈妈抱着宝宝轻轻摇晃,并说:"鸟宝宝,鸟宝宝。"

Step3:妈妈身体向左倾,左手肘撑地,然后背部着地(双脚尽量并拢)。

Step4：右手肘撑地坐起。如此反复。

温馨提示：此项亲子游戏需要妈妈具备较强的腰腹力量，妈妈可逐渐加大幅度，量力而行。

三、育儿关键期

客体永久性

客体永久性也叫“客体永恒性”“永久性客体”，是瑞士著名儿童心理学家皮亚杰研究儿童心理发展时使用的一个概念。所谓客体永久性是指儿童脱离了对物体的感知而仍然相信该物体持续存在的意识。

婴儿大约在9~12个月获得客体永久性。例如，你把一个玩具放在4个月大的宝宝面前，再拿开，宝宝是不会到处寻找这个玩具的，此时在宝宝的世界里就意味着这个玩具不存在了。而9个月以后，当家长和宝宝做“藏猫猫”游戏，家长把一件东西遮挡起来，或者藏在身后，宝宝会到相应的地方去寻找，这就意味着宝宝获得了客体永久性。通常认为，这是宝宝认知发展中的一个重要阶段。

这种认知是一个连续的过程，到2周岁的时候，宝宝对这种概念就能理解得很好了。比如一个小球从桌子这边滚落下来，这个年龄段的宝宝会从桌子这边找到桌子的对面，因为即使宝宝没看到小球的滚动轨迹，仍然相信小球是存在的。再比如，妈妈去上班了，宝宝知道妈妈一定还会回来。但这中间隔了多长时间，宝宝就未必有概念了，因为宝宝的时间概念还要晚两年才能形成。

四、营养与护理

（一）婴儿喂养

1. 喂养指导

从第九个月起，母乳喂养的宝宝喂奶次数可以酌情减少到每天三次，每日喂奶量和8个月时基本持平，或略微减少，仍保持4小时吃一次，每次250毫升。人工喂养的宝宝喂奶的次数可逐渐由全天吃三顿奶减到吃两顿奶，其他顿可用辅食代替。两顿奶中间要喂水。

2. 辅食添加

9个月的宝宝处于细嚼期（主要用牙龈咀嚼），口腔咀嚼能力都已经得到了锻炼，因此可以鼓励他们尝试咬质地不是特别硬的食物了。另外，9个月可以开始调整宝宝的饮食结构了，辅食逐渐由两餐过渡到三餐，即“辅食＋奶＋水果”，以满足宝宝的营养需求。

食物形状：碎块状、小颗粒状。

量：一日两餐或三餐。

谷类：含谷物的强化铁米粉、稠粥或面条。

蔬菜水果类：颗粒状或半固体软质蔬菜，块状或软质水果。

肉类：肉泥、肝泥、动物血等动物性食物。

蛋类：一个蛋黄。

喂养方法：成人用勺喂食的同时，婴儿自己用手抓食。

（二）婴儿护理

第九个月的宝宝，手膝爬行是其主要活动形式，他们的活动范围不断扩大。因此家长要为宝宝创设一个安全的环境。另外由于宝宝还处于口腔期，所以对于宝宝爬行的区域要做好清洁消毒。

1. 注意尖锐利器或细小、易碎物品

为了安全起见，刀、剪刀、针、尖头的铅笔等尖锐锋利的危险品，以及纽扣、玻璃球、豆子、棋子、硬币等细小的东西都要收到宝宝够不到的地方，以免宝宝拿到或吞食，发生危险。

2. 注意药品、清洁剂或洗涤剂

对于药品、清洁剂或洗涤剂也需要收好，防止宝宝拿到误食。

3. 注意电源、电线或家具的尖角

这个时期的宝宝喜欢玩弄洞洞，因此看到插座孔可能会用手指抠，所以要贴好插座保护盖。此外，为避免宝宝被撞伤，家具的尖角处应粘好防撞角。

4. 注意热水壶、电熨斗、热水杯等

以上这些都是易引起宝宝烫伤的物品，因此用完之后要及时收好，以免宝宝烫伤。

5. 注意门和抽屉

宝宝很喜欢自己开门或抽屉，为防止宝宝夹伤，需要安置门卡、门挡以及抽屉锁等。

五、疾病与预防

小儿疝气

小儿疝气，俗称脱肠。小儿疝气是由于鞘状突关闭不完全，在腹压升高的情况下，腹腔内的小肠等脏器进入腹腔外，即成为疝气。疝气一般男孩多见，在婴儿哭闹、运动剧烈及腹部胀气时，造成的腹压升高，在腹股沟处会有一突起块状肿物，有时延伸至阴囊或阴唇部位。

家长需要对婴儿腹股沟疝有所了解。对于常哭闹不止的男孩，应常打开尿布，勤观察其性器官周围及大腿根部有无肿胀、变硬等现象。对于婴儿腹股沟疝可尝试轻推复位，及时复位的疝对婴儿的发育并无不良影响，无法复位者应及时送医院治疗。

六、育儿百宝箱

婴儿食量为什么下降

1. 疾病和微量元素缺乏。宝宝可能因为身体不舒服、口腔疾病、缺锌等导致食欲不振。

2. 不良的饮食习惯。平时已养成吃零食的习惯，对吃饭感到没有滋味。点心的给予方式不适当，用餐的时间不规律，饭前饮用过多的奶、果汁等，都会让宝宝吃饭的时候食欲不振。

3. 咀嚼能力不足。有的宝宝从小没有锻炼咀嚼能力，吃什么都囫囵吞下，碰到稍硬的食物不是吐出就是含在嘴里。父母为了让宝宝将食物咽下，就给宝宝喂大量的汤，却冲淡了胃酸，久而久之孩子食欲减退。

4. 身体、情绪不佳。如果宝宝的活动量不够，食物尚未完全消化，就没有饥饿感。宝宝过于疲劳或过度兴奋，吃饭时就会想睡觉或无心吃饭。

5. 不当的养育方法。过分娇宠、放任，用餐时过度强迫幼儿用餐，没有给宝宝营造愉快的用餐环境等。

6. 严重的食欲下降，并伴有以下情况，应考虑有疾病的可能。严重的食欲下降，如伴有精神萎靡、低热，则可能为结核菌感染；如伴随腹痛、便血等，则可能为胃肠道溃疡、寄生虫感染等；如伴随多汗、颅骨软化等，则可能为佝偻病引起的。除食欲减退外，还有如反应迟钝、皮肤粗糙及发育不良等现象，则可能为甲状腺功能低下。足月新生儿拒食，常表示病情严重，应注意脑膜炎、败血症等。

10个月

一、身体发展指标

	男孩	女孩
体重	7.6 ~ 11.7 千克	6.9 ~ 10.9 千克
身高	68.3 ~ 78.9 厘米	66.2 ~ 77.3 厘米
头围	43.1 ~ 48.4 厘米	42.1 ~ 47.2 厘米
胸围	43.7 ~ 45.1 厘米	

二、心理发展指标

(一)粗大动作发展

1. 大多数宝宝能从站位到坐位,扶其双手可以迈步,扶栏可以走来走去;
2. 有的宝宝可以独走几步。

家庭参考游戏:欢乐小摆钟

游戏目的:训练宝宝腰部与背部的力量。

游戏准备:较柔软的地垫、轻快的乐曲。

游戏过程：

Step1：家长站在较柔软的地垫上或者坐在椅子上。

Step2：家长用双手托住宝宝腋下，让宝宝的头部保持直立。

Step3：轻轻地左右摆动宝宝，让宝宝像钟摆一样晃动。

Step4：家长可以一边唱儿歌一边游戏（如果宝宝有小玩伴，可以让两个宝宝面对面，宝宝们会非常开心）。

温馨提示：动作幅度不要太大。

（二）精细动作发展

1. 发展较晚的宝宝喜欢撕纸；
2. 能用拇指、食指抓取小物品；
3. 大多数宝宝能有意识地松开手里的玩具；
4. 可以翻书 5~6 页，能用手掌握笔涂鸦。

家庭参考游戏：神奇有趣的泡泡

游戏目的：锻炼宝宝的手眼协调能力。

游戏准备：几种吹泡泡工具。

游戏过程：

Step1：在阳光灿烂的日子里，可以带宝宝出门晒晒太阳，在宝宝不耐烦时，买几种不同的吹泡泡工具，为宝宝吹出大小不同的泡泡。

Step2：可以对着吹管迅速吹气，为宝宝制造一场泡泡雨，看着空中飞舞的泡泡，可以锻炼宝宝的视觉能力。

Step3：宝宝看到泡泡后会努力挥舞手臂，击打或抓泡泡，这样能够很好地锻炼宝宝刚刚开始发育的手眼配合能力。

温馨提示：如果宝宝能够抓到泡泡，还会慢慢理解“是因为我碰到了泡泡，所以泡泡破了，消失了”。

(三)言语发展

1. 发展较晚的宝宝会发“dada”“mama”音，无所指；
2. 懂得“不要这样”的意思；
3. 大多数宝宝会发“ba”“ga”等音；
4. 有的宝宝开始知道亲近的人的名字，知道两个同伴的名字，能指出3~4个身体部位，会用2~3个叠音词。

家庭参考游戏：宝宝“读书”

游戏目的：让宝宝可以咿咿呀呀发声，模仿家长说话，发展宝宝的语言能力。

游戏准备：图画故事书。

游戏过程：

Step1：让宝宝随意翻书，宝宝与妈妈一起看书。

Step2：根据图画书为宝宝讲故事，当妈妈问：“谁在吃萝卜？”宝宝会指指兔子。妈妈又问：“小狗狗要往哪里去？”宝宝又会指向一个地方。

Step3：当父母拿起书或报纸时，宝宝也会模仿，咿咿呀呀地自己讲故事。

温馨提示：这一时期，宝宝看书时间不宜过长。

(四)认知发展

1. 大多数宝宝已不再把玩具送入口中；
2. 有的宝宝能够从瓶中倒出小丸；
3. 有的宝宝会搭两块积木；
4. 可独自玩玩具达到10分钟左右。

家庭参考游戏：套杯子

游戏目的：训练宝宝用手抓取物体的能力；加强宝宝对数字的认知。

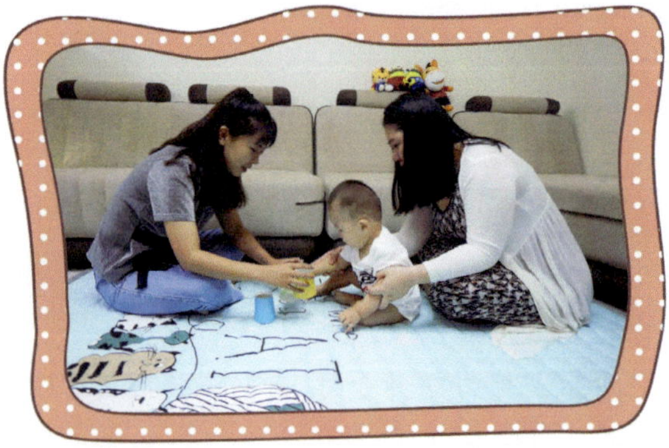

游戏准备：规格相同的塑料水杯或者纸杯五个。

游戏过程：

Step1：把水杯在宝宝面前摆成一字。

Step2：妈妈依水杯摆放顺序，拿起一侧第一个水杯套在另一个水杯上。

Step3：依次将五个水杯套在一起，演示给宝宝看，然后再将水杯一字排开。

Step4：请宝宝拿起一个水杯套在另一个水杯上，依次将水杯套起来。

Step5：活动中可以一边套水杯一边数数，加强宝宝对数字的认知。

温馨提示：注意选择水杯时，要尽量选择高度小的，这样便于宝宝将水杯套起来。尽量让水杯的颜色各不相同，色彩鲜艳，以刺激宝宝的视觉发展。

（五）情感与社会性发展

1. 有的宝宝已能够配合家长穿上自己的衣服；
2. 会与成人玩球；
3. 主动把玩具给别人（放手）；
4. 能读懂成人的手势、表情等。

家庭参考游戏：我们一起打招呼

游戏目的：锻炼婴儿与他人交流的能力。

游戏准备：舒适的环境

游戏过程：

Step1：（家长示范）家长引领宝宝向老师打招呼，说“你好”时挥挥手，说“再见”时弯弯腰。

Step2：一起玩耍，一边拍手一边说：“拍拍手，喜欢你就抱抱你。”

温馨提示：让宝宝多说话，多表达。

三、育儿关键期

合理“三浴”，有益健康

“三浴”是指阳光浴、空气浴以及水浴。大自然赋予人类美好的日光、空气和水，这些自然因素对孩子的生长发育有诸多益处，父母应当充分利用。

日光能引起生物细胞组织内许多复杂的物理、化学变化。合理地利用日光，可以促进身体细胞组织的新陈代谢，刺激神经系统的活动，增进肌肉和骨骼的发育，预防佝偻病，促进血液循环和呼吸消化等机能的提高。带宝宝日光浴时应尽量使皮肤裸露，但不要让日光直接照射宝宝的眼睛和头部，可用白色遮阳帽和墨镜遮盖头部和眼部。

空气的温度、湿度和流动速度对人体有很大影响,新鲜空气能活跃人体组织代谢,提高内脏器官功能,减少呼吸道疾病,增强肌体对外界的适应能力与抗病能力。可让宝宝每天到户外活动1~2次(天气异常时除外),每次30~40分钟。另外,婴儿的卧室应经常开窗通气。

水浴对婴儿尤为重要。水浴的锻炼形式也是多种多样的,如擦浴、淋浴、游泳等。婴儿游泳是目前比较流行的方式。婴儿经常游泳,不仅可以提高其呼吸系统的功能,也有助于提高其大脑的功能。经常游泳的孩子心肌发达,新陈代谢旺盛,心跳比同龄婴儿慢且有力,这就为承担更大的体力负荷准备了条件。此外,游泳还可以提高宝宝的免疫能力。

四、营养与护理

(一)婴儿喂养

1. 喂养要点

随着宝宝逐渐长大,胃口也日渐增大,喂奶量还是保证在每天600~800毫升,每天吃2~3次。经过第九个月的辅食结构调整,到了第十个月,辅食已可以增加到每日三顿。因为宝宝长到第十个月,饭量明显增加,这就是要增加辅食的信号。在保证奶量的同时,增加的饭量可以由辅食来补充。另外,要培养宝宝的饮食习惯,让宝宝学习抓食,并练习自己用勺子与大人共同进餐。

2. 辅食添加

第十个月,宝宝的咀嚼、吞咽功能都增强了,能吃的辅食种类增多了,辅食已经逐渐进入成人化阶段,能吃一些大颗粒的固体食物了。但仍要注意宝宝的辅食应该清淡、无盐、少糖,可以选择成人化食物中较软、易咀嚼的食物。

食物形状:碎末、块状、条状。

量:一日三餐。

谷类:软米饭、小面食、稠粥。

蔬菜水果类:碎菜、水果块或水果条。

肉类:鱼肉、虾肉、鸡肉、鸭肉、牛肉、羊肉等。

蛋类:一个蛋黄。

喂养方法:让宝宝练习自己用勺进食,用杯子喝水,坐婴儿餐椅和成人同桌进餐。

(二)婴儿护理

1. 烫伤处理

(1)如果宝宝不小心被烫伤,家长首先要保持镇静,将宝宝迅速抱离热源并进行安抚;

(2)迅速用冷水冲洗烫伤部位,持续冲水十分钟以上,可促进伤口散热,缓解疼痛;

(3)若烫伤部位有衣服覆盖,需要用剪刀将衣服剪开,如果衣服粘连在伤口上,不要强行剪开;

(4)如果伤口上出现水疱,注意不要把水疱弄破,否则会引发感染,万一水疱破了,要及时用纱布遮盖;

(5)如果烫伤严重,应及时送医院。

2. 触电

(1)宝宝触电后,要尽快关闭电源,用绝缘体(如干燥木棍、塑料棍等)挑开电线;

(2)检查宝宝呼吸和心跳,若心跳、呼吸停止,应尽快进行人工呼吸和胸部按压;

(3)如果是宝宝手指插到电源孔内而触电,即使手指只是有一个红点,也不要放松警惕,要及时送医院做检查。

五、疾病与预防

婴儿便秘

母乳喂养的婴儿如果出现便秘,应首先考虑是否是母乳不足造成的。母乳中营养丰富,婴儿吸收较为完全,大便次数相对较少,如果母乳不足,则容易引发宝宝便秘。如果宝宝奶吃得少,或呕吐较多,或进食补液,可引起暂时性的无大便。人工喂养的婴儿出现便秘,则是由于婴儿肠道内一些消化酶分泌不足,肠道蠕动不规律,正常的肠道菌群还未建立,消化能力相对弱,而配方奶粉又比母乳难消化(配方奶粉中蛋白分子较大,并且含钙量较高,容易导致婴儿大便干结形成便秘)。

如果婴儿的体重在正常增长,偶尔有便秘的现象就是正常的。可以通过按摩缓解,或食用香蕉促进排便,但是当婴儿已经发生便秘,则不能够进食香蕉,因为这种情况下食用香蕉会促进食物形成食团,不利于便秘的缓解。

添加辅食后,不管是母乳喂养还是人工喂养的宝宝,大便可能都不像以前那样是糊状或条状的黄色软便了,而更接近成人的大便性状。这个时候,宝宝还可能会出现大便干硬,大便呈颗粒状,且不宜排出的现象,而且排便次数较之前也会减少到 2 至 3 天一次或更长,这就是宝宝便秘了。如果宝宝出现了便秘,最好是通过饮食或按摩来调理肠道。

1. 按摩

以宝宝肚脐为中心，顺时针按摩，每天 2~3 次，每次 10~15 分钟。可以帮助宝宝肠胃蠕动，减轻便秘。

2. 饮食调理

(1)给婴儿补充水分

已添加辅食的宝宝，需要在两顿奶之间补充适量的水分，这有助于改善宝宝便秘。

(2)杂粮类食物

给宝宝增加高纤维的辅食可以促进宝宝肠道蠕动，帮助宝宝排便，如红薯、玉米、燕麦等，可以做成泥糊状喂给宝宝。但杂粮类食物吃多了会引起宝宝腹胀，因此一次不要喂食太多。

(3)蔬果泥

可以适当给宝宝喂食一些富含纤维素的水果和蔬菜，如橘子、香蕉、苹果、白菜、芹菜、西兰花等，做成泥或汁状，给宝宝喂食，有助润肠，缓解宝宝便秘。

六、育儿百宝箱

宝宝发烧怎么办

1. 一岁半以内的婴幼儿，前囟门还未完全闭合。宝宝发烧时，家长可以在宝宝睡着后，用搓热的手心捂住宝宝的前囟门，一直捂着，直到宝宝的头微微出汗，这时再看宝宝，鼻子通了，呼吸平稳了，温度也降下来了。这时，家长再把宝宝叫醒，多给喂一些温开水，宝宝很快就能恢复如初。

2. 如果是受凉引起的发热，发热时宝宝手脚发冷，舌苔发白，面色苍白，小便颜色清淡，家长可以用生姜红糖水给宝宝祛寒。

3. 如果宝宝发烧时手脚不冷，但面色发红，咽喉肿痛，舌苔黄或红，小便颜色黄、气味重，眼睛发红，则说明宝宝身体内热较重，就不能喝生姜红糖水了，家长应该让宝宝大量喝温开水，也可以在水中加少量盐，冲成淡盐开水给宝宝喝，能消内热。宝宝只有大量喝水，多解几次小便，让身体的内热随着尿液排出，体温才会下降，“上火”的症状也才会好转。

4. 宝宝出现以下情况需要及时就医：

(1)高烧 39.5℃以上。

(2)患儿已不能喝水，出现惊厥。

(3)患儿精神差，嗜睡或不易叫醒。

(4)患儿平静时有喉喘鸣声。

(5)感冒后如果出现呼吸增快，可能是轻度肺炎。(2 个月以下的婴儿每分钟呼吸大于等于 60 次,2 个月至 1 岁的婴儿每分钟呼吸大于等于 50 次,1 至 4 岁的小儿每分钟呼吸大于等于 40 次。)

(6)呼吸增快且胸凹陷(胸凹陷指患儿吸气时胸壁下部分凹陷,这是由于肺组织弹力差、吸气费力所致,若吸气时仅有肋间或锁骨上方软组织内陷,则不是胸凹陷),有此症状的患儿已经出现了较明显的呼吸困难,可能是重度肺炎。

11个月

一、身体发展指标

	男孩	女孩
体重	7.9 ~ 12.0 千克	7.2 ~ 11.3 千克
身高	69.6 ~ 80.2 厘米	67.5 ~ 78.7 厘米
头围	43.5 ~ 48.8 厘米	42.4 ~ 47.5 厘米
胸围	43.7 ~ 45.3 厘米	

二、心理发展指标

(一)粗大动作发展

1. 大多数宝宝能自己控制着站起来,能独立站片刻;
2. 能从站位到坐位;
3. 大多数宝宝扶其一手可以走;
4. 有的宝宝已能较稳地走几步。

家庭参考游戏:拉绳“钓鱼”

游戏目的:让宝宝探索绳子与玩具的关系,学会利用绳子取得玩具。

游戏准备:绳子、小鱼玩具。

游戏过程:

Step1:在宝宝能够用拇指和食指抓住绳子的前提下进行游戏。

Step2:宝宝坐在较柔软的垫子上,家长用绳子系好小鱼玩具,放在宝宝够不着的地方。

Step3:家长拉动绳子,“钓”到小鱼玩具,可以重复做几遍。

Step4:将小鱼玩具和绳子放回原位,看宝宝能否模仿家长拉动绳子“钓”到小鱼玩具。

温馨提示：最好选用可以发出声响的小鱼玩具，这样有助于吸引宝宝的注意力。

（二）精细动作发展

1. 手指拿捏动作趋于准确，手眼协调和双手配合能力快速发展；
2. 开始自发地用笔涂鸦；
3. 能捡起葡萄干和小珠子之类的东西；
4. 能协调双手的动作（一手拿杯子，另一只手取杯子里的东西）；
5. 能抓住铃铛的柄或者铅笔的末梢，能将物体从装得严实的地方弄出来（如打开糖果的包装纸）；
6. 会自己把袜子脱下来。

家庭参考游戏：食物脸谱

游戏目的：培养宝宝辨别形状的能力，开发宝宝的艺术想象力，促进精细动作的发展。

游戏准备：吃饭时给宝宝一些又小又容易抓握的食物，比如切成小块的煮熟的胡萝卜、豆腐块，切成两半的小西红柿、小火腿等。

游戏过程：

Step1：将准备好的食材放在一个碗里，拿来一个空盘子，让宝宝自己拿这些食材在盘子中摆出脸谱形状。

Step2：家长在旁边指导，告诉宝宝脸谱上都有什么，可用什么充当眼睛、鼻子、嘴巴等。脸谱摆完，你们可以开始就餐啦！

温馨提示：家长可以尽可能多地给宝宝提供食材，让宝宝和家长一起在盘子里拼各种“可以吃的画”。

（三）言语发展

1. 发展较晚的宝宝能用动作表示“再见”“欢迎”等；
2. 大多数宝宝已会模仿成人发音；
3. 有的宝宝开始会说“我不要”；
4. 能执行简单的命令；
5. 开始辨别声音。

家庭参考游戏：小号角

游戏目的：培养宝宝模仿、辨别声音的能力。

游戏准备：准备两个卷筒纸芯。

游戏过程：

Step1：将卷筒纸芯用彩纸包好，作为“号角”。

Step2：播放一段欢快的音乐，和宝宝每人拿一个“号角”，家长示范，将“号角”放在嘴边吹出呜呜声。

Step3：观察宝宝是否会随着音乐模仿你的动作和发声。

温馨提示：“号角”的声音可能过于单调，宝宝会容易转移注意力，这时候妈妈可以给宝宝讲一些关于号角的故事，或者和宝宝进行角色扮演。

（四）认知发展

1. 发展较晚的宝宝接过玩具常扔掉；
2. 会反复摆弄玩具；
3. 开始不再把玩具送入口中；
4. 有的宝宝开始自发涂鸦；
5. 喜欢模仿，但动作笨拙；
6. 能记住一天内的事；
7. 乐意听故事，但不懂内容。

家庭参考游戏：我听“妈妈说”

游戏目的：让宝宝学习听口令做动作，并认识自己的身体。

游戏准备：舒适的环境。

游戏过程：

Step1：刚开始的时候，家长可使用一些简单的口令，例如“摸摸你的脚趾头”“张开你的嘴”。

Step2：注意在宝宝做动作之前，应事先为他做示范，以便他能够努力模仿，并鼓励宝宝完成动作。

温馨提示：不要着急，慢慢进行。孩子的发展有一定的规律，要顺应孩子的实际发展情况。

（五）情感与社会性发展

1. 有的宝宝能通过用手去指或发音来表达自己想要某件东西；
2. 知道用手绢擦鼻涕；
3. 会模仿擦桌子、扫地等动作。

家庭参考游戏：滑滑梯

游戏目的：训练宝宝大腿内侧肌肉，同时增进亲子之间的感情和信任度。

游戏准备：瑜伽垫一个。

游戏过程：

Step1：家长站在瑜伽垫上，手臂环抱宝宝，保持呼吸，抬头挺胸，一腿屈膝，一腿伸直，呈滑梯状，让宝宝坐在家长的大腿根处，深呼吸两次。

Step2：家长将大腿伸直，身体弯曲，让宝宝从家长的大腿根处滑下来，并鼓励宝宝。

温馨提示：可调整下滑的速度和高度。

三、育儿关键期

独立行走

婴儿满10个月以后，家长可在家设置小栏杆，或有意识地让宝宝多去沙发、床沿等可以凭靠的物品旁边活动，这些有利于宝宝学习扶站。家长也可在不同的位置用有趣的玩具逗引宝宝，鼓励宝宝扶着栏杆迈步，在扶站的基础上帮助宝宝尝试扶走。另外，家长不妨随时把双手伸向宝宝，不仅是给予宝宝温暖的怀抱，更重要的是训练宝宝站立。训练时要由易到难，循序渐进进行。

宝宝熟练地扶站之后，便开始尝试独站了。家长在宝宝扶站的时候，可以用一些有趣的玩具吸引他，诱使他把那只扶东西的手也慢慢放开。但是家长不要离宝宝太远，防止宝宝磕碰。家长也可把宝宝放到墙边，让其背和臀部靠墙，两足跟稍离墙，双下肢稍分开站稳，然后慢慢放手，并拍手鼓励宝宝独站。

在宝宝学独站的时候，往往也能扶着东西走了。此时，家长可以趁热打铁，拿出宝宝喜爱的玩具，在前方逗引他，让他学会通过挪步移动身体。推着椅子或小推车走，也是婴儿学习迈步行走的好方法。在平坦的地面上，家长可以握住宝宝的双手，家长一步步后退，带动宝宝一步步前进，让宝宝练习迈步行走。当宝宝具备了独站、扶走的能力后，就离会走路不远了。

独走训练必须建立在扶走的基础上，父母可以和宝宝一起以游戏的方式练习走路。宝宝和家长面对面，让宝宝的双脚分别站在家长的双脚背上，然后家长拽着宝宝的双手，左右交替迈开步子，家长一步一步向后退，带动宝宝一步一步向前迈步。宝宝扶着床沿或者沙发站立的时候，家长可以在距他不远处用玩具吸引他，用语言去鼓励他，让他勇敢地走过来，等他快走近时，可再加长距离。还可以父母面对面蹲下，伸展双手相握，形成一个长方形的安全范围，让孩子在这段距离内自己独立行走。

四、营养与护理

(一)婴儿喂养

1. 喂养指导

到了第十一个月,母乳充足的妈妈可以继续坚持母乳喂养;母乳不足的妈妈,在不影响宝宝摄入其他食物的基础上,也不必急着给宝宝断奶,因为母乳可以充分提高宝宝的免疫力。另外,宝宝的三餐都可以按照成人的进餐时间安排,但仍要保证母乳或配方奶的摄入。因此,可以在早晚各喂一次母乳或配方奶,总量不低于600毫升,其他可以三餐辅食代替。

2. 辅食添加

(1)辅食种类

11个月的宝宝,大部分已经处于咀嚼期,即以牙齿咀嚼,辅食可不必再做得像以前那么细、软、烂,但也不能过硬。宝宝的膳食以米、面为主,同时还要搭配牛肉、羊肉、鸡肉,以及水产食品、蔬菜、豆制品等。另外为了提高宝宝的食欲,在食物的制作上可以变换花样,如做些包子、饺子、馄饨、馒头、花卷以及玉米糕等。

(2)饮食禁忌

这个月份的宝宝,在保证每天饮奶量的同时,辅食已经慢慢变成主食了,虽然已经很接近成人的饮食,但是还需要注意一些饮食禁忌:

①不吃生硬带壳的食物,如瓜子、花生、桂圆等;

②不吃刺激性食品,如酒、咖啡、辣椒、胡椒等;

③鱼、虾、排骨等要认真检查,没有刺或骨渣后才可以给宝宝食用;

④少吃容易引起胀气的食品,如洋葱、生萝卜;

⑤少吃或不吃含糖量过高的食物,如巧克力等;

⑥少吃或不吃过度加工的食品。

3. 挑食、偏食的应对

宝宝接触了更多的食物之后，可能会出现挑食、偏食的现象，对此应及时纠正。

(1)家长夸张地示范

宝宝是通过观察和模仿家长来学习吃饭的，对于宝宝不爱吃的食物，家长可以在用餐时用一些夸张的动作，比如大口大口地咀嚼，或者一边吃一边说“好香啊”，并表现出愉悦幸福的表情，以此来表现食物的美味好吃。宝宝看到家长吃得这么香，也会尝试着去接受。

(2)将宝宝喜欢的食物和讨厌的食物混一起

可以将宝宝讨厌的食物和喜欢的食物放在一起烹饪，并逐渐加大讨厌的食物的量，让宝宝慢慢接受。

(3)在食物颜色和造型上下功夫

如果宝宝不爱吃某种食物，也可能和烹饪方式有关，因此可以在食物颜色和造型上下功夫，尝试改变一下烹饪方式。比如宝宝不喜欢蒸煮的某种食物，可以改用煎炒的方式烹饪该食物，再配以颜色的点缀和漂亮的造型，相信宝宝会尝试着去喜欢。

(4)给宝宝提供漂亮的餐具

现在市场上有很多造型独特的婴儿餐具，家长可以利用漂亮的摆盘引起宝宝对食物的兴趣。

(5)尊重宝宝的口味

最后，如果宝宝确实不喜欢某种食物，家长也不用强求宝宝去接受，可以放平心态，选择相同营养的食物去代替。宝宝也有自己的口味偏好，可能无法做到完全不挑食，尊重宝宝的口味，胜过因强迫进食而导致厌食。

4. 利用摆盘，让婴儿爱上吃饭

家长可以尝试着利用漂亮的摆盘来纠正宝宝挑食、偏食的不良习惯。

(1)造型漂亮的餐盘

给宝宝选一套造型独特的餐盘，不仅可以吸引宝宝的眼球，也可以帮助家长减轻摆盘的困难。

(2)提前构思，直接摆盘

在做之前要有一个大致的思路，比如要做成什么效果或者什么样子，当然这和你所要做的食物的性状有一定关系。比如，给宝宝做的辅食里面有土豆泥，就可以做成球形，如果有模具的话就可以尝试把土豆泥做成不同造型。

(3)添加点缀

可以给摆盘添加些点缀，比如用小刀将黄瓜和胡萝卜加工成花、树叶、五星等形状，或者做成可爱的动物形状。这样漂亮的摆盘点缀，一定能让宝宝更有食欲。

(二)婴儿护理

- 断奶

此时的宝宝,消化功能和咀嚼能力大大提高,如果宝宝辅食的饮食规律已经形成,且能够保证生长发育的需要,或者妈妈因身体、工作或其他方面的原因无法继续喂奶了,就可以考虑给婴儿断奶了。

(1)断奶时机选择

断奶的时间最好选在春秋季节。断奶时必须关注宝宝的身体情况,若宝宝身体不适,就不适宜断奶。另外,如果母乳充足,但宝宝体质较差,或者宝宝是剖宫产或早产,最好延迟到一岁半再断奶。

(2)断奶方法

①错误的断奶方法

首先注意不要采取过激的断奶方式,比如给乳头擦辣椒油、风油精等,这样容易导致宝宝对入口的东西产生恐惧,也会导致对妈妈的不信任。另一种就是速战速决的强迫式断奶,强迫妈妈和宝宝分离,任宝宝哭泣喊叫,这样容易造成宝宝的不安全感。

②角色替代

断奶需要的是情感上的自然分离,可以由其他人多代替妈妈的角色,比如增多爸爸和宝宝相处的时间。

③减少奶量

最好采用自然断奶法,即逐渐减少喂奶时间和喂奶量,直到完全断奶。可以多和宝宝沟通。

④补充配方奶粉

断母乳并不是断乳制品,可以给宝宝选择配方奶粉,最好选择最接近母乳成分的配方奶粉。

五、疾病与预防

乳糖不耐受

乳糖不耐受是由于乳糖酶分泌少,不能完全消化分解母乳或牛乳中的乳糖所引起的非感染性腹泻,又称乳糖酶缺乏症。乳糖酶缺乏的婴儿,在食入奶或奶制品后,奶中乳糖不能完全被消化吸收而滞留在肠腔内,使肠内容物渗透压增高、体积增加,肠排空加快,使乳糖很快排到大肠并在大肠吸收水分,受细菌的作用发酵产气,轻者症状不明显,较重者可出现腹胀、肠鸣、排气、腹痛、腹泻等症状。

由于婴儿身体在快速发展中,乳类能够提供大量营养素,所以对于乳糖不耐受的婴儿,可以尝试少量喂奶,并且在喂食其他食品后再进行喂奶。如仍然出现明显不耐受，可以通过减少乳糖摄入量来减轻症状，并通过无糖配方奶来替代常规配方奶。此外，还可以使用经牛奶发酵形成的酸奶作为替代，喂养乳糖不耐受婴儿，乳酸菌的β-半乳糖苷酶可分解部分乳糖，有利于人体吸收，同时发酵菌可改善肠道菌群活动。但需要注意，应限制乳糖摄入量及乳制品食用量，并补充足量的钙。

六、育儿百宝箱

挑选儿童汽车安全座椅的方法

1. 选型号

应根据宝宝的年龄、体重、身高选购儿童汽车安全座椅。一般来说，儿童安全座椅是根据体重来选的，对于成长阶段的孩子来讲，体重能直接显示出孩子肌肉和骨骼的发育状况。但选购安全座椅，应根据孩子自身的条件，尤其是0~3岁之间的宝宝，生长发育变化较快，应及时调整安全座椅的配置。

目前，受众较为认可的安全座椅的年龄段组合：0~13个月使用提篮，提篮除做儿童安全座椅外也可以搭配推车使用，方便在宝宝睡着时，只移动座椅，即可满足不同的使用场景。9个月~4岁，这期间是宝宝脊椎、颈部、腹部肌肉组织的发展阶段，这个阶段五点式安全带可以给孩子提供很好的保护。4~12岁，在儿童体重小于18千克时使用座椅的五点式安全带，拥有更稳定的保护；18千克以上即可拆掉五点式安全带，配合汽车安全带使用高背椅；等到宝宝体重超过22千克，可以直接使用增高垫搭配汽车安全带。

2. 选接口

不同的车型有不同的儿童安全座椅接口，选购座椅时一定要先了解自家车型匹配的种类，以免选错。儿童安全座椅的固定方式有三种：欧洲标准的ISOFIX固定方式、美国标准的LATCH固定方式和安全带固定方式。欧系车都有ISOFIX接口，美国车都会有LATCH这个接口。中国生产的汽车都必须配备ISOFIX接口，所以在国内ISOFIX固定方式和安全带固定方式是主流。另外，选购时最好开车去，在车里试用并实地安装一下安全座椅，如果能带宝宝一同去就更好了。网购的话建议选择可以接受退换的卖家。

3. 选细节

从儿童汽车安全座椅的构造上来看，主要有骨架、填充物和外罩布套三部分。骨架是承受冲击力的重要部件，材料组成为聚丙烯(PP)、高密度聚乙烯(HDPE)、尼龙等，其中主要看材料是不是原生材料。原生塑料就是没有经过降级处理的，是矿采出来第一次生产制成的塑料，质地、韧性、延展性均很强，在受到物理性冲击时不易断裂、变形，没有毛刺和异味，不会对宝宝产生二次伤害。再生塑料就是回收的旧塑料再生产加工的，经过再次塑化处理后，性能下降，杂质比较多，韧性较差，较容易折断。儿童汽车安全座椅的填充物通常为EPP、EPS、EPE等，其作用是防冲撞、吸能；还有PU海绵以及一些蜂窝状或纤维状的材质，其主要作用也是吸能，同时增加舒适度和透气性。外罩布可不仅仅是为了座椅美观，合格的外罩布承载着阻燃、耐腐蚀等测试要求，如果达不到标准就不可以销售。除此以外，因为外罩布要接触宝宝皮肤，所以优质的安全座椅面料还要有亲肤、阻燃、防螨、无毒、透气、慢回弹等作用。安全带和锁扣方面要保证安全带能起到束缚作用，锁扣应结实耐用，且孩子不能够自己打开。同时，具有优良侧面防护系统的儿童汽车安全座椅更值得选择。

4. 看价格

产品质量是绝对的核心因素，必须挑选合格的、经过认证的产品。在价格这一块家长们切不可贪图便宜，质量和价格是成正比的。

12个月

一、身体发展指标

	男孩	女孩
体重	8.1 ~ 12.4 千克	7.4 ~ 11.6 千克
身高	70.7 ~ 81.5 厘米	68.6 ~ 80.0 厘米
头围	43.8 ~ 49.1 厘米	42.7 ~ 47.8 厘米
胸围	44.8 ~ 45.9 厘米	
出牙	6 ~ 8 颗	

二、心理发展指标

(一)粗大动作发展

1. 一些宝宝能独立行走了,行走时起动、停止及转弯皆能控制自如,不会跌倒,还能倒退走;
2. 有的宝宝站立时能把球丢出去,但无法丢在定点;
3. 大部分宝宝能独立从俯卧转换至站立;
4. 能爬上楼梯。

家庭参考游戏:小小足球手

游戏目的:增强宝宝腹部和腿部的力量,提高宝宝身体的感知能力。

游戏准备:较轻的球。

游戏过程:

Step1:家长托住宝宝的腋下,让宝宝轻轻摇摆,让他的腿能够踢到一个较轻的球。

Step2:宝宝靠身体和腿部的摆动,以及家长给他的动力,能让球在地板上滚动起来。

温馨提示:在玩游戏时,如果家中有其他宝宝,当然也可以参与其中,由一个大人和一个宝宝组成一个“队”,然后和其他“队”一起玩。参与的人数越多,越有乐趣!

(二)精细动作发展

1. 宝宝的拇指可与食指、中指相对,能用指尖抓起立方体;
2. 能将小的圆形积木放入积木板凹槽内;
3. 能较稳当地握住笔。

家庭参考游戏:小球放入瓶中

游戏目的:进一步增强宝宝的手眼协调性和双手配合能力,为以后做更精细的动作打基础。

游戏准备:瓶子和能放入瓶中的小球若干。

游戏过程:

Step1:家长示范把小球放入瓶中,然后让宝宝自己拿一个小球,试着放入瓶内。

Step2:开始时,家长可以拿着瓶子帮助宝宝放球,让他成功一次,等宝宝有了信心再试。

Step3:等宝宝学会用食指和拇指拿稳小球,放到瓶口再把手指松开后,再教宝宝用左手扶着瓶子,右手拿小球放入瓶中。

Step4:家长替宝宝数数:"放一个,放两个,放三个。"鼓励宝宝放入多个小球。

温馨提示:注意宝宝的动作,避免宝宝把小球放入口中。

(三)言语发展

1. 会说一些有意义的单字,如"抱""奶""爸""妈",并结合动作表达自己的想法;
2. 知道大部分物品的名称;
3. 能遵照指令拿玩具给家长,能根据要求指出熟悉的事物,如"车子"。

(四)认知发展

1. 能看清较远的物体,注视物体细节的时间更长;
2. 能初步分辨物体的形状、结构、颜色,认知更全面;

3. 能感知空间，能区分简单的几何图形。

家庭参考游戏：动物回家了

游戏目的：增强宝宝的认知能力和模仿能力。

游戏准备：较柔软的地垫、轻快的音乐。

游戏过程：

Step1：家长和宝宝面对面坐着，一起模仿动物的回家动作。

Step2："小鹿回家，跳跳跳。"家长可以托着宝宝的腋下，让宝宝向前跳跳。

Step3："小鸭回家，摇摇摇。"让宝宝站在家长的脚背上，家长大幅度摇晃身体，带动宝宝一起向前走。

Step4："乌龟回家，爬爬爬。"家长和宝宝一起趴在地上向前爬。

温馨提示：这个游戏可以让宝宝了解各种小动物的行走方式，既开发宝宝的智力，又锻炼宝宝的身体，宝宝也会非常喜欢这个游戏。

（五）情感和社会性发展

1. 能指出想要的东西；
2. 和他人一起玩时或拒绝玩时，会扔玩具；
3. 可与亲人或陌生人共同玩球。

家庭参考游戏：蝴蝶飞

游戏目的：培养婴儿的动态平衡能力和空间感，并建立亲子信任感，增加亲子间的互动机会。

游戏准备：软垫子。

游戏过程：

Step1：用一只手将婴儿环抱在胸前，另一只手从婴儿两腿之间穿过，轻轻放在婴儿胸部，松开另一只手放在婴儿背部。

Step2：让婴儿张开双臂，抬起头，将自己想象成一只美丽的蝴蝶，在空中张开翅膀。家长抱着婴儿，让其在空中上下左右"飞翔"。

温馨提示：做该游戏时，家长宜跪立进行。

三、育儿关键期

自我意识萌发

自我意识是人对自己身心状态及对自己同客观世界的关系的意识，是对自己身心活动的觉察，即自己对自己的认识。具体包括认识自己的生理状况、心理特征以及自己与他人的关系。

12个月大的宝宝自我意识增强，开始要自己吃饭，自己拿着杯子喝水。会摇头，但往往还不会点头。这个月份的宝宝经过一年的积累，已可以通过记忆和经验来判断事物，并做出相应的反应。宝宝从爬、站立到学会走路，技能日益增加，好奇心也随之增强。宝宝宛如一位探险家，喜欢把房间里的每个角落都看一看，摸一摸。

这个阶段萌生的自我意识，将把宝宝引入一个全新的世界。在这之前，宝宝几乎无法将自己同周围的世界分开来，而现在完全不同了。家长需要正确认识宝宝的进步，这个时期是宝宝自我意识开始萌芽的重要阶段。我们必须不断创造和试验激发宝宝兴趣的方法，让他在同家长相互配合的游戏中获得快乐，让他的智慧潜能在快乐的游戏中得到开发。

心理学家的研究表明，人类大脑在0~1岁发育最快。而孩子的成长是有一定规律可循的，每一个阶段都有标志性的特点，顺应这些成长规律，不勉强，不焦虑，平和而自然，孩子才能成长得健康而快乐。

四、营养与护理

(一)婴儿喂养

1. 喂养指导

从这个月份开始，可以安排早晚各一次吃奶时间，总量不低于600毫升，日间三餐最好让宝宝单独进食辅食，不需要喂奶。如果早晚奶量不足600毫升，可以在午睡前后安排一次喝奶，保证每天的奶量不低于600毫升即可。需要妈妈注意的是，要控制宝宝奶量，最好不要超过800毫升，否则会引起过度肥胖或影响辅食进食量，从而造成营养不良。

2. 辅食添加

(1)辅食种类

第十二个月的宝宝已经完全适应以一日三餐进食辅食为主、早晚各吃一次奶为辅的饮食模式。辅食可添加全固体食物，也可以吃整蛋了。每天都要吃谷类、蔬菜、水果、蛋、肉、奶制品和豆制品等。米粥、面条等主食是宝宝补充热量的主要来源，肉泥、菜泥、蛋黄等含有丰富的维生素、无机盐，可促进新陈代谢，有助于消化。

(2)饮食禁忌

①少让宝宝吃盐和糖

1岁以内的宝宝，辅食中最好不要添加盐和糖。因为宝宝的肾脏还没有完全发育成熟，摄入盐分会加重肾脏的负担，而吃糖则会损害宝宝的牙齿。

②不要拿鸡蛋代替主食

对于1岁的宝宝，仍不可用鸡蛋代替主食。鸡蛋虽然营养丰富，但不能每顿都给宝宝吃。宝宝的消化系统还很稚嫩，消化酶分泌还很少，如果每顿都吃鸡蛋，会增加宝宝胃肠负担，严重还会引起宝宝消化不良、腹泻。

(3)合理安排断奶后的饮食

①进食时间有规律

这个月份的宝宝在饮食上已经非常有规律了，早晚各一次奶，三餐和大人一起吃，并在两餐之间添加两次水果、点心。

②设计食物外观和造型

妈妈们在烹调时不光要注意食物的营养搭配和口感，还要注意外观和造型，这样不仅可以增加宝宝对食物的兴趣，还可以培养宝宝的审美能力。

③食物种类多样性

断母乳后，宝宝还应该继续保持每天不低于600毫升的饮奶量，因为奶是钙的主要来源，同时还要吃一些肉、蛋类。宝宝的一日三餐最好不要重样，要让宝宝适应不同口味的食物，这样才能保证营养的均衡性。长期吃一种口味的食物容易引起宝宝厌食、挑食，因此，应注意食物种类的多样性。

主食以谷物为主，每天给宝宝吃米粥、软面条、软米饭等，另外加高蛋白的食物，如鱼肉、鸡蛋、豆制品等。还要多吃蔬菜、水果，如胡萝卜、油菜、菠菜、南瓜、红薯等，可与主食一起吃，两餐之间的加餐可以吃水果，如苹果、橘子、香蕉、猕猴桃等。另外，可每周添加一次动物肝或血，以保证足够的营养。

(二)婴儿护理

宝宝马上就要1周岁了，大部分宝宝在这个阶段已经开始蹒跚学步，但是有的宝宝会出现八字脚的现象。八字脚就是走路的时候两脚分开呈“八”字，通常有内八字和外八字。内八字即宝宝走路时足尖相对，足底朝外，而外八字则正好相反。宝宝一旦形成八字脚，长大后很难纠正，因此应该提前预防。

1. 预防宝宝缺钙

宝宝形成八字脚的原因之一就是体内缺钙，从而导致脚部骨质较软，在行走和站立时因重力而导致腿部关节外分，从而形成八字脚。因此在宝宝会爬行之后，就要为站立和行走做准备，通过饮食补钙。其次，可以让宝宝多晒太阳，并服用维生素D，从而促进钙的吸收和转化。

2. 勿让宝宝过早站立和行走

八字脚也与过早站立和行走有关。有的家长发现宝宝有站立的欲望，就开始过早地训练宝宝站立和行走，但是宝宝的腿部力量还不足以支撑整个身体，从而导致腿部骨质的变形。因此家长不需要太着急，还是应当让宝宝多多爬行，来增强腿部的力量和肢体协调性，从而为独立行走做准备。

3. 学走路时把握一定的节奏

宝宝学会站立之后，往往会迫不及待地去走路，但由于肢体协调性及身体的平衡能力还不够，往往因为急躁而无法保持稳定的节奏。因此教宝宝走路时，家长可以帮助宝宝控制好走路的节奏，即数口令，让宝宝按口令走路，每天固定练习半小时。

4. 让宝宝走直线

家长可以通过让宝宝走直线的方式纠正宝宝的八字脚。让宝宝沿着直线往前走，步调由慢到快，步子由小到大，这样反复训练，能够帮助宝宝慢慢形成走直线的习惯，从而纠正因脚掌左右偏移形成的八字脚。

五、疾病与预防

斜视

斜视是指两眼不能同时注视目标。斜视不是视网膜和晶状体出了问题，而是眼周的肌肉出现问题导致的。斜视的症状明显，也就是说可以明显看出眼球无法定于眼眶中间。由于婴儿眼球小，眼轴短，多为远视眼，又因婴儿角膜及晶状体还不成熟，睫状肌收缩力强，婴儿想看清物体就需要更多的调节力，同时双眼也用力向内转产生了过量辐辏，容易引起内斜视。父母应时常关注孩子的双眼位置与运动情况，通过引逗、玩耍、对视等方式及时了解孩子有无斜视的发生。斜视的治疗方法包括：戴眼镜、戴眼罩遮盖、正位视训练。对于婴儿的斜视，家长不应忽视，做到早发现、早治疗，以促进婴儿眼部的健康发育。

六、育儿百宝箱

如何解决婴儿吃手问题

吃手是宝宝用嘴巴探索世界的一种方式，所以宝宝1岁以前吃手的行为是正常的，不必阻止，但1岁以后的宝宝仍然吃手的话，就要想办法转移宝宝的注意力了，以免形成坏习惯。

吃手对宝宝的不良影响：

1. 宝宝换牙后仍然咬指甲、吮拇指会造成宝宝牙列不齐，影响宝宝牙齿的健康生长。

2. 宝宝过于频繁地吮吸手指、咬指甲，容易传播病菌或造成手指变形。

3. 上幼儿园后宝宝还常常吃手，容易遭到其他小朋友的嘲笑、捉弄。

4. 过度咬指甲、吮手指的行为还可能导致部分宝宝发音不清晰。

吃手可能是宝宝缓解疲倦、无聊、紧张，放松心情的行为，尤其是在入睡前。所以面对 1 岁以上宝宝的吃手行为，不要强力制止，应该多陪陪宝宝，多加引导，转移宝宝的注意力。如跟宝宝玩游戏、让宝宝做家务等，当宝宝专注于其他事情了，就没时间吃手了。如果家长采用严厉的方式制止宝宝吃手，反而会引起他的反感，强化吃手的坏习惯。

父母心理课堂

——1岁宝宝专栏

一、宝宝总喜欢把东西塞进嘴里，这个行为该制止吗？

小宝宝从2个月开始，就会津津有味地吃自己的小手、小脚了，到了三四个月时，总喜欢把抓到手的东西放进嘴里吮一吮、舔一舔、咬一咬。很多家长对宝宝的这种行为非常担心，怕宝宝吃进脏东西，引起拉肚子、铅中毒，养成吃手的坏习惯等。

其实吃手是宝宝身心发育的必经阶段，这个阶段在心理学中称为“口欲期”（口腔期），是宝宝对周围世界的一种重要的探索方式。两三个月的婴儿把自己的小手、小脚放在嘴里啃，表示他的肢体神经支配已经日渐成熟。到了四五个月，宝宝可以自己伸手拿东西时，他会把各种物品放到嘴里品尝。他们口唇部的神经非常敏感，当抓到物品后，放入口中，通过吮、舔、咬等方式来尝试、探索，以他们特有的“口唇知觉”来探索，进一步认识事物。其实这种行为是一种学习，宝宝可以通过嘴的感觉分辨出各种物品的区别，进而产生对物品的认识。这是宝宝认识世界的一个良好开端，同时也促进了婴儿手眼协调的能力。

对于宝宝的这种行为，家长不应该制止，但需要经常清洁宝宝的小手，同时为宝宝提供安全、卫生的物品和玩具。尤其要注意的是，切不可让宝宝接触到纽扣、豆子等小物品，以防宝宝误将其吸入气管，引起事故。

二、宝宝为什么会“认生”？

认生是宝宝情感发展的第一个重要里程碑。宝宝可能会变得很黏人，只要碰到新面孔，他就会感到焦虑不安，如果有陌生人突然接近他，还可能会哭起来。当碰到这样的情况，家长不用感到奇怪，这是宝宝的正常表现。那么什么情况下宝宝的认生现象会比较严重呢？

1. 经常由妈妈或奶奶、外婆等一个人带的宝宝。经常由一个人带的宝宝每天几乎只跟一个人打交道，很容易对他人产生排斥心理，以至于有时爸爸抱几分钟，宝宝就会哭。

2. 经常待在家里，不常出门的宝宝。经常在家不常出门的宝宝会失去和他人接触的机会，宝宝的生活圈就会狭小起来，很容易一见到陌生人就产生恐惧心理。

这也就是我们通常所说的“见识少”。

3. 对有某种特征的人产生害怕心理。有些宝宝可能面对一些比较“奇怪”的陌生人时会认生，而对其他陌生人并不认生。比如看到戴眼镜或戴帽子的陌生人，宝宝就会哭，更不会让他们抱。

除了以上原因外，宝宝的认生反应是有一个发展过程的：

小于4个月，一般不会认生。因为这个阶段的宝宝对周围的一切新鲜事物都感到好奇，包括不熟悉的陌生人。对任何人的引逗，他都会报以微笑。

4~5个月，面对陌生人时出现认生反应。这个阶段的宝宝害怕接触不熟悉的人，拒绝让陌生人抱或靠近。

5~7个月，这时的宝宝对新环境或新事物保持高度警惕，并且会不时地寻找妈妈，以求得依靠。

7~12个月，有些宝宝面对陌生人会有哭闹、回避等较强烈的情绪反应。认生的情形达到高峰。随着宝宝逐渐长大，以后认生表现会逐渐减弱。

实际上，在这个特殊阶段，认生对于宝宝的生存也有积极的意义，但毕竟阻碍了宝宝与外界的沟通，所以家长要采取积极的措施帮宝宝顺利度过认生期。

三、如何帮宝宝顺利度过“认生期”？

一般来说，婴儿对母亲的依恋越强烈，认生情绪也就越强烈。那么，针对不同性格的宝宝，如何有目的地帮助他顺利度过认生期呢？

1. 给宝宝充分的安全感。宝宝认生一般都与害怕有关，所以妈妈及周围接近宝宝的人都要给宝宝一种安全感，不要忽冷忽热，要保持态度温和、情感稳定。尤其在宝宝哭时，更要有耐心，不能训斥宝宝，虽然他还听不懂大人的语言。妈妈也要提醒亲朋好友，接近宝宝时，动作要慢一点儿、温柔些。千万不能很突然地将宝宝交给陌生人抱，这样会加强他的戒备和紧张心理，让他没有安全感，以后会更害怕接触陌生人。针对宝宝的认生反应，妈妈应多用温柔、愉快的声音跟宝宝介绍：“这是李阿姨，她可喜欢宝宝了！”让宝宝从妈妈的口气中获得安全感。

2. 增加户外活动。平时要经常带宝宝去社区广场、花园绿地等场合，让宝宝看看周围新鲜有趣的环境，感受不同人的声音。抱着宝宝主动地跟陌生人打招呼、聊天，让宝宝感到这个陌生人是友好的，是不会伤害他的。

3. 想要接近宝宝，最好拿着他最熟悉、最喜欢的玩具。这样他会慢慢转移注意力，缓解面对陌生人时的恐惧心理。但有些宝宝只喜欢让妈妈一个人抱，除妈妈之外的其他家庭成员一抱他就会哭。妈妈可以尝试着让其他家庭成员多抱抱宝宝，并且，妈妈可以暂时离开一会儿，让宝宝慢慢熟悉这些家人。

4. 一旦出现认生反应，妈妈要马上让宝宝回到“安全”的环境，比如抱进自己怀里，放回婴儿车里等。不要勉强或强迫他接受陌生人的亲热，这样只会让他更加紧张，认为妈妈不要他了。

5. 及时安抚。认生期的宝宝是不会听你解释的，只有及时安抚宝宝的情绪，在最短时间内让他感觉到安全，才是让他恢复常态的最好方法。

6. 常串门。可以经常带着宝宝去别人家做客，或者邀请亲朋好友到自己家里来。最好让宝宝多和年龄相仿的小朋友接触，同龄孩子之间的沟通障碍要小得多，渐渐让宝宝习惯于这种沟通，提升交际能力。要注意的是，爸爸妈妈带宝宝参加集体活动前，要提前带他熟悉一下环境。

四、宝宝出现分离焦虑怎么办？

随着宝宝与母亲情感联结的进一步建立，宝宝心理也出现了第二种形式的焦虑——分离焦虑。产假后，很多妈妈开始上班，宝宝就要面临和妈妈短暂的分离，宝宝会表现出伤心、痛苦，拒绝分离。同时，他们不愿意接受其他人的照料，别人跟他玩，他也一定要找妈妈，这是婴儿社会性情感发展上的一个很大的转折。比如，一个8个月的宝宝正坐在房间里玩玩具时，看见妈妈走出去，随着妈妈身影的消失，他大哭起来，这就是分离焦虑反应。心理学研究发现，分离焦虑一般出现在1岁之前（此时婴儿正在形成最初的社会性依恋），在14~20个月时达到顶峰，然后在整个幼儿期，其强度逐渐减弱。

那么怎样降低宝宝的分离焦虑呢？

1. 平静地向宝宝解释为何要分离。分离虽然是宝宝成长过程中的必然经历，但并不是一件可以完全忽略的小事。爸爸妈妈要尽可能和颜悦色、平静地向宝宝讲明分离的原因，提前解释分离之后是什么样的情形，告诉他妈妈不在的时间里谁会替代妈妈照顾他，妈妈即将去哪里，什么时候能回来，在这段时间里如果实在想念妈妈，可以听听妈妈的声音，或看看妈妈的相片等。提前将宝宝所要面对的分离、所要承受的难过如实相告，千万不要以为宝宝还小，不懂事，就简单粗暴地对待他，甚至连招呼都不打就突然消失。

2. 做好安抚。在妈妈需要离开宝宝时，要事先对宝宝进行安抚。如用语言安抚，告诉宝宝妈妈要离开一会儿，宝宝在家玩一会儿，妈妈就会回来陪伴宝宝，走之前抱抱宝宝、亲亲宝宝，也可用宝宝喜爱的玩具或食物进行安抚。妈妈离开时给宝宝一个预期的情境，逐渐地，宝宝会知道，妈妈走后还会回来，与母亲分离的焦虑感会逐渐减轻。

3. 挑选合适人选照看孩子。家长一定要挑选那些真正喜爱宝宝、有爱心的人来照看宝宝，同时这个人还应懂得一定的看护知识，具备一定的看护技巧。此外，必须让宝宝于妈妈在场的情况下，提前熟悉一下新的照看人。这样，才能够帮助宝宝更快地适应分离，降低焦虑，缓解分离带来的痛苦。

4. 妈妈离开宝宝的时间应由短逐渐延长，让宝宝有一个适应的过程。还可以经常和宝宝玩“躲猫猫”游戏，比如可挑选妈妈在家时，让妈妈暂时离开，换姥姥带宝宝，如果宝宝哭起来，可以告诉宝宝：“妈妈就在卧室里，只是有事情忙，所以姥姥陪你玩，姥姥带你去看看妈妈好吗？不过我们不能打扰妈妈。”说完，姥姥就抱着宝宝偷偷在门缝里看妈妈。这是一种良好的心理慰藉，宝宝知道并确认了妈妈就在隔壁房间，即使妈妈不在他的视线里，但妈妈就在他的身边，慢慢地，宝宝甚至把这当成了一个好玩的游戏，如此便减轻了宝宝的分离焦虑。

五、在宝宝语词爆发期怎么训练宝宝说话？

很多家长发现宝宝一岁半以后开始尝试用语言表达自己的感受和需要，进入语词爆发期。宝宝学说话，看似是成长过程中一个普通的阶段，其实里面大有学问。

1. 多说短句子。家长应尽量用简单的字词和短句子与宝宝交流，便于宝宝理解和重复练习。多说他熟悉的词汇和句子，可经常采用生活中常用的场景语，比如：“宝宝想要吃饭吗？”

2. 发音准确，吐字清楚。宝宝一岁左右说的话，基本上只有长期带他的家长听得懂，别人很难听清他的话。他们的舌头、口型正在适应巨大的词汇库，家长一定要用标准的发音与宝宝交流，为他做示范。

3. 注意场景性，说得慢一点儿。父母在和宝宝交流时，语速尽量慢一点儿。根据场景让宝宝了解新词，如看到汉堡包，再教他读：“汉堡包。”到了花园里，看到蝴蝶，指着蝴蝶再告诉他：“这是蝴蝶。”注意语速一定要慢。

4. 将动作和词语结合起来。宝宝一岁半以后，不仅走路稳当了，而且能跑跳了。在宝宝玩球时，家长可以说：“踢足球。”和宝宝一起走到台阶时，家长说：“抬脚。”这有助于宝宝将动作和词语联系起来加以理解。

5. 指认生活中的物品。这一方法其实适用于所有阶段，家长可随时给宝宝指认他感兴趣的物品。

6. 多鼓励宝宝说话。宝宝在一岁半时表达欲望很强烈，大人要认真听，让宝宝多说，及时纠正他不正确的发音。如果他不说，要主动引导他说，尤其是带他出去玩儿的时候，可以指着海报、门牌、电线、汽车一一告诉他。

六、宝宝用学步车、学步带学习走路好吗？

当宝宝的腿部有力量能够支撑身体重量的时候，逐渐由爬过渡到了站起来直立行走，但是宝宝总是摇摇晃晃，走不了几步就摔倒。很多家长看到宝宝这么努力想迈出人生第一步，难免有点儿心急，于是买来了学步车、学步带等帮助宝宝快快学走路。这样一来，宝宝学走路看似轻松多了，但很多长期使用学步车、学步带的宝宝到了该自己走路的年龄，不是常摔倒，就是跑不稳，踉踉跄跄，患上了轻微感统不协调的毛病。甚至有的家长发现，长期使用学步车的孩子腿型略有点儿外开。

其实，宝宝学走路就像飞蛾破茧而出，是一个充满痛苦和挑战的过程。家长应该多鼓励宝宝靠体验来获得独立行走的能力，宝宝学走步时，父母只需要在旁边保护着宝宝，用爱的目光注视宝宝，适度的挫折和痛苦是宝宝成长中最好的礼物。

学步车的好处：

1. 为宝宝学走路提供了方便；
2. 使宝宝克服胆怯心理，成功独立行走；
3. 比宝宝扶桌腿或其他物品学走路更不易摔跤；
4. 在某种程度上解放了家长（不必夹着、扶着、拉着宝宝学走路等）。

学步车的弊端：

1. 不利于幼儿身心发展。学步车使宝宝的行动被大大限制，学习滚、爬的机会减少了。有了学步车，宝宝可以在家里自如移动，对滚、爬失去兴趣，一定程度上影响了孩子运动的发育。学习行走时需要眼、手、足协调，是需要花“力气”来练习的，但依靠学步车的宝宝缺乏真正的锻炼，自然不利于宝宝学站练走。

2. 有安全隐患。宝宝通过学步车可以快速移动，速度可达1米每秒，而宝宝既不善移动，也不知危险，学步车很容易从楼梯上翻下或因地面不平而翻倒，宝宝的头很容易受伤。此外，宝宝利用学步车进入危险地带，如利器、火炉、热水、有毒物品存放处，往往令家长猝不及防，因此，受伤事件时有发生，包括手指夹伤、擦伤、划伤、烫伤和意外中毒等。

3. 影响腿型与走姿。宝宝长期依赖学步车，容易出现发育异常，增加X型腿、O型腿的发生率。宝宝的骨骼中含胶质多、钙质少，骨骼柔软，而学步车的滑动速度过快，宝宝不得不两腿蹬地用力向前走，时间长了，容易使腿部骨骼变弯形成O型腿。而有的学步车高度不合理，宝宝个子小，坐垫过高，脚不能完全着地，只能用脚尖触地滑行，久而久之，形成踮脚走路的不良姿势。

七、为什么宝宝喜欢重复做同一件事情？

宝宝从6~8个月开始，喜欢连续不断地做同一个动作。例如将小瓶的盖子拿下来，盖上去，再拿下来，再盖上去……反反复复十几次甚至几十次。宝宝喜欢重复做某个动作，说明宝宝对自己的动作产生的效果发生了极大的兴趣，这也是他认识事物因果关系的开始。

“重复”行为能满足宝宝特定时期的需求，有利于宝宝发挥想象力，培养专注力；容易让宝宝获得成就感和独立感；而驾轻就熟的操作内容更容易让宝宝产生心理上的安全感，这在婴儿心理发展过程中是非常重要的。

宝宝往往以自我为中心，碰上感兴趣的事，就会没完没了地重复做。重复做一件事情是宝宝不断深化学习和完善心理感觉的过程，也是宝宝的心智成长过程。

八、宝宝故意乱扔东西怎么办？

很多宝宝在 10 个月到 1 岁这个阶段开始淘气，表现出经常故意把玩具扔到地上，扔完一个又一个。家长要是捡起来，他还接着扔，家长往往被他们折腾得没有办法。为什么会出现这种行为呢？当宝宝的神经系统迅速发育，动作发展已有了很大进步，这时已能扶站或扶走了，两只手的活动已很自如。这时的宝宝已进入第一个发展感知觉的敏感期，从这一时期开始，宝宝进入了大动作和小肌肉发展的关键期，他们开始发现这一物体和那一物体是分离的，所以他们喜欢把一些东西从高处扔到地上，然后寻找，找到之后再拿到高处，再扔下来。在这个过程中，宝宝意识到了自己有力量把一个这么大的东西从高处移动到低处。

家长可不要限制宝宝的这一活动，因为宝宝的思维和行动是一体的，抑制宝宝的活动，就等于抑制了他们的思维和成长。宝宝的每一“动”，都是一个学习的过程，都在满足他成长的需要。在一次次扔、捡的过程中，宝宝对各种玩具的颜色、形状、大小等形成了直观的印象，这丰富了他的大脑皮层。比如，妈妈买回来一篮子鸡蛋，宝宝觉得好玩儿，把鸡蛋扔了，结果鸡蛋碎了，这个过程，不但让宝宝明白了鸡蛋是容易碎的，还让宝宝记住了鸡蛋有蛋黄和蛋清。宝宝做了这样的“坏事”，妈妈不要打骂宝宝，但是一定要告诉他：“生鸡蛋容易碎，要轻拿轻放！”宝宝对这个世界的认识，就是在这样一次次的探索中全面建立起来的。

在这一敏感期，家长可以多带宝宝玩一些空间游戏，这对提升宝宝的空间智能大有好处。家长可先给宝宝示范再让宝宝尝试。比如玩皮球，将皮球滚来滚去，宝宝移动的速度要比皮球快，才能抓住皮球，若将皮球放到高处，皮球就会顺着坡度滚下去，遇到障碍物还会弹回来，改变前行的方向，这使宝宝又增加了新的认识。捡豆子，给宝宝一堆豆子和一个容器，让宝宝自己将豆子捡入容器内，这个过程要有家长陪同，以免宝宝误吞豆子。摆垫子，将家里的沙发垫摞起来，或平放着，或竖排着，看怎么码放更整齐，看怎么码放更美观，不管宝宝怎么玩，尽量不打扰宝宝。通过这些玩法，宝宝会发现空间、形状，并感知序列。通过错误对应和正确对应的比较，宝宝可掌握空间概念，为将来学几何打下良好基础。

九、宝宝半岁后越来越喜欢接触同伴了，但每次都自己玩自己的，这是什么原因呢？

宝宝的社交行为会经历以下几个阶段：

以客体为中心阶段(6 个月 ~1 岁)。婴儿间的相互作用更多是集中在玩具或东西上，而不是婴儿本身，大部分社交行为是单方面发起的。

简单的相互作用阶段(1 岁 ~1 岁 6 个月)。幼儿较多地使用社交指向行为，积极寻找自己的同伴，同时也对同伴的行为做出反应。宝宝进行的交往也称平行游戏，偶尔相互看看或监控彼此的游戏。例如两个正在玩积木的宝宝不时相互看对方一眼，并且可能仿造对方的积木“建筑”。

互补的相互作用阶段(1 岁 6 个月 ~3 岁)。幼儿出现了一些更复杂的社会性互动行为(如合作游戏)，彼此间相互影响的持续时间更长，其内容和形式也更为复杂。

因此 6~10 个月的婴儿之间见面，常常互不理睬，或只有极其短暂的接触，如看一看，笑一笑，或抓抓同伴。他们间的交往大多集中在玩具和物品上，而不注意对方有什么反应。例如，几个宝宝坐在一起玩积木，每个人都完全专注于自己的游戏，就好像他们没有意识到彼此的存在。

将近 1 岁时，婴儿出现简单交往行为，他们和伙伴在一起时常常会微笑、大笑、发声或说话，他们将玩具递给同伴，或用身体接触同伴(如抚摸、轻拍同伴身体，推和拉等)，或走到同伴身旁，玩与同伴相同或类似的玩具……他们做这些的目的在于引起同伴的注意，与同伴取得联系，并对同伴的行为做出反应，这就是最初交友的开始。他们和同伴交往有着与成人交往所无法替代的特殊作用和重要性。

婴儿通过和同伴交往，提高了交往技能，促进了认知能力的发展。最初，宝宝从家长那儿学习和人交往的初步能力，如见到同伴时发出声音，向同伴微笑，高兴地拍手，友好地抚摸等。当他们和同龄人交往时，由于对方也是婴儿，他们的反应就不像和成人交往时那样明显和有目的。与同伴交往时，婴儿必须提高自己的社交技能，才能引起对方的应答，使交往顺利进行。同时，婴儿通过与同伴一起玩耍，学会玩具的多种玩法，扩展对物体和事物的认识，有利于发展认知、操作和解决问题的能力。

这一阶段，家长应创造条件让宝宝有机会接触其他同龄或稍大的宝宝，学习交友。婴儿时期的交友经验必将对宝宝入托甚至入学后良好伙伴关系的建立产生重要影响。

十、家长该怎样陪宝宝玩积木？

积木是伴随宝宝成长的玩具。针对不同年龄阶段的宝宝，家长该怎么陪伴他们玩积木呢？

0~6 个月：积木对这个年龄阶段的宝宝来说并没有什么不一样，和其他玩具或物品一样都让他感到好奇，只想要摸一摸，放嘴里“尝一尝”。这个时候，家长应注意定期对积木进行清洗、消毒，引导宝宝通过拍打和紧紧握住积木，了解不同物质的属性和触感。

6~12 个月：这个阶段的宝宝有了新发现，例如将两块积木撞击在一起就能发出声音。在家长看来他还喜欢“破坏”，例如将家长刚刚搭好的积木轰地一下推倒，这是宝宝正在探索自己的能力，这时保护孩子的探索欲很关键。

12~18 个月：宝宝开始自己堆积木了。他可能无法造出“高楼大厦”，但已经能将 2~3 块积木叠在一起。千万不要小看宝宝造出的“小矮房”，这是他对于平衡、高度、位置等的初步认识。这时有的家长看到宝宝会垒高高了，就硬逼着宝宝再垒高一层，再垒高一层……这样的做法是不对的，只要看到宝宝的一点儿成绩就应鼓励。

2 岁：这个阶段的宝宝已经能堆起更多的积木了。家长陪宝宝搭积木时可以适度引导他选择不同形状、不同颜色的积木，适时地给宝宝讲讲相关的故事，引导宝宝放飞自己的想象力。

3 岁：孩子能用积木搭出越来越多的东西了，这个阶段也是宝宝将想象世界与现实世界相对接的关键期。比如宝宝搭完积木可能会告诉爸爸妈妈：“这是城堡，这是停车场，这是我的家……”所以，这时不妨带宝宝多看看绘本，到外面走走，看看各种建筑，为宝宝搭积木提供一些素材。

宝宝在玩搭积木的过程中，集中性地提高了手眼协调性、抓握能力。宝宝可以用积木搭高楼、汽车、火车等现实生活中经常出现的物品，这既丰富了宝宝的想象力，也增强了宝宝的动手能力。宝宝通过回忆现实生活中的物品，加以联想、发挥和创新，就可以用积木搭出多种物体。垒积木是一种积极的思考过程，可以促进宝宝视觉、触觉、想象力和创造力的发展。除此之外，宝宝的手部肌肉也得到了锻炼，手指的灵敏度和准确度得到了提高，同时发展了宝宝眼、手、脑等器官协调并用的能力。

夫妻互动课堂

一、夫妻共同努力，营造温馨的家庭氛围！

新生儿的到来给整个家庭带来了无尽的欢乐，但同时也会有一些不和谐的成分在里面，比如夫妻间的争吵、婆媳矛盾、产后抑郁等。

1. 原本亲密的夫妻关系受到影响

孩子的到来，让简单的夫妻关系发生了改变。由于精力和时间过多地用在了孩子身上，夫妻间的亲密关系受到影响，若这时夫妻不能及时沟通，无法互相理解、体谅，就会产生相应的矛盾。

2. 教育观念不统一

由于夫妻双方的原生家庭不同，所受教育不同，因此会导致夫妻双方的教育理念不同。比如面对子女教育问题，一松一严，一打一护，矛盾也就此形成。因此，在生育子女前，夫妻双方应事先统一好教子方法，不要把矛盾暴露在孩子面前。

3. 不良嗜好

夫妻双方，尤其是男士，由于周围环境、工作压力、原生家庭影响等，容易有抽烟、酗酒等不良嗜好，而这常常是引起女方不满的重要原因。对此男方应该多站在对方角度考虑，多加克制，力争戒烟，少饮酒。

4. 事业心过重

有了子女的家庭，夫妻都应该处理好工作和家庭的关系。可能产后的妻子比以往任何时候都需要丈夫的支持，因此这一阶段，丈夫应将重心向家庭倾斜。如工作实在太忙，应在可能的条件下做一些补偿。

良好的夫妻关系是整个家庭稳固的核心，夫妻双方应多沟通，增进理解，为孩子提供一个温馨的成长环境。

二、产后抑郁症如何防治？

据不完全统计，在我国多数女性都会在生产后出现抑郁倾向，而最终发展成产后抑郁症的概率约在10%~15%，这意味着大约每十个产妇里就有一个会遭遇产后抑郁症。事实上，大多数女性在分娩后都会体验到情绪低落，但产后情绪低落是一种正常现象。因为产后妇女体内的激素会有所改变，在其他社会心理的共同作用下，使得产妇出现悲伤、哭泣和易怒等情绪，这也与经前期综合征类似。但是如果产后情绪低落不断持续下去，就可能发展为产后抑郁症。

（一）产后抑郁患者的症状

1. 情绪的改变

表现为持久的情绪低落：表情阴郁，无精打采，困倦，易流泪和哭泣，常用“郁郁寡欢”“凄凉”“沉闷”“空虚”“孤独”“与他人好像隔了一堵墙”之类的词来描述自己的心情；经常感到心情压抑、郁闷，常因小事大发脾气。在很长一段时期内，多数时间情绪是低落的，即使其间有过几天或1~2周的情绪好转，但很快又陷入抑郁。患者本人也能够觉察到自己情绪上的不正常，但往往将之归咎于他人或环境。

2. 自我评价降低

表现为对婴儿健康过分焦虑，自责，担心不能照顾好婴儿，自暴自弃，有自罪感，对身边的人充满敌意，与家人、丈夫关系不和谐。

3. 对生活缺乏信心

表现为不情愿喂养婴儿，觉得生活无意义，主动性降低，创造性思维受损，严重者有自杀意念或伤害婴儿的行为。

4. 躯体症状

表现为易疲倦，入睡困难、早醒，食欲下降，性欲的减退乃至完全丧失。研究表明，产后抑郁不仅作用于妈妈，也将对新生儿的认知、行为和情感发展造成不利影响，这种影响甚至会潜在地持续到青春期。也就是说因为妈妈情绪的恶化，在胎儿期和出生后对孩子的生理、心理会造成持续性影响。

因此，一旦发现自己或身边的亲人、朋友出现上述症状，就要提高警惕，及时疏解，必要时应寻求心理咨询师等专业人士的帮助。

（二）产后抑郁症的成因

1. 产后抑郁症的生理原因

妇女在怀孕期间，雌激素和黄体酮增长了许多倍。分娩后，激素水平迅速降低，人体神经系统分泌出来的内啡肽也如此，而这些都是怀孕期间愉悦感和舒适感的主要来源。这个因素导致了产妇的情绪产生波动。

2. 产后抑郁症的心理因素

妊娠、分娩伴随着一系列的躯体和心理变化。有些产妇产前没有充分的准备，对母亲角色缺乏认同，初为人母反而让其面临自身康复和育婴两大问题，感觉自己没有能力带好孩子或者体会不到孩子对自己的依赖，无法感觉到为人母的喜悦，即对自己的母亲角色产生冲突和适应不良。

3. 产后抑郁症的环境因素

婆媳关系、夫妻关系不和谐，往往也会引发产妇产后抑郁。有调查表明，婚姻满意度低，特别是缺乏丈夫支持的产妇更易患产后抑郁症。

（三）产后抑郁症的防治

1. 家庭支持

对于产后抑郁症的治疗，家庭系统的支持是首要的保护。但现实是，无数新妈妈在发现自己的抑郁倾向后，治愈之路上遭遇到第一道关卡便是家人的不理解。因此，为了产妇和新生儿的身心健康，家人特别是丈夫需要努力营造一个良好、和谐的家庭环境，耐心倾听、积极沟通，帮助产妇减压，并给予其理解与包容。

2. 自我调节，自我减压

除了家人的扶助，产妇自己也要放松心态，积极调整。产妇应试着寻找适合自己的减压方式来调节产后生活，如养花、养鱼，练瑜伽，找朋友聊天等。

与此同时，家人也需要掌握识别产后抑郁症的知识。如果产妇患上了产后抑郁症，可能自己不会意识到，家人发现苗头后，要和产妇一起去医院就诊，并监督其治疗。

从女孩成长为妈妈，并非一路坦途。愿每个妈妈都能被这世界温柔相待，每个家庭成员都能相互扶持、共同成长。

1~2 岁游戏视频

1~2 岁歌谣音频

1~2 岁故事音频

1~2 岁国学音频

我多渴望在自己孩子的世界中，
占一角清净地。

——泰戈尔

1岁1个月

一、身体发展指标

	男孩	女孩
体重	8.3～12.7 千克	7.6～11.9 千克
身高	71.8～82.7 厘米	69.8～81.2 厘米
头围	44.1～49.3 厘米	43.0～48.1 厘米
胸围	45.2～46.3 厘米	

二、心理发展指标

(一)粗大动作发展

1. 能独立行走，且走得稳；
2. 能用双手、双膝爬阶梯，至少两级；
3. 长跪(双膝跪地，髋关节打直)时，头转向侧边，仍可维持平衡约 5 秒；
4. 两人相距 90 厘米面对面坐下，能将大球推向对方；
5. 舌头可将嘴唇上的食物舔起；

6. 能咀嚼煮得很烂的肉；

7. 能自如蹲起。

家庭参考游戏：小球滚滚乐

游戏目的：练习捡球的动作。

游戏准备：一个球。

游戏过程：

Step1：家长坐在与宝宝相隔 90 厘米左右的地方，将球轻轻推送给宝宝。

Step2：鼓励宝宝将球抱起来并把球推送回来。

Step3：接过宝宝的球并给予鼓励。

温馨提示：准备不同颜色、不同样式的球给宝宝，增强游戏的趣味性，提高宝宝的兴趣。与宝宝的距离可由近及远，逐步拉大距离。

(二)精细动作发展

1. 手肘由弯曲向前伸展，能投出小皮球；
2. 喜欢随意涂鸦；
3. 能将圆形积木放入相应形状的凹洞内；
4. 能将小木棍插入有孔的板子内；
5. 家长示范单手同时拿起两块积木，维持 3 秒，宝宝可以照做。

家庭参考游戏：厨房小乐手

游戏目的：对音高的初步感知。

游戏准备:五个玻璃杯、小棒、清水。

游戏过程:

Step1:家长将准备好的玻璃杯摆放在宝宝面前,让宝宝尝试敲击每一个杯子,分辨不同的音高。

Step2:在五个玻璃杯里分别装入不同容量的清水,让宝宝尝试敲击,感受不同的玻璃杯发出的不同声音。播放宝宝喜爱的音乐,鼓励宝宝跟着音乐节奏,敲击装有不同容量清水的玻璃杯。家长也可以和宝宝一起做动作。

温馨提示:在宝宝敲击玻璃杯的时候,家长一定要仔细看护,防止宝宝碰伤。

(三)言语发展

1. 会说单音节词汇,如“饭”(吃饭)、“嘟”(汽车)、“灯”(电灯)、“包”(书包);
2. 当父母说出3~4个身体部位时,宝宝能指认。

家庭参考游戏:神秘的录音盒

游戏目的:让幼儿感知不同的声音,熟悉自己的声音。

游戏准备:一个可录音装置。

游戏过程:

录下宝宝的声音,如玩耍时、看到新奇的事物时、酣睡时,或宝宝在洗澡时的戏水声。也可以录下家长为宝宝念书的声音,或许其间还伴随着宝宝的牙牙学语。

温馨提示:刚开始记录宝宝声音时,不用太刻意,记录下宝宝在不经意间发出的声音,也是非常好的。当宝宝逐渐长大时,可以适当鼓励他对着录音设备唱歌、说话,若宝宝害羞,可以为他加油,或者陪着他一起唱。

(四)认知发展

1. 能通过新颖的方式作用于物品,以探索它们的特性;
2. 能通过试误解决问题;
3. 开始探究因果关系,如开关电视、敲鼓等;
4. 认识3~4个身体部位。

家庭参考游戏:骑大马

游戏目的:刺激宝宝前庭平衡系统和动觉的发展。

游戏准备:软垫子、节奏起伏的音乐。

游戏过程：

Step1：爸爸跪地，弯腰趴在垫子上，像大马一样。将宝宝放在爸爸腰上，妈妈扶住宝宝的腋下。

Step2：爸爸运动腿部，让宝宝的身体随之上下起伏，动作幅度和方向可以视宝宝的反应而进行调整。

Step3：过程中，爸爸可以模仿小马的叫声，或者跟着音乐节奏唱儿歌，前后移动。

温馨提示：游戏过程中应注意宝宝的安全，当宝宝能控制住自己的身体，爸爸可往前爬一段、往后爬一段。其他看护人最好在旁边保护。

（五）情感与社会性发展

1. 发生好笑的事，宝宝能领会并发笑；
2. 分离焦虑情绪从 13 个月开始到 15 个月表现得最明显，一岁半以后逐渐减弱；
3. 能模仿别人新颖的行为；
4. 能辨认照片中的家庭成员。

家庭参考游戏：大转轮

游戏目的：在发展宝宝的感统协调能力的同时，培养宝宝对家长的信任感。

游戏准备：较大的空地和欢快的音乐。

游戏过程：

Step1：在没有障碍的较大空间内，家长和宝宝面对面站好，家长双手拉住宝宝的双手。

Step2：家长说“一、二、三”，同时把宝宝提起来，一边说“大转轮转起来了”，一边以自己为中心转圈。

Step3：如果转累了，不妨提着宝宝小幅度地左右摇摆。

温馨提示：要注意宝宝的情绪，如果宝宝害怕，要立即停止游戏，并给予宝宝鼓励。游戏刚开始时，转圈的速度要慢，随后可以逐渐加速。

三、育儿关键期

语言萌发期

此时宝宝正处于语言萌发的阶段，还不能准确表达自己的意思，常常会用一两个词配合身体语言来表达自己的想法。这时的宝宝能听懂熟悉物品的名称，能指认熟悉的人或事物，会说出几个简单的字词。有意识的行为开始增多，能记住自己喜欢和讨厌的东西，害怕陌生人和陌生的环境。大多数宝宝到了这个月龄，能够有意识地叫爸爸、妈妈，甚至会叫爷爷、奶奶、姥姥、姥爷、叔叔、姑姑。最多可掌握约 100 个词汇，理解约 200 个词汇，能够使用 63 种手势中的 40~50 种。可能会说出一两句由三个字组成的语句，但一个字的语句也不会说的宝宝并不意味着异常。一般而言，男宝宝的语言发展要迟些，女宝宝在语言方面表现出优势要早些，当然每个宝宝都是不同的，他们会自己选择优先发展的领域。

四、营养与护理

(一)饮食营养

• 坚持母乳喂养

母乳是安全、天然的食物，它含有婴儿成长所需的营养和抗体。作为亲密育儿的倡导者，我们提倡坚持母乳喂养至宝宝 2 岁！

6 个月内的宝宝因消化系统尚未完善，应尽量以母乳为主，不宜过早添加辅食。6 个月至 1 岁，母乳仍然是宝宝最好的食物，但需要添加辅食。1 岁至 2 岁的宝宝进入学步期，难免遇到挫折，继续吃母乳会减少宝宝的不安。也就是说，只要条件允许，宝宝还没有到 2 岁，那么就尽可能坚持母乳喂养。

延长母乳喂养时间，一是能让宝宝接受更多母乳的营养；二是宝宝断奶的年龄越大，对宝宝和妈妈心理上的负面影响就越小。但母乳喂多久，是由妈妈和宝宝共同来决定的。有的宝妈奶量充足、愿意亲喂，宝宝也愿意吃母乳，能够坚持到自然离乳，当然是最好的；但有的妈妈由于身体、工作等客观原因无法再提供母乳，也不要有心理压力。尽管母乳是最好的，但配方奶粉也可以为宝宝提供均衡的营养。

(二)护理与保健

• 拒绝“把屎”“把尿”

过早地“把尿”并不太科学。因为人体自主排尿需要尿道括约肌和肛门括约肌配合完成，但宝宝的括约肌要到 2~3 岁才能发育成熟。有些看护人欣喜于宝宝“一把就尿”的举动，殊不知过早“把尿”只是一种条件反射，并不是宝宝的膀胱在起控制作用。

如果不能掌握好“把屎”“把尿”的度，将会产生以下影响：①过早“把尿”会导致宝宝不会憋尿,容易形成滴答尿或尿频。②过早"把屎"可能造成脱肛,脱肛又会造成宝宝排便困难,以致过度用力引起肛裂。③看护人在给宝宝"把尿"的时候,宝宝经常会用"打挺"来表达他们的抗拒,但有些看护人觉得"即使他打挺,也要再坚持一下,一会儿就会有了"。就是这"坚持一下",使得宝宝精神紧张。宝宝如果长期不能在"把尿"期间正常排尿,会产生"大人在催促我"的想法,时间久了影响宝宝的自信心,不利于宝宝的心理发育。

宝宝有便意的时候会有一系列的生理反应,细心的看护人可以抓住以下信号,适时引导宝宝如厕,或许能达到事半功倍的效果。

①当宝宝身体突然轻微抖动,类似寒战,此时宝宝一般会有尿意;

②若宝宝在睡梦中突然扭动身体或发出低哼,宝宝多半是想尿尿了;

③当宝宝在玩耍中突然停下,面无表情,有使劲的迹象,这时看护人应引导宝宝如厕。

五、疾病与预防

幼儿急疹

幼儿急疹,又称幼儿玫瑰疹,是由病毒感染引起的一种出疹性疾病,高发于6个月至一岁半的婴幼儿,3岁以上就很少患此病了。特点是起病急,出疹快,因此被称为"幼儿急疹"。此病主要是通过呼吸道传播,传染性不是特别强,但一年四季都可能发病,尤其是春秋两季发病较多。不过,幼儿急疹的症状很有特点,就是患儿往往突然起病,持续高热3~5天,退热后出现皮疹,预后良好。幼儿急疹以高热为主要症状,会消耗大量体液,所以,要让患儿多饮水以补充体液,同时促进毒素排出。患病期间饮食宜清淡,应多吃蔬菜和水果以补充维生素C,增强抗感染力。居室要定时开窗换气,不要因怕着凉而总不开窗,保持室内空气清新利于身体恢复。此外,还应注意患儿的皮肤护理,不要让其搔抓皮疹,以免抓破皮肤造成感染,也不要乱涂药,尽量不刺激皮肤。

六、育儿百宝箱

宝宝为什么喜欢扔东西

1岁左右的宝宝喜欢把盒子或者箱子里的物品倾倒出来,也喜欢把自己刚扔掉的东西捡起来,紧接着再扔掉,这种反复的行为令他感到非常兴奋。面对散落在家中各个角落的玩具、书籍等物品,看护人既生气又头疼,大声斥责也不能阻止宝宝“扔”的行为。到底是什么原因使宝宝乐此不疲地扔东西呢?

1. 空间的探索

在扔东西的过程中,宝宝对不同物品被扔出的距离、声响等产生不同的感受,获得不同的经验。例如他把一个玩具扔在地上,发出“咚”的声响,再试一次仍然有声音,他逐渐发觉扔东西与发出声音有一定联系;当他向地上扔小球时,小球会跑离自己一段距离,他就知道,球之所以“跑”走了,那是因为他扔了小球。通过这些亲身体验,宝宝发现了事物更多的属性,从而增长了知识和经验。

2. 获得看护人的注意

很多宝宝喜欢通过扔东西引起看护人对他的注意。他扔出去的东西在第一时间被大人捡回来时,他很开心,甚至把这当成与看护人之间的互动游戏。

宝宝扔东西和拿东西一样,都是在成长发展过程中自然出现的。他欣喜于自己的新技能,有一种成就感,看护人不要斥责宝宝,要加以引导。若宝宝扔东西过于频繁,大人可以引导宝宝将玩具等物品扔至玩具箱等地。

1岁2个月

一、身体发展指标

	男孩	女孩
体重	8.5 ~ 13.0 千克	7.8 ~ 12.2 千克
身高	72.8 ~ 83.9 厘米	70.8 ~ 82.5 厘米
头围	44.3 ~ 49.5 厘米	43.2 ~ 48.3 厘米
胸围	45.4 ~ 46.5 厘米	

二、心理发展指标

（一）粗大动作发展

1. 手臂举至头部上方，由头后上方挥手臂，掷出小皮球，仍可维持平衡；
2. 在距宝宝 60 厘米的地上放玩具，让宝宝去拿，宝宝可弯身捡起玩具并站直，继续平稳走至少 3 步；
3. 能倒退着走；
4. 宝宝一手扶栏杆，家长一手扶宝宝，宝宝可上楼梯，下楼梯时，能手脚并用，倒退着往下爬。

家庭参考游戏：我会拉来我会推

游戏目的：练习抽拉和推回小抽屉，锻炼宝宝手眼协调的能力。

游戏准备：可抽拉的小抽屉、可放进抽屉的小玩具。

游戏过程：

Step1：播放舒缓的音乐。

Step2：拿出宝宝喜欢的小玩具，吸引宝宝注意力。

Step3：引导宝宝自己动手拉开抽屉，取出小玩具。

Step4：再将玩具放进抽屉，让宝宝通过推的动作将抽屉合上（反复操作，进行练习）。

温馨提示：注意音乐要有明显的音调变换，引导宝宝跟随音乐进行开关抽屉的操作。

（二）精细动作发展

1. 13~15 个月的宝宝可将笔杆置于掌内，以拇指与其余四指相对，握住笔涂鸦，可以自发地画，且能画出笔道来；
2. 家长示范画两条约 8 厘米的直线，宝宝至少会画一条 2 厘米以上但不怎么直的线；
3. 能将两块积木叠成塔；
4. 会玩洋娃娃；
5. 会自己拿汤匙进食。

家庭参考游戏：装"豆豆"

游戏目的：锻炼宝宝手眼协调能力，促进其精细动作的发展。

游戏准备：卷筒纸一个、矿泉水瓶一个。

游戏过程：

Step1：家长引导宝宝将卷筒纸撕成条状，搓成若干小球——像"豆豆"一样大小。家长用“豆豆”吸引宝宝注意。

Step2: 家长演示把“豆豆”装入矿泉水瓶。

Step3: 鼓励宝宝把“豆豆”装入矿泉水瓶。

Step4: “豆豆”全部装完后可盖上瓶盖，摇一摇瓶子，让宝宝听声音。

温馨提示: 宝宝放“豆豆”时家长一定要全程陪同，以免宝宝误吞“豆豆”。

(三)言语发展

1. 能正确地表达自己的要求；
2. 言谈间能凭记忆提到非现场的东西或动作；
3. 模仿发音逐渐减少，主动发音日渐增多。

家庭参考游戏: 猜猜里面有什么

游戏目的: 训练幼儿记忆力，提高宝宝的视觉记忆和小动作技能。

游戏准备: 收集一些鞋盒或礼品盒，找一些家庭成员的照片或绘有动物、玩具的画，然后分别放在盒子里。

游戏过程:

Step1: 打开盒子，和宝宝讨论里面的画和照片。

Step2: 让宝宝自己打开盒子，说出画和照片的内容。

Step3: 一旦宝宝掌握了一些图片，就测试他的记忆，比如:“哪个盒子里有爸爸？”

温馨提示: 把名称和画面搭配起来，会对宝宝的口语表达有所帮助。此外，还应及时更新盒子里的图片，给宝宝惊喜。

(四)认知发展

1. 在宝宝的注视下把玩具藏起来，他会去寻找玩具；
2. 能记住东西摆放的位置；
3. 能正确地指认物品；

4. 外出散步时会去注意外界的人、事、物。

家庭参考游戏:我们来玩冰

游戏目的:让宝宝知道水在一定的温度下会变成冰,冰在一定温度下也会融化成水。

游戏准备:冰箱、冰格、温水、浴缸或浴盆。

游戏过程:

Step1:将水注入冰格,放进冰箱,冻成冰块。

Step2:从冰箱中取出已冻好的冰块。

Step3:把宝宝放进已经放好温水的浴缸或浴盆里。

Step4:把冰块也放进浴缸或浴盆,让宝宝在水中探索冰的特性,也让宝宝观察冰块如何融化。

温馨提示:注意水温;父母一定要和宝宝在一起,防止发生意外;此游戏不适合冬季。

(五)情感和社会性发展

1. 有些东西即便放置在高过自己视线的地方,宝宝仍会想办法去拿;

2. 宝宝的模仿能力进一步增强,吃饭时喜欢自己动手,这时大人可让他自己吃,培养他独立生活的能力;

3. 宝宝已明显表现出自己的个性特征;

4. 自我意识进一步增强,常爱说“不”,越不让他做的事就越感兴趣。

家庭参考游戏:我来帮帮你

游戏目的:通过游戏开发宝宝的助人能力,体会帮助他人的乐趣。

游戏过程:

Step1:家长扮演宝宝的好朋友。

Step2:设置情境,在一起玩耍时一个小朋友(爸爸扮)摔倒了,宝宝和另一个小朋友(妈妈扮)扶起摔倒的小朋友,并且安慰他,鼓励他要勇敢。

温馨提示:游戏过程中,当宝宝不知道应该怎么做的时候应给予适当的引导。

三、育儿关键期

开始走动

这个阶段,宝宝开始大量走动。白天,宝宝不太愿意睡觉,更愿意用这段时间玩耍。随着好奇心的萌发,宝宝喜欢不停地运动。宝宝站着时,能够自己蹲下；能够将小物品放入杯子里，再倒出来；能自己爬上椅子并转身坐好；能拉着成人的手上楼梯；能够独立地平稳行走，也能拉着玩具侧着或倒退着走；会尝试自己用勺子吃东西；会将两三块积木叠放在一起；能用手攥着笔杆随意涂鸦；会扶着栏杆或其他物体抬起一只小脚；会翻稍厚的书的书页，但也许是一次翻过很多页，而不是一页一页地翻。

四、营养与护理

（一）饮食营养

1 周岁以后，你可能会发现学步期的宝宝食欲有所下降。面对食物他开始挑挑拣拣，甚至对精心准备的一餐毫无兴趣，避而远之。对此，家长一定很生气，很困惑。学步期的宝宝活动量增加了，似乎就应该吃得较多些，为什么进食反而困难了呢？

外因：①就餐环境混乱。有很多家庭在吃饭时喜欢看电视、聊天，宝宝好奇心强，很容易分散吃饭的注意力。②父母或者爷爷奶奶等看护人本身就偏食，宝宝有意模仿。③喂宝宝吃成人的饭菜。宝宝的味觉非常敏感，他们往往是吃过大人的饭后，就不喜欢吃清淡的食物了。

内因：①宝宝从出生到 1 周岁是生长较为迅速的时期，他们的体重通常会从平均 3 千克增长到 9 千克以上，而 1 岁到 3 岁的幼儿体重每年增加 1~3 千克。学步期的宝宝体重增长已进入平稳期，因而宝宝并不需要太多食物，只要营养均衡即可。②这一阶段的宝宝自我意识增强，更喜欢自己决定事情。当宝宝能够独立进食时，会尝试挑战看护人的权威，查看看护人的反应，自己挑选食物，有时与吃什么并无关系。作为家长，需要细心观察宝宝是真的不喜欢某样食物，还是需要自主的空间。③让宝宝吃太多零食，或者喂饭次数过多，容易导致其积食，进而影响食欲。④若宝宝消化功能异常，建议就医。

（二）护理与保健

- 危机四伏的家

绝大多数 1~2 岁宝宝已经会走路了，他们对周围的世界充满了好奇心，喜欢到处走，到处跑。因而，1~2 岁宝宝的家居安全问题相对较多，家长应该高度警惕，及时消除安全隐患。

(1)厨房

厨房是最容易发生危险的地方，稍不留神就会烧伤或烫伤宝宝，所以应尽量避免幼儿进入。除此之外，对于有伤害性的东西，包括已腐烂的食品、不明液体、刀具等,都应及时谨慎处理好。

(2)卫生间

若卫生间的地面有水，容易使宝宝滑倒。建议看护人在卫生间放置防滑垫,减少不必要的危险。同时,不留宝宝单独大小便、洗漱、洗澡;不让宝宝触碰地漏;所有清洁用品都要放在宝宝触碰不到的地方。

(3)窗台

许多看护人喜欢与宝宝一起靠着窗台欣赏窗外风景,由于宝宝好动,因此最好在窗台装上儿童安全防护装置。另外,窗边不要放置家具,防止宝宝爬上高处,从窗户跌落。

(4)客厅

尖锐的地方对于2岁之前的宝宝来说是致命的杀手，所以看护人要注意在家具的棱角等处加装防护垫,或者在装修的时候即选择边角圆滑的家具。最好不要使用桌布,以免宝宝为了得到自己想要的东西随意触碰和拉拽,发生危险。电视机等比较重的电器要放在离桌边较远处,并且把电线隐蔽好。因为电源插座上的那些小孔、小洞对刚刚会走的宝宝有着无穷的吸引力,所以建议在不常用的插座上安装安全电插防护套,或者用胶带封住插座孔。

(5)卧室

如果宝宝已经能伸手抓东西,就不要在床上挂风铃、小玩具等,以防其误吞。很多家长以为毛茸茸的靠枕、软软的床垫可以使宝宝睡得舒服一点儿,但过于柔软的床垫不适宜宝宝的身体成长，所以建议家长给宝宝使用较硬的床垫。床罩和床单以棉质为宜。

五、疾病与预防

上呼吸道感染

上呼吸道感染,俗称感冒,是指小儿急性上呼吸道感染,系由各种病原引起的上呼吸道炎症。感冒是婴幼儿最常见的疾病之一,各种病毒、细菌、支原体和衣原体均可引起感冒,但90%以上的感冒是由病毒引起的。婴幼儿上呼吸道黏膜非常柔嫩,呼吸道管腔短小狭窄且毛细血管丰富,这就导致婴幼儿容易罹患感冒,出现感染、堵塞、充血、水肿、张口呼吸等感冒症状。同时,由于婴幼儿的耳咽管有较平、短等特点,感冒又容易累及周围组织器官,如鼻窦、中耳、结膜、淋巴结、支气管、肺等。

感冒属于自限性疾病,病程1~2周,如果没有并发其他部位感染,感冒往往可以自行恢复。对于婴幼儿来说,采用一般性治疗就可促进感冒的痊愈。具体应该注意以下方面：室内应及时通风，保持室温在20℃至22℃、湿度55%至60%，并且注意室内、室外温差。注意让患儿多休息，尤其是有发热现象的患儿，应减少每日活动量。如出现发热，可用温湿毛巾擦拭，达到物理降温的效果。饮食方面，给予患儿充足水分，促进其体内毒素代谢，适当补充含维生素C的食物；有条件的，坚持母乳喂养，提高患儿免疫力。注意观察患儿体温，避免到人员密集的场所去，防止出现交叉感染与各种并发症。一般婴幼儿感冒大多都是由病毒引起的，应避免滥用抗生素，如症状较重，应及时就医。

六、育儿百宝箱

(一) 如何帮助1~2岁宝宝选择玩具

1. 球类

当幼儿能够精确地投掷物品了，便要开始一项更有难度的练习——用脚踢球、传球了。由于具备重心低的优势，所以踢球这件事对幼儿来说很轻松，而且越踢越带劲。

2. 积木类

此时幼儿搭建的"建筑物"越来越高，能按照形状和颜色将积木分类，即使是特殊形状的积木，也能分辨出来。

3. 毛绒类

这些1~2岁的宝宝或许整天忙于一些角色扮演游戏，当然是跟他的毛绒玩具做朋友，比如带着玩具小狗去散步，给玩具小熊喂饭等。

4. 拼图类

幼儿现在能完成一些简单、基础的拼图。

5. 音乐类

将小手放在钢琴键盘上乱拍，用手指胡乱拨弄吉他弦，用力地敲鼓……这些都是小音乐家的正常表现。他看到大人使用乐器后，便会跟着模仿。

(二)宝宝进餐小妙招

1. 让宝宝自己拿勺子

当宝宝抢勺子时，家长可以顺势教宝宝使用勺子。

2. 利用游戏教宝宝使用勺子

利用一些小游戏锻炼宝宝用勺子的能力。准备一把勺子、一些蚕豆、两个碗(注意不要用陶瓷等易碎的餐具，勺子要选择大一些的，这样比较容易舀起蚕豆),然后把蚕豆倒在一个碗里,再让宝宝用勺子把它们舀到另一个碗里。还可以配以歌谣,激发宝宝使用勺子的兴趣。

3. 引导宝宝自己吃饭

此时,家长可以让宝宝独立吃饭了,不要等到宝宝上幼儿园了还担心他不会自己吃饭。而且,如果宝宝习惯了大人喂饭,后面更不愿意自己吃饭。家长要为宝宝准备一些可爱的餐具,注意营造愉快的用餐氛围,然后把宝宝的食物装在他自己的小碟子里,让宝宝乐于把自己碟子里的食物吃光。

4. 适当让宝宝有饥饿感

很多宝宝不好好吃饭是因为他们不觉得饿。因此,让宝宝有饥饿感是让宝宝吃饭的一个不错方法。如果宝宝吃了几口饭就不吃了,家长可以用平和的语气对宝宝说:“如果吃饱了,就把食物收起来了。”这样持续几天后,宝宝就会很想吃东西,这时家长可以把食物放在宝宝面前,自己去忙别的,让宝宝独立吃饭。

1岁3个月

一、身体发展指标

	男孩	女孩
体重	8.7 ~ 13.2 千克	8.0 ~ 12.4 千克
身高	73.7 ~ 85.1 厘米	71.9 ~ 83.7 厘米
头围	44.5 ~ 49.7 厘米	43.4 ~ 48.5 厘米
胸围	45.6 ~ 46.8 厘米	

二、心理发展指标

(一)粗大动作发展

1. 能伸手去拿自己想要的物品,愿意模仿大人的动作;
2. 能扶着栏杆上下小滑梯。

家庭参考游戏:捉小蛇

游戏目的:锻炼宝宝的运动能力、奔跑能力和快速反应能力。

游戏准备:彩色的麻绳。

游戏过程:

Step1:家长将麻绳放在地上拖动,让宝宝用脚或用手捉。

Step2:家长将麻绳别在裤子后面,绕圈小跑,让宝宝来捉。

温馨提示:应有另一位家长跟在宝宝身后,防止宝宝跌倒。

(二)精细动作发展

1. 可以通过模仿画出极为简单的线条;
2. 喜欢搭积木,可将3块积木叠成塔。

家庭参考游戏:小车钻洞洞

游戏目的:促进宝宝精细动作的发展,培养宝宝的合作能力,提高宝宝的手眼协调能力。

游戏准备:一个卫生纸纸筒、玩具小车。

游戏过程:

Step1:家长拿起纸筒放到眼睛处,通过纸筒看宝宝,吸引宝宝的注意。宝宝如果伸手要纸筒,就把纸筒放到宝宝手里,让宝宝通过纸筒看到家长。

Step2:家长让宝宝看着小车,然后将小车从纸筒的上端放进去,从下端滚出来。

Step3:家长拿着纸筒,让宝宝模仿刚才的动作,把小车放进纸筒。

Step4:宝宝掌握技巧后,可以让他尝试放入第二个、第三个小车,观察哪个小车滚得最远。

温馨提示:宝宝能熟练地把小车放进纸筒后,可将小车换成其他小物品,如小纸团。

(三)言语发展

1. 可以说3~5个简单的词,如"再见""给我""不要"等;
2. 会模仿说单字词;
3. 能任意改变词句的次序。

家庭参考游戏：逛动物园

游戏目的：帮助宝宝认识动物，学说动物名称。

游戏准备：场地（动物园）。

游戏过程：

Step1：带宝宝去动物园，近距离观察和认识几种动物。

Step2：在看的时候告诉宝宝那些动物的名称、特征、习性。

Step3：让宝宝讲一讲动物园都有什么动物，都是什么样子的。

温馨提示：在认识动物的过程中培养宝宝的爱心；也可以用介绍动物的图书来代替去动物园。

（四）认知发展

1. 至少能指出身体的三个部位；
2. 能指认图片中的动物形象；
3. 了解一般动作的意思，如“亲亲”“抱抱”等；
4. 能认识简单图片，能独自看图画书；
5. 看图能指出一些熟悉的事物；
6. 对于爸爸、妈妈说的话基本都能听懂，并会依指示做一些简单的事。

家庭参考游戏：敲一敲，听一听

游戏目的：探索不同的声音。

游戏准备：一根指挥棒。

游戏过程:

Step1:给宝宝一根指挥棒。

Step2:让宝宝用指挥棒轻轻敲打房间里的物品。

Step3:和宝宝一起探讨所听到的声音,说说每种声音的不同之处。

温馨提示:尽量让宝宝感受不同的敲击声并进行分辨,也要引导宝宝去寻找"音乐"。当然,在日常生活中不能随意敲打物品,更不要让宝宝敲击易碎品。

(五)情感与社会性发展

1. 会说"谢谢";
2. 遇到困难会主动寻求帮助;
3. 喜欢拉着成人去看东西;
4. 乐意把心爱的玩具分享给他人。

家庭参考游戏:拔萝卜

游戏目的:锻炼宝宝上肢的力量,增强亲子关系。

游戏准备:棒子。

游戏过程:

Step1:家长和宝宝面对面坐好,家长和宝宝各抓住棒子一端。

Step2:两人像拔萝卜一样,前后拉着棒子移动。家长引导宝宝唱歌谣:"拔萝卜,拔萝卜,嘿哟嘿哟拔萝卜,嘿哟嘿哟拔不动,老婆婆,快快来,快来帮我们拔萝卜。"

温馨提示:若没有棒子,家长可以拉住宝宝的双手进行游戏。游戏时应与宝宝保持眼神及语言交流,增加亲子游戏的乐趣。

三、育儿关键期

肢体平衡

平衡感的发展对宝宝至关重要。平衡感发育不良的宝宝会出现容易跌倒、拿东西不稳、走路撞墙、心烦气躁、好动不安、眼睛不能盯住目标等问题,甚至会影响到语言能力的发展及左脑的组织、逻辑能力等。平衡系统的重要性体现在它与大脑有着数量繁多的联系。通过这些联系可以看出,宝宝的运动、宝宝所遇到的环境会影响大脑的许多部分,包括那些控制视觉、听觉、睡眠、消化,甚至学习和记忆的部位。所以,平衡能力对宝宝来说是一个整体的能力,它的发展是其他感觉发展的基础,地位十分重要。当宝宝坐在地上时,家长可以突然从其背后或左右轻推宝宝,并观察他的反应,看他会不会及时伸手来保护自己，不让自己跌倒。如果家长多次试验后宝宝仍无法掌握身体平衡，家长就有必要带宝宝到专业机构进行平衡能力的评估测验了。

家长们平时要多带孩子到户外运动，接触更多的新鲜事物，这些对提高宝宝身体平衡是很有效果的方法。

四、营养与护理

（一）饮食营养

1 岁以内的宝宝按需喂养，1 周岁以后，两餐的间隔可以适当延长。可以让 15 个月的宝宝按一日三餐定时进食，还可以配两次加餐（水果、小甜点等），三餐时间可与大人同步。

如果宝宝爱吃正餐，也爱喝奶，那加餐就不要过分要求。如果宝宝不爱吃正餐，爱喝奶，表示宝宝还不能很好接受辅食，父母要适当引导。随着宝宝的成长，应逐渐减少奶量，同时给宝宝准备一些小餐具玩，使之对吃饭产生兴趣。经过一段时间，宝宝不爱吃正餐的问题就会得到改善。

（二）护理与保健

- 皮肤护理

（1）清洁

给宝宝洗澡要用温水，切记先放凉水再放热水。洗澡时间不宜过长，清洁时应选用宝宝专用洗浴产品，同时要避免泡沫进入宝宝的眼睛。宝宝的皮肤娇嫩，不需要每次洗澡都用清洁产品，特别是夏天，洗澡次数较为频繁，用清水洗即可。冬天洗澡后，可给宝宝擦适量润肤霜保湿，夏天可给宝宝擦爽身粉，避免生痱子。

（2）保湿（防湿疹）

宝宝湿疹令很多家长“抓狂”。起湿疹并不是因为皮肤太“湿”，湿疹反而会使皮肤变干燥。因而对付湿疹除了让宝宝多喝水以外，还要及时给宝宝涂抹婴儿润肤霜进行保湿。为宝宝洗完澡后，要及时把宝宝全身擦干，用手把润肤霜焐暖，均匀地擦在宝宝身上。

（3）防晒

宝宝的皮肤较薄，色素细胞较少，容易被阳光中的紫外线灼伤。所以外出时应适当地给宝宝涂些宝宝专用防晒霜或给宝宝穿戴防晒物品，如遮阳帽等。此外，每天晒太阳时间不宜过长。

五、疾病与预防

小儿肺炎

小儿肺炎是婴幼儿时期的常见病，也是造成婴幼儿死亡的常见原因之一。小儿肺炎表现为一般症状与呼吸道症状。一般症状包括：发热、拒食、情绪烦躁、哆嗦、腹泻、呛奶、呕吐等。呼吸道症状包括：频繁的刺激性干咳，咽喉部出现痰鸣音，咳嗽剧烈时可伴有呕吐、呛奶，呼吸表浅增快，部分患儿口周、指甲可有轻度发绀。对于症状较轻的患儿应重视一般治疗，应保持病房空气流通，经常为患儿翻身、拍背。对于症状较重的患儿，应及时就医。对于小儿肺炎，应做好预防工作，注重提高婴幼儿免疫能力，在传染病流行时期，避免带婴幼儿去人流拥挤的地方活动。

六、育儿百宝箱

宝宝晚上不爱睡觉怎么办

很多家长抱怨孩子晚上总是不肯乖乖入睡，一天下来睡眠太少，累得家长每天精神不济。年纪愈小的婴幼儿，其睡眠生理时钟愈显短暂，睡睡醒醒的次数频繁。不过，随着年龄的增长，睡眠时间也会越来越集中。

其实从孩子出生 1 个月以后，家长就可以帮助孩子分辨昼夜的差异。让孩子知道白天亮亮的，有各种声音充斥在环境当中；而到了夜晚则是黑黑的，一片宁静。可通过不同的环境布置，让孩子从小了解白天与黑夜所代表的意义。

因为喝奶对孩子来说是一件很好玩的事，所以在夜间喂奶时，家长不需要太过认真，只需在喂饱孩子后，让他打个嗝就入睡，让他觉得晚上喝奶是件不太重要的事。等到孩子 3 个月，你可以发现，每晚大概只需起床喂 1 至 2 次奶就已足够。

当孩子再长大一些，不睡的原因也随之更改。最常见的原因是有“分离焦虑症”。这是因为父母白天需要外出工作，陪伴孩子的时间相对缩短许多。但此阶段是通过亲情满足依附关系最重要的时刻，难怪宝宝们只想黏在父母身边，而不愿入睡。此时帮助孩子建立良好的睡觉模式是最重要的。家长可以在睡前空出一段时间，通过说故事、听音乐或唱歌等方式，与孩子一起享受亲密的情感交流，并通过固定的睡前活动，暗示孩子睡觉时间即将来临，孩子自然能开心、安稳地入睡。

1岁4个月

一、身体发展指标

	男孩	女孩
体重	8.8 ~ 13.5 千克	8.2 ~ 12.6 千克
身高	74.6 ~ 86.3 厘米	72.9 ~ 84.8 厘米
头围	44.7 ~ 49.9 厘米	43.6 ~ 48.7 厘米
胸围	46.1 ~ 47.2 厘米	

二、心理发展指标

(一)粗大动作发展

1. 16~19 个月的宝宝会跑步,但跑得不稳;
2. 用一手扶着栏杆上楼梯,能侧着爬下楼梯;
3. 能从站姿变为坐姿;
4. 能爬上大人坐的椅子;
5. 能扶着倚靠物单脚站。

家庭参考游戏:我们一家划划划

游戏目的:锻炼宝宝的上肢运动能力,培养宝宝的行走意识,增进家人之间的情感交流。

游戏准备:两根竹竿、一个爬行垫、一段轻松的音乐。

游戏过程：

Step1：爸爸、妈妈面对面站好，双手各拿着一根竹竿的一端，让宝宝站在竹竿中间，双手扶住两侧的竹竿。

Step2：爸爸、妈妈带着宝宝向前行走或向后退，一边移动，一边喊："嘿哟嘿哟，一二一。"

温馨提示：将宝宝放在爬行垫上进行运动，避免因突然摔倒而碰伤。刚开始时，爸爸、妈妈动作幅度不要太大，速度不要太快。如果家里没有竹竿，也可用其他棍状东西代替，宝宝能抓住即可。

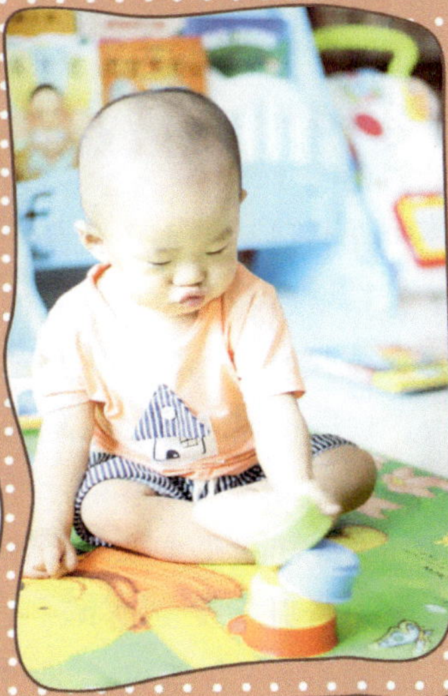

（二）精细动作发展

1. 能把杯子按大小顺序套叠起来，能将四块积木叠成塔；
2. 能将硬币投入存钱罐的孔内；
3. 能用鞋带穿一粒珠子；
4. 能连续画折线；
5. 在玩哨子、鼓等音乐玩具时，一只手主要操作，另一只手辅助；
6. 能将正方形积木嵌入相应洞内；
7. 能脱下没有鞋带的鞋子；
8. 吸吮、吞咽与呼吸协调得很顺畅，很少会呛着。

家庭参考游戏：毛线画画

游戏目的：让宝宝体验用毛线画画的乐趣，感受线条的变化。

游戏准备：固体胶、彩色卡纸、毛线。

游戏过程：

Step1：鼓励宝宝在卡纸上涂鸦。

Step2：家长在宝宝的涂鸦上面涂上固体胶。

Step3：家长和宝宝一起用毛线沿着涂鸦的地方进行粘贴。

温馨提示：应采用无毒的颜料，或用果蔬汁作画（如桑葚汁）。

（三）言语发展

1. 能任意改变词句的前后次序；
2. 会说的字词约有 40 个。

家庭参考游戏：Hello，你好！

游戏目的：引导宝宝理解“hello”的中文意思，学会用“hello”打招呼。

游戏准备：大象、小兔、小熊、小猫等动物手偶或玩具。

游戏过程：

Step1：妈妈套上小兔子手偶与宝宝打招呼：“Hello，你好！”并代替宝宝或引导宝宝说：“Hello，你好，小兔兔！”

Step2：依次换上其他手偶，用“hello”与宝宝打招呼，并不断引导宝宝边挥手边说。

温馨提示：在日常生活中，当宝宝见到熟悉的人或同龄小伙伴时，可鼓励宝宝用“hello”打招呼。

（四）认知发展

1. 看图能指认出 4 种动物；
2. 看图能指认出一些熟悉的物品；
3. 会依指示做一些简单的事；
4. 能用动作表达“要”“不要”“是”“不是”；
5. 会哼哼唱唱；
6. 可将声音和图片配对，如“汪汪”声配小狗的图片。

家庭参考游戏：小树吹吹吹

游戏目的：教宝宝学习吹画，帮助宝宝建立自信心。

游戏准备：吸管、墨汁、彩色颜料、白纸。

游戏过程：

Step1：把墨汁滴在白纸上。

Step2：用吸管对着墨汁吹出树状的图案。

Step3：用小纸团蘸上彩色颜料，在树枝上印出花。

温馨提示：游戏过程中一定要注意，不可让宝宝把墨汁吸进嘴里。

（五）情感与社会性发展

1. 宝宝的个性已经比较明显；
2. 开始对挫折和失败有了鲜明体会，会有自己的情绪和小脾气，当外界刺激超过了宝宝的承受能力时，他就需要发泄出来；

3. 主动拒绝别人的命令，被欺负时会抵抗或还手，必要时还会找别人来帮忙；

4. 亲子间开始对话。

家庭参考游戏：卖糖果

游戏目的：通过角色扮演，提高宝宝的社交能力，开发宝宝的人际智能。

游戏准备：各种颜色的糖果、若干纸盒。

游戏过程：

Step1：请宝宝扮演售货员，把糖果按颜色分好类，装进不同的盒子里。

Step2：妈妈扮演顾客买糖果，边看边说："我要买红色的糖。"让宝宝按要求取糖果。

温馨提示：生活中妈妈应多引导宝宝观察在超市或市场上买东西的场景，让宝宝将游戏中的场景与现实生活建立联系。

三、育儿关键期

模仿能力

模仿能力是宝宝与生俱来的。这个年龄的宝宝非常喜欢模仿，你拍拍桌子，他也跟着拍拍桌子。你说："吃饭啦！"他也跟着学："吃饭啦！"所以这个时候也是父母对宝宝产生影响的关键时期，父母千万要做个好榜样。宝宝养成良好习惯的一个重要途径就是模仿，而模仿的对象首先是父母。所以，要求宝宝讲文明、有礼貌，父母就不能说脏话；要求宝宝不玩的玩具要放回原处，父母就要做到有条有理，东西不乱扔乱放。宝宝在成长过程中，会一步一步从模仿迈向独立，模仿为宝宝的独立储备着力量。宝宝每天看父母刷牙、穿衣，便逐渐学会了这些技能，一旦意识到"我能做""我能行"，他就变得独立起来了。父母应给宝宝提供一些他自己能够使用的物品，如小碗、小杯子等，充分满足他"自己做"的强烈愿望。由于宝宝的辨别能力差，在模仿过程中会学到好的东西，也会学到一些不好的东西。因此，父母应严格要求自己的言行举止，做宝宝的好榜样，并及时表扬或鼓励宝宝的良好行为。若发现宝宝喜欢模仿某些不良行为，父母可以采取淡化、转移注意力等方法帮助宝宝克服不良影响。

四、营养与护理

(一)饮食营养

- 少盐与少糖

尽量不让16个月的宝宝吃大人餐，因为此阶段的宝宝对盐还十分敏感，成人觉得淡，但是宝宝吃着就咸了。吃盐过多，会加重孩子的肾脏负担，若过咸的口味延续到成年，甚至会引起高血压等疾病。因此为16个月的宝宝准备的饭菜要少放盐。

有些家长，一心想让宝宝吃些“好”东西，比如甜点、精致的小蛋糕等。实际上，这些高糖食品并不适合宝宝。1~3岁的幼儿每日糖的摄入量为8~12克，最多不超过20~30克，所以尽量让宝宝少吃糖。

（二）护理与保健

- 让宝宝爱上洗头、洗澡

攻略一：通过情感交流转移宝宝注意力。

宝宝每次洗头都会哭闹，这是有原因的，他们害怕是因为缺乏安全感，从而产生恐惧心理。因此，在宝宝洗头、洗澡时，妈妈应多给他情感上的慰藉。在洗头时妈妈要不断地说：“宝宝真乖，妈妈给宝宝洗头喽，妈妈在你身边……”类似的话，并让宝宝的身体尽量靠近你的胸部，较密切地与他的上身接触。此时应注意不要将宝宝的头部过分倒悬，稍微倾斜一点儿即可。通过这些可以增强宝宝的安全感，几次之后，宝宝适应了，也就不再哭闹了。

在给宝宝洗头前可以准备一些他平时特别喜欢的玩具，通过玩具转移宝宝的注意力。

攻略二：戴宝宝洗头帽。

目前，市面上有专为婴幼儿设计的宝宝洗头帽，让妈妈不再为给宝宝洗头而烦恼。宝宝洗头帽的外观就像被挖空顶部的草帽，能有效防止洗发液和水滴进入宝宝的眼睛和耳朵。当然，洗头帽的使用也很简单，妈妈只需要调整洗头帽后端的档位，使它跟宝宝的头围相符，然后把帽子戴到宝宝耳根上方，使宝宝的头发从帽子上面露出来即可。

攻略三：使用儿童花洒。

成人淋浴喷头的出水量过大，声音又响，哗哗的水声会让宝宝感到紧张，使得宝宝对洗澡产生抗拒心理。既然如此，家长不妨使用儿童花洒为宝宝冲洗头发，花洒出水量相对柔和，宝宝比较容易适应。

五、疾病与预防

婴幼儿腹泻

婴幼儿腹泻是多病原、多因素引起的以大便次数增多和性状改变为主的疾病。可伴有发热、呕吐、腹痛等症状，及不同程度水、电解质、酸碱平衡紊乱。此病可由于肠道内病毒、细菌、真菌感染引起。

婴幼儿腹泻也可由非感染性因素造成，饮食喂养不当或天气变化均可引起婴幼儿腹泻。饮食方面包括进食过多或过少；食物成分改变，加糖过多；添加辅食过快；天气炎热时断奶等。天气变化，如受凉，致使肠道功能紊乱；天气炎热，胃酸和消化酶分泌减少，致使消化不良引起腹泻。婴幼儿腹泻还可能由多种其他因素造成，如婴幼儿进食的食物或使用的餐具不洁，使细菌进入体内造成腹泻；长期服用广谱抗生素，致使肠道菌群失调引起腹泻；婴幼儿患急性上呼吸道感染、肺炎、中耳炎、泌尿系统感染、咽炎等病时，均可造成腹泻。

婴幼儿急性腹泻甚至可导致其死亡，这是因为婴幼儿的机体适应力弱，耐受疾病能力较差，当发生腹泻并导致脱水时会引起全身电解质紊乱，危害婴幼儿生命安全。当婴幼儿腹泻严重，伴有呕吐、发烧、口渴、口唇发干、尿少或无尿、眼窝下陷、前囟下陷的症状，且婴幼儿在短期内消瘦，皮肤弹性变差，哭而无泪，这说明婴幼儿已经脱水，应及时将其送至医院就医。

六、育儿百宝箱

宝宝为什么对细小事物感兴趣

一段时间里，宝宝手里总是攥着一些小东西，诸如一粒小纽扣、一个小石子，抑或是地上的小菜叶，连妈妈手上的小痦子都会引起宝宝的注意。宝宝在一岁半到2岁之间会有一个对细微事物感兴趣的敏感期，这个敏感期帮助幼儿掌握事物的细节。这些细小的东西不仅带给幼儿无限乐趣，还会引发他的探索欲。观察细小的东西需要耐心和专注力，这比观察对象本身重要，因此家长不要用“地上的东西脏”的观念来阻挡宝宝探索世界的脚步。凡是宝宝感兴趣的事情，对于他来说就非常有意义，他不但觉得观察细小事物非常有趣，甚至将之看得像“工作”一样重要。观察细小事物，既有助于发展宝宝的小肌肉和手眼协调能力，也是他认识外界的方式。

1岁5个月

一、身体发展指标

	男孩	女孩
体重	9.0～13.7 千克	8.3～12.9 千克
身高	75.5～87.4 厘米	73.8～86.0 厘米
头围	44.8～50.1 厘米	43.7～48.9 厘米
胸围	46.3～47.4 厘米	
出牙	9～14 颗	

二、心理发展指标

(一)粗大动作发展

能模仿大人做简单动作，如假扮喂食的动作。

家庭参考游戏：翻越障碍物

游戏目的：帮助宝宝肢体协调地做好跨越的动作。

游戏准备：小玩具。

游戏过程：

Step1：把准备好的小玩具放在地上充当障碍物。

Step2：家长示范动作，从障碍物上跨过。

Step3：鼓励宝宝模仿家长的动作，跨过障碍物。

温馨提示：游戏过程中要看管好宝宝，防止其摔倒，尤其不能磕碰到尖锐物体上。

(二)精细动作发展

1. 会用杯子喝水了，但自己还拿不稳，常常把杯子里的水洒得到处都是；
2. 吃饭时喜欢自己握勺取菜吃，但仍旧拿不稳，平衡能力比较差。

家庭参考游戏：小动物们回家啦

游戏目的：培养幼儿眼手脑的协调能力。

游戏准备：一个盒子、动物玩具若干。

游戏过程：

Step1：家长把宝宝的动物玩具一一放入盒子中，告诉宝宝："小动物们回家啦！"然后家长把玩具一一拿出来，告诉宝宝："小动物们要出门玩耍啦！"

Step2：家长让宝宝选择小动物，并送小动物回家，再送小动物出门玩耍。反复练习。

温馨提示：玩具可根据宝宝喜好选择，不要选择带刺或尖锐的玩具。家长要示范玩法，让幼儿掌握进出的概念。

（三）言语发展

1. 能仿说刚刚听到的话的最后一两个字；
2. 拒绝时会说"不""不要"；
3. 能通过语言询问，得到讯息；
4. 开始使用 2 个字的词语，使用叠词的情况较多。

家庭参考游戏：存钱

游戏目标：促进宝宝手眼协调能力和手部精细动作的发展。

游戏准备：存钱罐一个、不同大小的硬币若干。

游戏过程：

Step1：家长示范，将一枚硬币投入存钱罐，并说："叮咚。"如果没有投进，则说："啊噢。"

Step2：多示范几次后让宝宝自己来投，从小硬币开始，慢慢换成大硬币。若宝宝投不进去,家长可以给予帮助。

温馨提示:注意防止宝宝误吞硬币。

(四)认知发展

1. 看书时,拿书的方向大多是正确的;
2. 听觉理解能力超过语言表达能力。

家庭参考游戏:谁的吸水性强

游戏目的:锻炼宝宝的观察力。

游戏准备:两张吸水性差异很大的纸,一张为纸巾(吸水性略强),另一张为A4纸(吸水性稍差),两张纸的颜色最好是不同的;一盆水。

游戏过程:

Step1:将两张纸递给宝宝,让宝宝感知不同材质的纸的特点,引导宝宝说出两种纸的不同。

Step2:将两张纸同时浸入水盆,引导宝宝观察哪种纸沉入水中,哪种纸漂在水面上。

Step3:用手捞起两张纸,挤一挤水,请宝宝观察哪种纸挤出的水比较多。引导宝宝说出结论:纸巾的吸水性比较强。

温馨提示:要给宝宝足够的时间去观察。

(五)情感与社会性发展

1. 情绪容易失控,脾气有点儿变大;
2. 能非常大声且清晰地表达出想要什么、不想要什么;
3. 可能会攻击他人,尤其是在感到沮丧的时候,最经常攻击的对象就是其抚养者。

家庭参考游戏:宝宝相簿

游戏目的:促进宝宝自我认知能力的发展。

游戏准备:宝宝的相簿。

游戏过程:

Step1:爸爸妈妈按宝宝从小到大的成长顺序将照片排列好,并注上日期等必要的注释。

Step2:给宝宝看他小时候的照片。

温馨提示:挑选可爱、清晰一些的照片,帮助宝宝更好地认识自己。

三、育儿关键期

好奇心爆棚

此时的宝宝对很多事物都会表现出很强的好奇心，心理学认为：好奇心是个体遇到新奇事物或处在新的外界条件下所产生的注意、操作、提问的心理倾向。好奇心是个体学习的内在动机之一，是个体寻求知识的动力，是创造性人才的重要特征。所以，对于宝宝的好奇心、探索欲家长应该给予鼓励。

那么怎么保护宝宝的好奇心呢？首先，家长要向宝宝表现出自己的好奇心，比如带宝宝一起外出散步时，多多表现出对一草一木、太阳、星星及其他事物的兴趣和探索愿望。其次，要尊重宝宝的兴趣。宝宝会从那些能够抓住自己注意力和想象力的东西中学到更多的东西。如果宝宝喜欢音乐，就常常放音乐给他听，和他一起玩乐器；如果宝宝对昆虫感兴趣，就陪他一起捉、养昆虫。再次，简单清楚地回答宝宝提出的问题。同一个问题，根据不同年龄段宝宝的理解力，父母应该做出不同的回答，并且在做出回答前请先问问宝宝是怎么想的。如果家长也不知道答案是什么，应如实告诉宝宝，不仅能让宝宝了解人无法知道所有问题的答案，也是鼓励宝宝自己寻找答案的好契机。最后，为宝宝提供合适的书籍。小动物绘本也好，天文类绘本也好，关键是能够激发宝宝的阅读兴趣。

四、营养与护理

（一）饮食营养

- “喂”出来的厌食

“儿吃一口，娘喜心头”。一顿饭，父母恨不得将富含高蛋白、钙、镁、铁、锌等营养元素的营养品都喂给宝宝，甚至宝宝吃完饭了，还希望他再吃一些，结果弄巧成拙，造成宝宝呕吐。久而久之，不愉快的进食使得宝宝对食物失去了兴趣，进而产生厌食，这即所谓“喂”出来的厌食。

哄着喂饭，追着喂饭，是看护人特别是老人们对不好好吃饭宝宝的常规动作。“人是铁，饭是钢”，宝宝在长身体，岂能不吃饭？于是老人们追在宝宝屁股后面，威逼利诱，使出浑身解数，见缝插针，能喂一口是一口。还有的父母为了宝宝能乖乖吃饭，请出手机、电脑等“法宝”，宝宝的注意力集中在所谓的“法宝”上，吃饭变成了嘴部咀嚼的机械动作。殊不知，这种做法不仅会影响孩子的消化吸收，导致小儿肥胖，严重的还会造成不同程度的心理压力，使宝宝感到吃饭是一种负担。

(二)护理与保健

- 宝宝为何不睡整觉

17个月大的宝宝白天睡眠时间可能逐渐减少，由原来的两觉变成午后的一觉。晚上可能从八九点一直睡到第二天早晨六七点,宝宝可以睡整觉了。但并不是所有宝贝都是这样的,面对不睡整觉的宝宝,家长也不要跟宝宝生气,宝宝一定有他的原因,家长该做的是细心观察,看看是否有异常情况。

(1)确实不能睡“大觉”

宝宝一夜醒来几次,或哭闹,或吃奶,或玩耍。此时家长千万不要生气,不要埋怨宝宝,尝试哄着宝宝,使其慢慢安静下来,再次入睡。

(2)“把尿”

宝宝入睡后还不能控制小便,有些家长为了不让宝宝尿床,只要宝宝扭动或哼唧,就立即抱起宝宝“把尿”,这样做可能会导致宝宝习惯性地在半夜醒来。此阶段宝宝尿床是正常的,可在夜间为宝宝穿上纸尿裤。

(3)不断地“哼唧”

宝宝有的时候并没有真的醒来,但是一夜不断地哼唧,并不睁眼,也不起来,此时妈妈拍一拍宝宝或把乳头送到宝宝嘴里,宝宝很快又睡着了。这样反复几次,直到天亮真正醒来。

有这样情况的宝宝只是处于浅睡眠状态,通常会不断醒来找妈妈的乳头。母乳喂养的宝宝,这种情况会比较多,即使断奶了,他们也要找乳头。这些宝宝有严重的“恋母”“恋乳”的情结。看护人可在白天尝试唱儿歌、轻拍等哄睡方式,使宝宝习惯奶睡以外的安抚方式。

(4)白天睡得过多

为了避免宝宝白天睡觉,晚上没觉,白天要多带宝宝玩一玩,室内游戏与室外活动交错进行。

(5)睡眠不同步

家长和宝宝的睡觉时间不同步。有的宝宝睡得太早,晚上7点多就睡了,可家长要到晚上11点,甚至更晚一些才睡觉。到了凌晨三四点钟,宝宝睡够了,醒过来,可家长正是最困的时候,因而想尽一切办法哄宝宝睡觉,宝宝则坚决不睡,这样会严重影响家长白天的工作和生活。宝宝喜欢早睡早起是好事,但年轻的家长大多是夜猫子,睡得很晚,起得也很晚,因此,调整全家的作息时间很关键。

(6)病理性原因

宝宝生病要及时就医,让宝宝尽快恢复健康。

五、疾病与预防

龋齿

乳牙萌出后，幼儿即有患上龋齿的可能。龋齿好发于上颌乳切牙、下颌乳磨牙，其次为上颌乳磨牙、上颌乳尖牙，而下颌乳尖牙、下颌乳切牙发生龋齿的可能性较小。预防幼儿龋齿，应避免不良的喂养习惯，避免让幼儿进食过甜、过黏、过热的食物，减少饮料的摄入量，并且不要让食物在幼儿口腔内停留时间过长，注意正确使用奶瓶。要培养幼儿良好的口腔卫生习惯，餐后使用温水漱口，少吃零食，避免含着糖睡觉。此外，还应定期带幼儿进行口腔检查。每三个月带幼儿进行一次口腔检查，有助于龋齿的早发现、早治疗。

六、育儿百宝箱

(一)如何避免宝宝尿床

病理性的尿床，对象指的是5岁以上的宝宝，而2岁以内的宝宝夜间尿床，甚至白天偶有尿湿裤子的现象，多属于生理性原因所致，绝大多数是由心理因素或其他客观因素造成的，因此家长不应该因为尿床而责骂宝宝。

1. 养成良好的睡眠习惯，保持被褥干燥

睡前大脑过度兴奋容易诱发宝宝夜里尿床。让宝宝按时入睡，养成良好的作息习惯。宝宝睡前不宜做剧烈活动或做一些令大脑兴奋的游戏；对经常尿床的宝宝，晚饭要吃得淡一些，睡前应少饮水，且不要吃含水分多的水果；临睡前不宜喝奶，以减少宝宝膀胱的贮尿量，让宝宝养成睡前小便的习惯。而宝宝被褥的干燥程度，也与尿床次数有关。科学研究证明，如果一整晚让宝宝睡在潮湿的床上，很容易强化尿床这件事情。潮湿的床更容易让宝宝产生尿意。

2. 饮食调理

牛奶和柑橘类水果是造成儿童夜尿频繁的原因之一。美国学者对小儿尿床的原因进行深入的调查访问后得出结论：平时饮食中偏好牛奶和柑橘类水果的孩子，尿床的频率比较高。只要停止进食上述食物，遗尿现象几乎可立即消失。究其原因，主要是这些食物在小儿体内可以产生化学反应，使膀胱壁膨胀，容量减少，并能促进平滑肌变得粗糙，产生痉挛。同时，这一化学反应会引起小儿睡得过深，在有尿时不能醒来，导致遗尿。另外还要少吃高盐、高糖以及生冷食物。食物中盐分、糖分偏高，皆可引起多饮多尿。生冷食物可削弱脾胃功能，对肾无益，故应禁忌。玉米、薏仁、赤小豆、鲤鱼、西瓜，这些食物因味甘淡，利尿作用明显，可加重遗尿病情，故应忌食。

3. 多安慰，不批评

哪怕宝宝经常出现尿床的情况，家长也不应该严厉地责骂。批评往往会让宝宝更加担心、恐惧，往往会事与愿违。而应该多鼓励宝宝，一旦宝宝没有尿床，就要给予表扬和鼓励。

儿童心理学家指出，尿床会令小朋友感到害羞、不安、恐惧以及畏缩。这个时候如果家长再加以打骂和惩罚的话，会使孩子更加委屈和忧郁，加重心理负担，症状不但不会减轻，反会加重。

（二）宝宝上火怎么办

1. 口舌生疮

宝宝上火后大都会出现口角糜烂、干裂，嘴唇起泡，口腔溃疡等症状。这个时候一定及时阻止宝宝用舌头舔嘴唇，那样只会越舔越干。这时候应该多吃富含B族维生素和锌的食物，比如动物肝脏、蛋黄、谷类、蔬菜、水果。

2. 眼屎增多

宝宝眼内分泌物增多，尤其是早晨起床时可见眼角有眼屎，过多时会黏住眼睑。出现这种情况，家长要注意观察：孩子的眼屎是什么颜色？黄色的一般为孩子上火，要注意室内的温度，应该及时通风，适当增加室内湿度。如果宝宝的眼屎呈灰色，可能是病菌感染，要观察最近是否有感冒现象，多喝水。建议为幼儿清理眼屎，用纱布毛巾或一次性棉签，毛巾要与成人的分开使用。如果发现眼睛红肿，应该及时就医。

3. 腹泻

宝宝的消化系统比较娇弱，一旦上火就容易出现肚子胀满不适、腹痛、腹泻、大便酸臭、肛门发红等症状。这时候家里的小米就派上用场了，记得要熬得稠稠的；还可以给宝宝炸馒头片咀嚼，其碎末儿可以吸附病菌。

4. 大便干结

有的宝宝上火后会引起便秘，排便时因肛门受干结粪便刺激而疼痛哭闹。这时候可以给宝宝熬粥喝，如芹菜虾皮粥、白菜粥、麦片粥、胡萝卜粥、大枣粥等，有助于宝宝肠胃蠕动。这个时候还可以给宝宝泡泡脚，用手刮刮宝宝脚心上的肠胃反射区。

5. 鼻黏膜干燥

宝宝上火易引起鼻黏膜干燥，导致黏膜下小血管破裂而流鼻血。家长应经常给宝宝剪指甲，及时纠正宝宝抠鼻孔的坏习惯。此外还要防止室内空气过于干燥。

1岁6个月

一、身体发展指标

	男孩	女孩
体重	9.1～13.9 千克	8.5～13.1 千克
身高	76.3～88.5 厘米	74.8～87.1 厘米
头围	45.0～50.2 厘米	43.9～49.1 厘米
胸围	46.6～47.6 厘米	

二、心理发展指标

(一)粗大动作发展

1. 大球置于宝宝脚前约 15 厘米处,宝宝可将球往前踢出约 90 厘米;
2. 已能跟着音乐节奏协调身体的动作;
3. 能独自上下台阶。

家庭参考游戏:跟随音乐舞动

游戏目的:感知音乐的韵律,学习即兴表演。

游戏准备:不同类型的音乐。

游戏过程:

Step1:播放音乐,并给宝宝示范如何跟随不同的音乐舞动。

Step2:和宝宝一起跟随音乐舞动身体。

Step3:如果宝宝有兴趣,还可以尝试和他一起围着桌子或椅子踏步走。

温馨提示：允许宝宝用自己的方式跟随音乐舞动，充分地感受随音乐起舞的快乐。

(二)精细动作发展

1. 可以用比较粗的绳子将大孔珠子穿起来，手眼初步协调；
2. 能将5块积木叠成塔；
3. 翻厚纸板书页，能一次翻一页；
4. 能剥开糖果的包装纸；
5. 能连续画圆圈；
6. 能照示范画横线；
7. 能拉下拉链；
8. 能将三角形积木嵌入相应形状的洞内；
9. 会自己擦鼻涕；
10. 逐渐熟练用勺吃饭；
11. 在成人启发下会用积木搭成简单的形状。

家庭参考游戏：快乐撕撕撕

游戏目的：锻炼手部小肌肉，提高手指的灵活性。

游戏准备：餐巾纸、卫生纸、彩纸。

游戏过程：

Step1：将各种纸放在宝宝的面前，家长先进行示范，边撕纸边念儿歌："撕开了，撕开了，撕成长长的面条喽！一根、两根、三根……"

Step2：家长握住宝宝的双手，帮助宝宝完成撕的动作，注意宝宝的左右手配合。在宝宝有意识地撕纸后，家长可以放手，让宝宝自行去撕。

温馨提示：这个年龄的宝宝会用手触碰自己感兴趣的东西，能用拇指和食指捡起小物体，手部小肌肉开始发展。注意在游戏结束后，家长应与宝宝一起将散落在地上的纸片投入垃圾桶内，从小培养宝宝爱护环境、讲卫生的习惯。

(三)言语发展

1. 宝宝大约在一岁半至2岁时，开始说出由双词或三词组合的简单句，例如"妈妈鞋""妈妈再见""没有了""拿来"等。此时家长要避免用幼儿的语言与宝宝讲话，而应用规范语言，以促进宝宝语言能力的提高。
2. 能回答"这是什么"。
3. 会说"谢谢"。
4. 会在他人耳边说悄悄话。

家庭参考游戏:打电话

游戏目的:测试宝宝的语言能力;用游戏诱导宝宝说话,并提高其语言能力;开发宝宝的语言智能。

游戏准备:手机模型(或两块长方形积木),轻松、欢快的氛围,轻松、柔和的音乐。

游戏过程:

Step1:妈妈给家人打电话引出主题。

Step2:让宝宝拿手机模型(或一块长方形的积木)学大人打电话。

Step3:家长也拿一块手机模型(或长方形的积木)放在耳边,说:"喂,你是谁呀?"宝宝回答:"我是……"家长说:"我要去买菜了,你去不去呀?"宝宝回答:"我也去!"

Step4:家长让宝宝把手机模型(或积木)放在口袋里,结束游戏。

温馨提示:打电话是用游戏的方式诱导宝宝开口说话,从一岁半起可以一直玩到3岁,到宝宝完全会主动说话为止。这个游戏一定先由家长开始,因为宝宝还不太会说话。等到宝宝的语言越来越丰富,可以由宝宝主动开始游戏,家长千万不要嫌麻烦,应随时把话题引到宝宝陌生的领域,开阔他的语言范围,促进其语言发展。

(四)认知发展

1. 能从照片中认出自己;
2. 能将物品分类(按颜色、形状等);
3. 想象力越来越丰富;
4. 会独自玩简单的游戏,比如会抱着玩具娃娃拍拍;
5. 宝宝有了一定的概括和推理能力,比如会区别"阿姨"和"姐姐";
6. 注意力能维持5~8分钟。

家庭参考游戏:翻跟头

游戏目的:提高宝宝的本体觉和前庭平衡。

游戏准备:柔软的垫子。

游戏过程:

Step1:让宝宝蹲在垫子上,双手放于地面,低头。

Step2:引导宝宝双腿慢慢起立,头顶触到垫子,家长双手扶着宝宝的腰。

Step3:家长发出口令,随即帮助宝宝向前翻。

温馨提示:做这个游戏的时候,动作要缓慢、轻柔,一定要注意宝宝的头部不要抬起,身体不要前倾,以免伤到宝宝的脖颈。

(五)情感与社会性发展

1. 开始对处于弱势的人表示出同情;
2. 开始产生羞愧、自豪、骄傲、内疚、同情等复杂的社会性情感;
3. 会模仿家长做家务。

家庭参考游戏:下彩虹雨了

游戏目的:让宝宝认识下雪、下雨等自然现象;通过游戏增强宝宝的控制感,提高自我效能感。

游戏准备:提前将不同颜色的彩纸撕成细纸条,在纸条下方粘上少许橡皮泥。

游戏过程:

Step1:家长示范将不同颜色的纸条往上抛,引起宝宝的兴趣。

Step2:家长可握住宝宝的手,教其捏住彩纸一端往上抛。

Step3:鼓励宝宝自己抛纸条,边抛边说:"下彩虹雨咯,下彩虹雨咯!"

三、育儿关键期

排便训练

宝宝 18 个月后,大脑神经系统逐步成熟,可以在成人的帮助下学习控制大小便。宝宝能将自己的裤子拉上和拉下;能模仿父母的动作,显出对控制大小便的兴趣;会说不,显现出独立意识。最重要的是,宝宝的生理已经发育到一定水平,这时可以帮助宝宝进行排便训练。训练宝宝如厕,不能着急,一般要在宝宝的神经系统和括约肌发育完善的基础上, 在宝宝生理和心理上都准备好了之后才能进行。当宝宝出现以下情形时,爸爸妈妈就可以开始考虑对宝宝进行如厕训练了:

1. 宝宝想尿尿或大便时,不仅像小时候一样会出现身体反应,而且会通过语言或身体语言(如蹲下)告诉爸爸妈妈;

2. 宝宝开始关注大小便，并对成人如何进行大小便感兴趣，或开始模仿成人大小便；

3. 宝宝不排斥使用固定或指定的器具进行大小便等。

训练应先从大便开始，可配合使用下列技巧：

1. 将适用于宝宝的坐便器放在其日常活动场所附近，告诉宝宝什么时候使用它，或当着宝宝的面将尿布上的屎抖入坐便器，以便让宝宝明白坐便器的用途。

2. 开始几天让宝宝穿着纸尿裤坐在坐便器上面，当宝宝习惯后，再试着抽去纸尿裤。

3. 根据观察到的迹象提醒宝宝是否有便意，例如：宝宝脸部现出怪相或宝宝摆出大便的姿势等。

4. 待宝宝一日内能数次主动使用坐便器时，可逐渐撤去纸尿裤。

5. 可给宝宝穿能自己随意脱下、拉上的裤子。

6. 睡前和醒后应提醒宝宝上厕所。

7. 睡眠时大小便控制的训练可以晚一年开始，当然也可以同期进行。

需要注意的是，父母不要迫于外界压力而强制宝宝接受训练，如果父母对宝宝未能摆脱纸尿裤感到焦虑的话，这种情绪也会影响宝宝，有时还会引起宝宝括约肌功能失调以及便秘，妨碍训练的正常进行。如果宝宝不配合，可以等待数月后再试验。

四、营养与护理

断奶准备

宝宝断奶是值得庆祝的事情，断奶意味着宝宝成功过渡到另一个阶段，如同果子成熟，该离开树枝了。如果因为一些客观原因，宝宝和妈妈不能坚持到自然离乳，无奈选择断奶，我们要用温和的方式帮助宝宝度过这段时间。断奶前要做好以下准备：

1. 饮食的衔接。首先宝宝已经在一定程度上接受配方奶粉了，此时再以奶粉逐渐取代母乳。其次，准备宝宝喜欢的食物，并把宝宝喜欢的食物通过变换花样呈现，将宝宝的饮食兴趣逐渐转移到饭菜上去。

严重依赖夜奶的宝宝很难断奶成功。从宝宝6~10个月开始即可以断夜奶，逐渐减少夜奶次数，夜里0~6点尽量不喂奶。

2. 接受多种安抚形式。尽可能让宝宝接受奶睡之外的其他安抚方式，如轻拍、抚摸、唱歌、抱睡等。

3. 要准备一些健康的回奶食品，如回奶茶、炒麦芽等。

4. 断奶前，妈妈也需要提前做好断奶的思想准备。可以适当减少妈妈照料宝宝的时间，给宝宝一个心理上的适应过程，逐渐让宝宝断奶。

五、疾病与预防

急性感染性喉炎

急性感染性喉炎是喉部黏膜急性弥漫性炎症，多发于冬春季节，常见于婴幼儿。本病可由病毒或细菌感染引起，也可并发于麻疹、百日咳和流行性感冒等传染病。由于小儿喉部属于呼吸道中最狭窄部位，所以当发生炎症时易充血、水肿而出现喉部梗阻。

急性感染性喉炎起病急，症状重，可有发热、犬吠样咳嗽、声嘶、鸡鸣样回声等。严重时可表现出发绀、烦躁不安、面色苍白、心率加快等现象。幼儿咽部充血、水肿等症状，一般白天较轻，夜间入睡后加重，喉梗阻者若不及时抢救，可致窒息死亡。急性感染性喉炎治疗的关键是尽早发现就医治疗。

六、育儿百宝箱

（一）如何解决婴幼儿说话重复的问题

大多数孩子在2岁左右会有一个习惯，那就是他们会像一台“复读机”一样重复着大人说的话，有时甚至会模仿大人说的脏话，其实宝宝的这个行为只是阶段性的。2岁左右，宝宝进入模仿学习的敏感期，强烈的好奇心和日益增强的模仿能力驱使宝宝不断地想要探索新鲜的事物。那么，面对宝宝这种模仿、重复大人语言的行为，家长该怎样做呢？

1. 不阻止，不干涉。孩子不分场合地重复、模仿大人的语言，虽然有时候会令家长陷入尴尬的境地，但不要因此去干涉，强迫孩子停止模仿。我们知道，模仿、重复是孩子学习语言的一种方式，如果家长强制阻止又不加以引导，只会让孩子变得不敢开口说，错过语言发展的关键期，致使孩子变得不懂得表达自己，性格内向胆小。

2. 家长的日常用语应简明准确。既然我们鼓励孩子去模仿、重复大人的语言，家长就应该做好孩子“第一任教师”的工作，注意日常用语的简明准确。

3. 培养宝宝文明的语言习惯。在孩子学习说话的阶段，家庭的语言环境是十分关键的，家长有时无意说一句脏话，孩子觉得很有意思，就会加以模仿。孩子不太能够区分什么话该说，什么话不该说，也不知道为什么不能说这些脏话。如果家长不想孩子满嘴脏话，在孩子面前就要注意文明用语。家长可以在孩子学习语言时有意识地培养孩子的说话技巧，家长在和他人沟通交流时多使用敬语，礼貌待人，让孩子观察学习，耳濡目染，培养孩子文明的语言习惯，这样你的宝宝将更加惹人喜爱！

（二）宝宝身体发育得挺好，还需要补钙吗

钙和维生素D是小儿生长发育过程中必须补充的，一般在出生两周后就应该开始每天补充。维生素D的主要功能是促进肠道钙、磷的吸收，促进骨中钙、磷代谢。如果维生素D缺乏，就会导致体内钙、磷代谢异常，从而导致骨骼改变或畸形。

婴幼儿处于生长发育的高峰期，对维生素D和钙剂的需求较高，如不及时补充，就会导致维生素D缺乏，骨的钙化过程受阻，从而发生维生素D缺乏性佝偻病。除了让婴幼儿补充适量维生素D和钙剂外，还要经常带宝宝到户外活动，多接受阳光中紫外线的照射。

（三）宝宝胃口不好，应该怎样调理

宝宝胃口不好，的确是很让家长苦恼的问题。应该怎样调理宝宝的胃口呢？首先，应该寻找宝宝不爱吃饭的原因。小儿厌食的原因很多，如喂养不当、饮食习惯不良、消化吸收障碍以及锌缺乏等，都会导致宝宝厌食。对厌食的宝宝，要先从喂养方法和饮食结构方面入手。不要经常给宝宝吃零食，也不宜吃热量太高的食品，如巧克力、汉堡、炸鸡等，尽量少吃甜食，少喝含糖多的饮料。喂养上，注意让宝宝多吃蔬菜和水果，多喝水，多运动。如果宝宝厌食属于消化吸收功能障碍，要及早就医。

（四）宝宝2岁了，会不会再患麻疹

麻疹是由麻疹病毒引起的急性呼吸道传染病，通常在1~5岁的小儿中发病率最高。麻疹的传染性很强，患者是唯一的传染源。麻疹病毒存在于患者的眼结膜、鼻、口、咽和气管等的分泌物中，主要通过喷嚏、咳嗽、说话等飞沫传播。没有患过麻疹和未接种过麻疹减毒活疫苗的小儿，均为麻疹易感儿。易感儿接触患者后，其中90%以上均可能发病。一般来讲，患过麻疹的人，很少再患麻疹。

1岁7个月

一、身体发展指标

	男孩	女孩
体重	9.2 ~ 14.6 千克	8.6 ~ 13.8 千克
身高	77.1 ~ 91.6 厘米	75.7 ~ 90.2 厘米
头围	45.2 ~ 50.7 厘米	44.1 ~ 49.6 厘米
胸围	46.8 ~ 48.2 厘米	

二、心理发展指标

(一)粗大动作发展

1. 会蹲着玩，且不扶东西能从蹲姿转换为站姿，或从站姿转换至蹲姿，皆能控制自如，不会跌倒。能从台阶、小凳子等高处跳下来，并稳稳站定。

2. 原地跳跃，能双脚同时离地。

3. 当物品被移动到视线以外时能找到。

家庭参考游戏：跟着家长一起走

游戏目的：锻炼宝宝的手部肌肉，锻炼宝宝的抓握能力；培养宝宝的节奏感；锻炼宝宝的腿部肌肉，增强其腿部力量，提高宝宝行走的能力。

游戏准备：不同色彩的围巾和轻快的音乐。

游戏过程：

Step1：家长与宝宝面对面站立。

Step2：家长拿出两条围巾，让宝宝的两只手分别抓住围巾的一端，家长抓住围巾的另一端。

Step3：家长随着音乐的节奏拉动围巾，让宝宝跟着家长的步伐向不同方向行走。

温馨提示：家长需要注意，拉动围巾的时候动作要轻，以免宝宝摔倒。

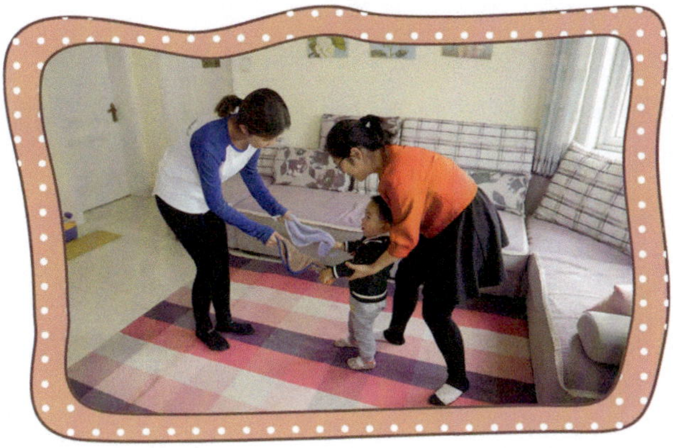

家庭参考游戏：走斜坡

游戏目的：让宝宝体验上下坡时身体和视觉的变化，开发宝宝的肢体运动智能和视觉空间智能。

游戏准备：长木板和木块。

游戏过程：

Step1：用长木板和木块制造一个斜坡。

Step2：鼓励宝宝走上和走下斜坡。

Step3：跟宝宝交流走斜坡的感受。

拓展方法：改变斜坡的高度，也可将游戏场所移到室外，让宝宝的视觉空间更加宽广。

温馨提示：游戏过程中要注意保证宝宝的安全，不要让长木板在行走时发生侧翻。

（二）精细动作发展

1. 能将六七块积木叠成塔；
2. 能依照样本画直线和圆形；
3. 能脱下没扣扣子的外套；

4. 能将圆形、三角形、正方形积木放入积木盒相应形状的孔洞内。

家庭参考游戏:小积木钻洞洞

游戏目的:帮助宝宝认识各种图形。

游戏准备:积木若干。

游戏过程:

Step1:将一些图形简单的积木放在宝宝可以够到的地方,让宝宝能够自行拿取。

Step2:给宝宝示范如何把积木放到相同形状的孔中。

Step3:鼓励宝宝按照形状把积木放入相同形状的孔中。

温馨提示:这是一个需要耐心和恒心的游戏,最初要多鼓励宝宝进行尝试,让宝宝发现游戏的乐趣。

家庭参考游戏:倒米倒水

游戏目的:提高宝宝的手眼协调能力;测定宝宝手眼协调的程度;促进宝宝精细运动智能的发展。

游戏准备:套碗六个、塑料布一块、半罐大米、一瓶水。

游戏过程:

Step1:将塑料布铺到桌子上,将套碗摆放好,然后拿一个有斜出口的罐子装上半罐大米。家长小心地把罐里的米依次倒进套碗中,尽量不要让米撒漏到碗的外面。让宝宝自己操作,看宝宝是否能把米倒进套碗里,有无撒漏。

Step2:让宝宝练习用瓶子把水倒进套碗里,不发生洒漏。

温馨提示:对于2岁前的宝宝而言,要完成以上游戏,需要经过多次练习。

(三)言语发展

1. 一般能说20~30个词语;

2. 语言能力强的宝宝词汇量已超过70个。

家庭参考游戏:再见

游戏目的:让宝宝学会表达情感,知道见面与离开时需要用不同的表达方式。

游戏过程:

Step1:家长举起右手,不断挥动,让宝宝学习“再见”的动作。

Step2:家长离开的时候,鼓励宝宝一起挥手,用动作表示“再见”。家长可边挥手边说“再见”。渐渐地,宝宝开始用自己所学的动作来表达内心情感,并通过同样的动作表达自己的意愿和要求。

温馨提示:2岁以内的宝宝还不懂得如何正确地表达自己的需求,家长应该正确引导。

家庭参考游戏：撕一撕

游戏目的：培养宝宝对形状的认知，发展宝宝动手操作的能力。

游戏准备：纸和各种形状的卡片。

游戏过程：

Step1：带宝宝观察各种形状的卡片，引导、鼓励宝宝说出各个形状的特点。

Step2：跟宝宝一起尝试用纸撕出刚才辨认出的各种形状。

温馨提示：家长应多鼓励宝宝尝试用纸撕出不同的形状。

（四）认知发展

1. 看绘本或外出时，能按要求指认物品；
2. 能根据形状将物品分类，比如将圆形、正方形、三角形积木归类；
3. 能玩功能性游戏；
4. 能根据性别、种族、头发的颜色等区分自己和他人；
5. 理解“丢球”“亲亲娃娃”等句子的意思；
6. 开始学着自己看图画书、讲故事；
7. 懂得表示要大小便；
8. 能集中注意力 8~10 分钟。

家庭参考游戏：自制音乐瓶

游戏目的：初步感知散响乐器，探索发声原理。

游戏准备：黄豆或绿豆，一个塑料瓶。

游戏过程：

Step1：请宝宝把豆子放进塑料瓶里，拧紧瓶盖。

Step2：引导宝宝摇动瓶子或把瓶子滚送给家长。

Step3：和宝宝谈论他弄出来的声音。

温馨提示：游戏过程中，要防止宝宝把豆子吃掉，或者塞入身体的器官造成危险。

家庭参考游戏：数五官

游戏目的：引导宝宝认识自己的五官，能对着镜子数清自己的五官。

游戏准备：一面大镜子。

游戏过程：

Step1：准备一面可以让宝宝看到自己五官的大镜子。

Step2：家长和宝宝一起站在镜子前，引导宝宝指出自己的眉毛、眼睛、鼻子、耳朵、嘴巴。

拓展方法：引导宝宝用数字对应五官，并能主动发起游戏。

温馨提示:防止镜子摔碎伤到宝宝。不要在宝宝睡前进行这个游戏,以免影响宝宝的睡眠。

(五)情感与社会性发展

1. 特别喜欢自作主张,越来越抗拒大人的管束。
2. 有的宝宝特别缠人,总得有人陪着才行;有的宝宝表现出逞强好斗的个性,会出现打人、推人、咬人等各种不良行为。
3. 有了幽默感,比如当家长故意把长颈鹿叫作斑马,把鼻子叫作嘴巴,宝宝就会因此而开心地大笑。
4. 有了自己害怕的东西,如大灰狼、妖怪等。
5. 能够帮助家长做简单家务事。
6. 开始出现延迟模仿。

家庭参考游戏:我是小家长

游戏目的:促进宝宝人际智能的发展和肢体的协调性发展。

游戏准备:塑料的小碗、筷子、小杯子、小勺子。

游戏过程:

Step1:家长引导宝宝认识杯子、勺子、碗、筷子,了解它们的作用。

Step2:鼓励宝宝学着家长的样子和家长一起整理碗、筷、杯子、勺子。

温馨提示:不管宝宝整理得是否整洁,家长都要赞扬宝宝帮助分担家务的行为。

家庭参考游戏:喂小狗吃饭

游戏目的:在角色扮演中培养宝宝的爱心,同时了解基本的数量。

游戏准备:一个废弃纸箱、不同颜色的彩笔若干、一把剪刀。

游戏过程:

Step1:在废弃纸箱上画一张小狗的脸,把小狗的嘴巴挖空。

Step2:用纸板剪出几个骨头形状。

Step3:引导宝宝把骨头形状的纸板扔进小狗的“嘴巴”里,边扔边数数,最后说说小狗一共“吃”了多少根“骨头”。

温馨提示:引导宝宝从纸箱里取出“骨头”,以便下次使用。

三、育儿关键期

(一)独立性

这个时期,宝宝能双手扶着栏杆上下楼,能控制跑的动作,能有意识地绕开障碍物；会踢球，扔球的动作更加灵活；会向前、向侧和向后走路；坐在地上会把球滚向对方，并能接住滚回来的球；能搭 5~7 块积木；会倾倒容器内的物体，再将物体装入容器；会正确使用勺子；会根据颜色匹配物品，能将三角形、圆形、方形放入相应形状的孔内。进入语言发展加速期，能将 2~3 个词组合起来，会用简单的短语表达自己的需要；有时会创造出莫名其妙的新词和古怪的句式。形成了初级的自我意识，能够正确地使用人称代词“我”；知道哪些东西是自己的，哪些不是；能够准确地说出自己的名字、性别；非常重视自己的物品，常要求与其他东西分开保存。

幼教专家指出，生存教育的根本在于培养孩子的独立性，包括独立意识和独立能力，重点在于培养孩子自理生活的能力。独立性的培养必须从小抓起。

这个年龄的宝宝随着各方面能力的增强，表现出强烈的独立要求，宝宝有了更多的主动表现和自我主张，对成人的依赖性减小了，表现为做什么事情都要自己来，而不要成人的帮助。例如，当妈妈给宝宝穿衣服时，宝宝会说：“我自己穿。”带他出去玩时，他不要大人的搀扶，要自己走。由于孩子有了独立的要求，因而会表现出对父母要求的抗拒，甚至同大人作对。但这时期的宝宝对自己的行为没有正确的判断能力，虽然他有了自己的主张，但还需要父母的引导和帮助，不能一味地限制或顺从。应该利用宝宝心理上要求独立的特点，培养他的独立性，自己照顾自己的能力。如锻炼他自己吃饭、洗手、洗脸、穿脱简单衣服等。对宝宝来说，这些劳动是自我能力的体现，他参与了，尽管完成得不好，他也会很自豪，认为自己是个有用的人，从而建立起自信心。家长若不给宝宝提供机会，什么都不让他去做，就会限制宝宝独立性的发展，加深宝宝的依赖性。心理学家指出：当幼儿独立活动的要求得到某种满足或受到成人支持时，幼儿就表现出得意、高兴，出现自尊、自豪等最初的自我肯定的情感和态度，否则就会出现否定的情感和态度。因此，我们必须十分珍惜幼儿的自我独立性意向，给予热情的鼓励和支持。

(二)直觉行动思维

这一年龄阶段的宝宝最突出的进步是出现了"直觉行动思维"。直觉行动思维的主要特点是:思维要伴随着动作和感知进行,离开了对具体事物的直接感知和儿童自己的动作,思维活动也随之停止。如宝宝离开玩具,就不会游戏。直觉行动思维产生的标志是宝宝开始能够在偶然的动作中发现新的解决问题的方法,开始探索达到某一目的的新手段。比如,将一个玩具放在桌子上,宝宝够不到,他就会尝试用各种方法去够。偶然一次,当宝宝抓到桌布一角时,发现桌布动了,桌子上的玩具也跟着动了,即两者之间的运动存在一致性。于是宝宝通过拉动桌布,拿到桌子上的玩具。从这一例子可知,宝宝发现拉桌布玩具会动是十分偶然的,但这一偶然的发现激发了宝宝的兴趣。宝宝通过不断尝试,最终发现了解决问题的方法,这标志着宝宝直觉行动思维的产生与初步发展。

这个年龄的宝宝能够通过双手触摸去了解事物的大致属性,对事物的形象也有一定的知觉。宝宝的记忆时间进一步延长,可以回忆起以前学过的动作、语言等,能回忆起十几天前的事。父母要继续开发宝宝的感知力与语言能力,以促进宝宝的整体发展。为了培养宝宝的认识能力,家长要让宝宝充分接触各种事物,让宝宝尽情地摆弄、抚摸、欣赏不同形状、不同质地、不同颜色的物品,从而对事物的属性,如软、硬、冷、热、光滑、粗糙及颜色、形状等有一个大致的认识,并逐步体验到不同事物之间的关系。

(三)善解人意

心理学把善解人意分解为三个方面:有理解别人的愿望,有理解别人的能力,做出良性的反应。

善解人意作为一种优良的心理素质,在协调社会人际关系和家庭生活中起着举足轻重的作用。怎样才能让孩子变得善解人意呢?父母可以从以下几个方面入手。

1. 正确对待孩子的任性

每个孩子都会经历从"自我中心"到"去自我中心"的心理历程。学龄前的孩子往往会表现出"自私""任性"和"不讲理"。因此任性心理作为孩子心理发展的一个必经阶段,父母应给予充分的尊重和理解。如3岁的孩子非要拥有和别的小朋友一样的玩具,离开妈妈会哭闹,这都是由孩子心理发展过程中的"自我中心"和"依恋"心理所造成的。因此,父母在此阶段不应简单地否定孩子,批评孩子。

2. 帮孩子建立理解别人的愿望

要让孩子懂得人与人之间需要互相理解、关心和体贴。在爱孩子的同时，要让他知道别人也同样需要他的爱。

3. 帮助孩子分析事理

父母可借助生活中的点点滴滴让孩子明白，每个大人都有自己非常重要的事情要去完成，当这些事情和孩子的需要有冲突的时候，孩子也应当学会谅解。孩子经常提出一些在大人看来“过分”的要求，如果孩子的要求是合理的，父母应履行职责，满足孩子的需要；如果孩子提出的要求不太合理，父母可以暂时采取“冷处理”的方法，大多数孩子最终会放弃要求。

四、营养与护理

(一)饮食营养

随着宝宝的成长，很多父母会有这样的疑问：“别人家的孩子和自己家孩子差不多大，可是人家孩子又高又胖，我家孩子不见长分量，是不是孩子吃得少？”继如何母乳喂养之后，父母们再次陷入辅食如何喂养的混沌之中。其实每个宝宝都是不同的，生长节奏不同，奶量和辅食量也有差别。只要营养均衡，顺应喂养，宝宝就会自然生长。

什么是顺应喂养呢？父母要准备好营养均衡且美味可口的食物，以及合适的就餐环境，并依据宝宝的需求及时提供。宝宝要做的就是选择吃什么、吃多少。又有家长会问：“宝宝那么小，他怎么知道饱不饱？”别看宝宝小，他对饥饱也有感知力，会通过哭、手势、表情甚至语言表达自己。看护人要学会捕捉孩子的信号，既不能宠溺，又要及时满足宝宝的需求。

(二)护理与保健

- 找到适合宝宝的“睡前仪式”

宝宝越放松，就越容易快速入睡，家长要帮助宝宝选择并形成固定的睡前程序，使宝宝放松下来，尽快入睡。

(1)泡泡浴

坐在温暖的水里浸洗而非快速淋浴，会使宝宝感到平静，这是让他放松的好办法。

(2)互道晚安

很多宝宝睡觉前都喜欢在家里转一转，跟他最喜欢的玩具、家人道晚安。父母要配合宝宝，同时控制好时间，不宜玩太久。

(3)亲子阅读

最受欢迎也是比较好操作的睡前程序是为宝宝读睡前故事。通过睡前故事可以让宝宝的注意力转移到温暖的卧室，还可以享受惬意的亲子时光。当然,也需要控制读书的时间,可事先和宝宝讲好读几个故事或几本书。

(4)睡前音乐

宝宝睡觉前可以放一些他喜欢的音乐,切忌放过于激烈的音乐。父母离开时,也别马上关掉音乐,这能帮助宝宝从清醒状态过渡到睡眠状态。父母要帮助宝宝建立良好的睡眠习惯,而不是依靠一些特殊的声音或其他花招。

五、疾病与预防

维生素A缺乏症

维生素A缺乏症是指机体任何程度的维生素A不足的表现，是婴幼儿最常见的营养问题。维生素A的主要来源包括动物性食物(乳类、动物内脏、蛋类)和植物性食物(深色蔬菜和水果)。

维生素A缺乏的主要病因为消化吸收障碍。由于维生素A是一种脂溶性维生素,膳食中的脂肪摄入不足会降低维生素A的吸收率。所以膳食中脂肪含量过低或患有各类消化系统疾病时,均可影响维生素A的消化和吸收。

维生素A缺乏的具体表现:①眼部问题。结膜、角膜干燥、缺乏光泽,眼泪少,夜间或光线不足情况下严重的视物不清。②皮肤问题。皮肤干燥、粗糙、瘙痒、汗液分泌少、易脱屑,毛发干燥、无光泽、容易脱落。③身体免疫力低下。消化道和呼吸道反复感染,并且久治不愈。

应重视维生素A缺乏症的预防，婴幼儿合理膳食和健康的生活习惯是防止此病发生的有效途径。对于患病幼儿,应尽早补充维生素A制剂,并及时治疗引起维生素A缺乏的原发性疾病。

六、育儿百宝箱

选择合适的绘本，提高亲子共读的质量

处于不同年龄段的孩子，智力和心理发展存在较大的差异，阅读读物的难易程度也有所不同。1岁的宝宝，可以给他们准备一些色彩清晰，内容着重于日常生活经验，或描述他所熟悉的事物的图画书或画片；2岁的宝宝，可以为他们选择画面清楚，色彩明朗，造型大而简单的看图辨物之类的图书，内容接近日常生活，题材最好能引起亲子间的对话；对于3岁的宝宝，由于这个时候他们开始对儿歌、韵文感兴趣，因此，妈妈可以选择一些措辞简单，易于吟诵的读物。

绘本是最适合孩子的读物，那么父母怎样带领宝宝做到高质量的亲子共读呢？

第一，父母要提前阅读绘本，先了解绘本的故事和画风，这样当孩子提出各种问题时父母才有准备。

第二，激发孩子的阅读兴趣。比如问孩子："你还想读大熊猫的故事吗？我们要不要去向管理员咨询一下？"

第三，适时提问。比如："猜猜接下来会发生什么？""那本书让你觉得开心吗？""为什么你还想再读？"

第四，适时鼓励。父母可以耐心地陪伴孩子重复阅读某个绘本里的故事，在孩子勇于表达或独立思考等方面要及时鼓励，鼓励时具体到他的某个动作或努力的程度上。

第五，将故事和个人经历联系起来。例如，之前带孩子去过动物园，正好能和绘本里的故事联系起来。

第六，鼓励复述或表演、创编。复述是孩子的记忆力及语言表达力的表现，如："你可以给泰迪熊讲讲那个故事吗？"创编则是孩子想象力的表现。

第七，让孩子成为主角。父母在读绘本时可以灵活地将绘本的主人公换成孩子的名字，和孩子最爱的角色互动，假装和他们说话，让孩子感觉身临其境！

对于宝宝来说，阅读最根本的目的就是让他们从中获得单纯的快乐，体味到阅读的幸福，并促使阅读逐渐成为孩子的一种生活方式和习惯。

1岁10个月

一、身体发展指标

	男孩	女孩
体重	9.7～15.2 千克	9.1～14.5 千克
身高	79.4～94.4 厘米	78.3～93.0 厘米
头围	45.7～51.1 厘米	44.6～50.0 厘米
胸围	47.2～48.9 厘米	

二、心理发展指标

（一）粗大动作发展

1. 能自如地上下楼梯；
2. 能自如地向前踢球；
3. 不用扶倚靠物，也可单脚平稳站立约 1 秒钟；
4. 能踏动脚踏三轮车。

家庭参考游戏：金鸡独立

游戏目的：让宝宝体验单脚站立时身体的变化。

游戏准备：柔软的垫子。

游戏过程：

Step1：家长和宝宝面对面站在软垫上，家长抬起一只脚，对宝宝说："金鸡独立。"

Step2：引导宝宝模仿单脚站立的动作。

Step3：如果宝宝不理解，或单脚站立有困难，家长可用手扶着宝宝，帮他完成这个动作。

拓展方法：可以让宝宝抱一些小东西，然后单脚站立。

温馨提示：清理周围物品，看管好宝宝，避免宝宝摔倒时磕碰到尖锐物体。

家庭参考游戏：滚珠画

游戏目的：感知颜色的变化，体验美术活动的乐趣。

游戏准备：白纸、颜料、玻璃球、透明食品盒。

游戏过程：

Step1：家长带宝宝坐到桌前，家长介绍桌面上的各色颜料，引导宝宝注意已放入各颜料碗里的玻璃球。

Step2：家长演示滚珠画的操作步骤：将一张白纸放入食品盒底，将玻璃球从颜料碗取出放入食品盒内。再将盒盖盖紧，双手扶着盒两边进行摇晃。最后将盒盖打开，让宝宝观察白纸的变化。再换另一粒其他颜料碗里的玻璃球，按以上方法进行摇晃，打开盒盖，观察美丽的画纸。

Step3：家长与宝宝一起制作滚珠画。

温馨提示：不要把各色颜料混在一起，注意引导宝宝观察白纸的变化，引发宝宝的操作兴趣。游戏过程中注重言语的提示。

（二）精细动作发展

1. 能将8块积木叠成塔；
2. 能独立穿上没有鞋带的鞋子；
3. 能独立洗手并擦干。

家庭参考游戏：做条项链送妈妈

游戏目的：发展双手协调工作的能力和手眼协调能力。

游戏准备：吸管数根、硬的塑料绳一根。

游戏过程：

Step1：将吸管剪成2~3厘米的小段，装入一个塑料盒中。

Step2：在塑料绳末端打个活结，手拿塑料绳另一端对准吸管的口穿进去。

Step3：将做好的“项链”戴在妈妈的脖子上。

温馨提示：游戏过程中防止宝宝吞食塑料管；宝宝感兴趣后可选择更细的管子、更软的绳子，增加游戏难度。

家庭参考游戏：画本上涂鸦

游戏目的：锻炼宝宝的动手能力。

游戏准备：美术本、蜡笔。

游戏过程：

Step1：准备一个美术本，精心装饰封面，制作成宝宝的画册。

Step2：让宝宝在画册上随意涂画。

Step3：问问宝宝画的是什么，夸一夸宝宝。

温馨提示：鼓励宝宝自由创作，尊重宝宝的创作能力。这一时期的涂鸦也是宝宝成长过程中的珍贵印记。

（三）言语发展

1. 能迅速说出自己熟悉的物品名称；
2. 会说自己的名字；
3. 会说简单的句子，且有音调变化；
4. 能够复述一件事；
5. 看图片时，能正确地说出图片中所画物体的名称；
6. 能背几句儿歌，唱一些简单的歌曲。

家庭参考游戏：反复反复我喜爱

游戏目的：培养宝宝对书和文字的兴趣。

游戏准备：一本图画书。

游戏过程：

Step1：给宝宝准备一本图画书，每天要重复地读这本书。

Step2：在读书的时候可以抱着宝宝，边读边进行情感交流，注意不要只读文字，可以指着图片的内容进行提问或解释，如："看，小猫在干什么？""看，小猫在睡觉！"

Step3：书的内容不用太复杂，反复读给宝宝听，直到宝宝能完全记住书中的内容，提高宝宝的记忆能力。

拓展方法：可以选择有贴纸游戏的图画书，以提高宝宝的阅读兴趣，并锻炼宝宝的手指灵活度。

温馨提示：家长给宝宝读书时，如果宝宝做出反应或回答问题，家长要多多夸赞宝宝，让宝宝对读书产生兴趣。

家庭参考游戏：一起玩数字游戏

游戏目的：为开发宝宝智力打下基础，加深宝宝对数字的理解，引发宝宝对数字的兴趣。

游戏准备：3 至 5 个形状相同的积木。

游戏过程:

Step1:准备3至5个形状相同的积木,教宝宝数数,从"1"开始。如:"宝宝看,这是一块积木。"与此同时,拿起一块积木。重复几次,拿起相应数量的积木。

Step2:宝宝学会数数之后,家长可随机拿起积木,并让宝宝说出拿了几个。重复游戏,直到宝宝能清楚地说出积木数量。

拓展方法:在熟练掌握数数的基础上,让宝宝理解多和少的概念。

温馨提示:要从简单的数字开始,不宜太过复杂,要多鼓励宝宝。

(四)认知发展

1. 能集中注意力10~12分钟;
2. 能识别混合色(如蓝绿)和近似色(如大红与浅红,深黄与浅黄),但更容易识别基本色(如红、黄、蓝、绿),幼儿对颜色的辨认早于对颜色名称的掌握;
3. 了解简单的位置关系,如上下、内外;
4. 会问"什么""哪里"等问句;
5. 能将物品按颜色或形状归类;
6. 能遵从两个连续的指示,如"先做什么再做什么"。

家庭参考游戏:盒子上的孔

游戏目的:帮助宝宝认识物品形状、大小。

游戏准备:一个废旧纸盒、一个打孔器、玩具若干。

游戏过程:

Step1:在牢固的盒子盖上挖一大一小两个孔。

Step2:给宝宝一些大小不一的玩具,让他把这些玩具从孔洞放入盒子。

拓展方法:家长也可把孔洞做成各种形状,增加游戏的乐趣。

温馨提示:引导宝宝理解大小孔与大小玩具的对应性。

家庭参考游戏:跳进颜色圈

游戏目的:锻炼宝宝腿部力量与跳跃的能力;让宝宝认识红、黄、蓝三种颜色。

游戏准备:欢快的音乐,红色、黄色、蓝色的呼啦圈,红色、黄色、蓝色的卡片。

游戏过程:

Step1:家长拿出颜色卡片,教宝宝认识颜色。

Step2:家长放音乐,并带着宝宝跟随着音乐一起做跳跃动作,随着歌曲的内容变换跳跃动作。

Step3:做完跳跃动作后,家长说出一个颜色,让宝宝跳进相应颜色的呼啦圈内,多次进行。

温馨提示：宝宝熟练后，家长可变换呼啦圈的位置。

（五）情感与社会性发展

1. 和伙伴一起玩社会性游戏，比如捉迷藏；
2. 能在家长的指挥下穿衣服；
3. 有超强的模仿力，开始学习自己思考问题了；
4. 谈话中至少会使用一个代词，如"你""我""他"，会说简单的句子，如"我要吃糖"。

家庭参考游戏：小熊坐悠悠

游戏目的：培养宝宝与人配合的能力和人际交往能力。

游戏准备：一条浴巾、一个玩具熊。

游戏过程：

Step1：家长和宝宝面对面站好，各自用双手拿住浴巾的一端。

Step2：把玩具熊放在浴巾上，两人同时活动浴巾的两个角，使玩具熊在浴巾上滚来滚去，甚至抛起来再接住，但是不可以把玩具熊滚到地上。

Step3：开始时，家长的动作可尽量柔和，动作幅度尽量小些，家长可逐渐带着宝宝加大动作幅度。

Step4：宝宝学会与家长玩以后，就可以同小朋友玩这个游戏了。

温馨提示：开始时最好让宝宝同亲近的人一起玩这个游戏，后面可让宝宝与不同的人玩。

三、育儿关键期

（一）情绪管理

父母总是希望孩子的情绪平静，不会恐惧、伤感和狂怒，能心平气和地以建设性的方式解决问题，遭遇低潮也能乐观地应对，容易理解别人，并与他人建立和保持和谐的人际关系。然而，这种情绪管理的能力，是需要从小培养的。在专家看来，培养孩子情绪管理能力的关键，是认同孩子的情绪。教育孩子管理情绪，首先必须对孩子的情绪有一个基本的了解。愉快、愤怒、悲伤、厌恶、惊讶、恐惧，是孩子的基本情绪。同情、嫉妒、尴尬、自豪、羞愧、内疚，则属于孩子的自我意识情绪。这个时期的孩子，所表达的情绪大多以基本情绪为主。这些基本情绪的表达，既是一种自我释放，也是一种适应环境和达成目标的手段。一岁半至两岁半的孩子，自我意识情绪开始出现，开始有了一定的管理情绪的能力。在帮助孩子管理情绪的过程中，首先不要给情绪设限，不管是好的情绪还是坏的情绪，都应该被认同。承认自己的感觉，才能更好地接纳自己，进而接纳他人。当负面情绪出现的时候，让孩子知道，这些感觉都是很自然的，没有什么不对，也没有什么可耻的。

(二)想象力

这个时期，宝宝就有了较强的想象力，而此时父母讲的故事特别能激发宝宝的想象力。丰富的想象力往往来自联想，许多宝宝可以在父母讲到一个事物时联想到多个与此有关的事物，这就是想象力的开端。从小培养宝宝的想象力，对宝宝以后的成长是非常重要的。父母要为宝宝创造出一个尽可能开放和多元的活动和感知空间，让他们在尽可能大的范围内接触和认识客观事物，产生各种体验。随着宝宝年龄的增长，其大脑功能在不断完善，宝宝的认知能力迅速发展，积累和储存了越来越多的记忆表象。当他们的认知能力发展到一定程度时，就可以把已有的表象迁移到新的情境中去，这就意味着想象的产生。宝宝最初的想象跟记忆有很大关系，基本上是记忆表象的简单迁移。比如有的宝宝看到成人抱着小孩，他便也要去抱布娃娃。有时宝宝会根据事物之间外表的相似性而把事物的形象联系在一起。比如宝宝在搭积木时，会根据自己所搭积木的外形说这是房子、汽车等。因此，父母可以通过培养宝宝的记忆能力，来巩固宝宝对周围事物的认识，促进宝宝想象力的发展。

(三)全脑开发

有些妈妈会烦恼地认为自家宝宝没有别家宝宝聪明，认为是自己的教育方式不对，或是营养跟不上。其实，解决这个问题并不困难。专家告诉我们，宝宝的智力发展和左右脑的均衡发育有着莫大的关系。所以应把握时机，对宝宝的左右脑进行开发，这样才达到事半功倍的效果。可尝试以下方法：

首先，给宝宝适当补充一些能促进大脑发育的营养元素，如DHA。

其次多开展益智游戏，通过科学的训练和学习方法，向宝宝输送精神营养，最大限度地开发孩子的脑部潜能。

最后，妈妈应多参与宝宝的游戏。专家告诉我们，在宝宝玩游戏的同时，妈妈的参与很重要，因为妈妈的爱心和耐心能够给予宝宝安全感，能够很好地诱导宝宝投入游戏当中。

四、营养与护理

(一)饮食营养

• 让宝宝乖乖吃饭的对策

家长希望宝宝能够按时按量吃饭，但宝宝往往不配合。对此，可以尝试以下四种方法：

(1)让宝宝自己用勺吃饭

第一步：让宝宝熟悉勺子。在宝宝的碗里放一些容易压碎的食物，如土豆泥、南瓜、稀饭等，让其拿着勺子在碗里戳着玩儿，这样可以提高宝宝对食物的兴趣。同时鼓励宝宝和家人共同进餐，给宝宝示范怎样用勺子，让宝宝模仿。经过一段时间的训练，宝宝就会知道勺子是一种用餐工具了，为以后用勺子打下基础。

第二步：锻炼宝宝用勺子舀食物。引导宝宝用勺子玩搬食物的游戏，即将食物从一个碗里搬到另外一个碗里，宝宝每成功一次，家长要及时鼓励，这样宝宝也会很开心，自己吃饭的积极性就更高了。

第三步：舀起食物往嘴里送。当宝宝对勺子产生兴趣并能握住勺子时，尝试在宝宝的勺子里装上食物，试着握住宝宝的手一起把勺子里的食物送入宝宝嘴中。也许宝宝会发现：原来这样就能吃到食物了！注意先让宝宝学会用勺子喝汤，等到熟练后，可让宝宝学习用勺子舀固体食物吃。这个时候使用的勺子最好选择半球形的汤勺，这样食物就不容易掉出来。

(2)让宝宝一起来准备食物

家长做饭时，让宝宝做个“小帮手”，让宝宝给家长递东西，或一起择菜。这会让宝宝很期待吃掉自己做的食物，同时对做饭也产生兴趣。

(3)制造愉快的进餐环境

良好的进餐环境对健康饮食习惯的养成有很大帮助。全家人坐在一起进餐，大人不看电视，也不要把玩具放到正在进食的宝宝旁边，不要训斥宝宝。一边吃饭，一边用亲切的语调和宝宝说说话，在他认真吃饭的时候给予肯定。

(4)准备那些足以吸引宝宝注意力的食物

若食物的颜色、形状等足够丰富、好看，就能抓住宝宝的眼球，进而让宝宝爱上吃饭。

(二)护理与保健

● 安全乘坐私家车

很多家长认为乘车时只要保证宝宝的头和手不要伸出窗外就安全了，其实大错特错！带宝宝乘车时有很多安全隐患需要家长知晓并注意。

(1)宝宝一定要坐专门为儿童设计的汽车安全座椅。因为一般的私家车内，安全带都是按照成年人的标准来设计的，不适合身材矮小的儿童，在发生事故的时候，安全带可能会成为宝宝的索命带。

(2)家长切记要按下儿童锁。有些孩子很调皮，在车内不老实，动动这里，戳戳那里，按下儿童锁可以防止宝宝打开某种装置，陷入危险状况。

(3)不要把孩子单独留在车内。夏天天气热，车内更是闷热，所以不要把孩子单独留在车内，以免发生事故。

五、疾病与预防

疱疹性口腔炎

疱疹性口腔炎为单纯疱疹病毒Ⅰ型感染所致，常见于1~3岁小儿，发病无明显季节差异。此病常发于颊黏膜、齿龈、舌、唇内和唇黏膜及邻近口周皮肤。起病时发热可达38℃~40℃。1~2天后，上述各部位及口腔黏膜出现单个或成簇的小疱疹，直径约2毫米，周围有红晕，迅速破溃后形成溃疡，有黄白色纤维素性分泌物覆盖，多个溃疡可融合成不规则的大溃疡，有时累及软腭、舌和咽部。由于疼痛剧烈，患儿可表现出拒食、流涎、烦躁，常因拒食啼哭才被发现。所属淋巴结常肿大和压痛，可持续2~3周。体温在起病3~5天后恢复正常，病程约1~2周。

应让患儿保持口腔清洁，多饮水。食物以微温或凉的流质为宜，避免进食刺激性食物。可在患处涂疱疹净抑制病毒，疼痛严重者可在餐前用2%利多卡因涂抹局部。

六、育儿百宝箱

(一)宝宝睡觉磨牙，是肚子里长蛔虫了吗

民间流传的“夜里磨牙，肚里虫爬”并没有足够的科学依据。因蛔虫引发的夜磨牙，在儿童时期可能会发生，但不能单凭孩子磨牙就吃打虫药，这样可能

会危害孩子健康。磨牙大多是人在睡眠的过程中无意识的上下牙齿彼此磨动或紧咬的行为，主要是为适应上下牙齿的磨合。有的磨牙可能是宝宝出牙阶段的不适造成的，而有的可能是宝宝玩闹过后过度兴奋引起的精神紧张，或长期受父母的责备、批评产生精神压力，或肠胃功能紊乱造成的。如宝宝磨牙严重，应带宝宝就医检查，而不要盲目吃打虫药。

（二）宝宝睡觉爱出汗，如何护理

宝宝睡觉易出汗，需要定时更换枕芯，并选择透气性好、吸水性强的衣物。宝宝出汗后，应及时为其擦干，避免着凉生病。床单、枕头这些贴身的物件，要及时更换，避免滋生细菌，出现过敏现象。汗多的宝宝应经常为其更换吸汗巾。同时还要保证室内温度适宜，一般在24℃左右为佳。为预防宝宝起痱子，建议选择痱子水。保持居室的通风，使空气干爽，适当减少宝宝的穿着，保持皮肤透气和全身干爽，都可以有效预防痱子。宝宝睡前的运动量最好不要过大，因为宝宝的神经系统发育尚未完善，运动量过大，更容易出汗。虽然有的时候是为了哄睡而让宝宝在睡前做了大量的运动，但也要注意及时为其擦汗，避免着凉。

父母心理课堂

——2 岁宝宝专栏

一、孩子玩玩具时总不够专注怎么办?

宝宝玩玩具时总不能专心地玩,一会儿看看这个玩具,一会儿摸摸那个玩具,好容易选了一件玩具,还没等玩,他就没兴趣了,这可怎么办呢?

一般专注力好的孩子,认知能力和精细动作也较好。培养良好的专注力和秩序感有助于增强孩子的逻辑思维能力,对孩子今后分析问题和学习能力的提升具有重要作用。

随着生活条件的提高,宝宝的物质生活也越来越丰富,各种五颜六色、新奇怪异的玩具堆积在宝宝面前,使宝宝无所适从。而很多家长缺少陪孩子一起玩玩具的时间,或者仅仅是拿着手机陪孩子坐着,不能投入地与孩子互动,这种行为模式在很大程度上影响了孩子做事情的专注程度。

第一,家长可以带领宝宝一起整理家中玩具,用不同的收纳盒将玩具分类摆放整齐。

第二,每次给宝宝提供的玩具不要过多,数量一般控制在 3~5 个,并要适合宝宝玩耍。

第三,对宝宝做适当要求。宝宝在家中玩玩具时,应到整洁、安静的固定区域去玩,不玩了,应自己把玩具收好。

第四,在宝宝玩玩具时,家人应放低说话音量。在宝宝独自玩耍时,应给予他独处的空间,家人不要干涉。宝宝希望家人陪伴时,家人应尽可能地关注宝宝,多与他交流。

第五,家长在了解宝宝感兴趣的事物后,可用其吸引宝宝的注意力,延长宝宝的专注时间。如给宝宝讲故事时,用鲜艳的图画书及富于感染力的语言去吸引宝宝的注意。第一次给宝宝讲故事时,故事要短一些,可逐渐延长故事的篇幅。不知不觉中宝宝专注的时间延长了,如此循序渐进,专注力就会逐步提高了。

二、面对孩子的种种需求,怎么培养他的延迟满足能力?

在日常生活中,如果无限制、无条件地满足孩子的所有愿望,会助长孩子“无须努力就能获得"的认知,会使孩子从童年时代起就失去渴望和追求,更不会令他明白真正的幸福只有通过努力才能获得。在日常生活中,当孩子想要什么时,家长可以适当地延迟一下再满足他,那么孩子在等待的过程中就能学会忍耐,他会明白:我需要付出一定的时间、耐心才能得到这个东西。

那怎样培养孩子的延迟满足能力呢?满足孩子合情合理的物质需求,但不要一味地顺从、迁就。比如刚买过一个玩具,孩子还想再买一个,父母就应该延迟孩子满足的时间。对孩子的有些要求,我们可以通过和他讲道理,分散孩子的注意力,帮助其延长等待的时间。当孩子在要某样东西时,延迟的时间要根据东西的大小来把握,不要过分迁就,也不要过度延后。比如孩子要一块糖,东西很小,可以延迟5~10分钟后再给;如果是要一个玩具火车,这个东西比较大,那可以延迟几天。如果上楼时孩子要爸爸妈妈抱着,可以跟他说:"宝宝,你再坚持一下,再上一层妈妈就抱你。"让宝宝学会等待,有助于孩子在未来获得成功。

三、为什么宝宝1岁以后开始爱发脾气了?

很多家长发现,从1岁开始,宝宝的脾气变了,经常哭闹、发脾气、乱抓乱打。其实宝宝的脾气变坏与语言发展有关。这个阶段的宝宝掌握的词汇很少,语言能力的发展还处在萌芽阶段,很多日常话语还不会说,也说不清楚,因此不能很好地表达自己的想法和需要,有时就只能用哭闹、发脾气来表达内心的不满和挫折感。

对此家长不必过于担心,发脾气对于宝宝和家长来说都是一种正常的情绪和情感宣泄。面对宝宝的不安,家长一定要冷静,应认同宝宝的感受,并找出宝宝发脾气的原因,但不能过分迁就宝宝。随着宝宝语言和社会行为的发展,宝宝的这种发脾气现象会逐渐减少。

在宝宝发脾气时,家长可以尝试用以下方法缓解宝宝的情绪:

第一,通过游戏舒缓宝宝的情绪。放一段宝宝喜欢的音乐,让宝宝和你一起跳"摇摆舞"。用你的热烈情绪来感染宝宝,使宝宝忘掉刚才的不快。

第二,给宝宝有趣的东西,转移宝宝的注意力。此时的宝宝,注意力非常容易转移,只要给他有趣的东西,他就会高兴地玩起来,也会忘掉原来的想法和不快。如给宝宝一个他喜爱的玩具,有意识地吸引宝宝的注意力。

第三,父母可用积极的方式帮助宝宝发泄愤怒。如可让宝宝用玩具橡胶槌敲打适宜的地面;可带宝宝到户外散步、跑步或大声喊叫;可让宝宝将沙包、靠垫等物品扔到大箱子中,让宝宝借动作宣泄负面情绪。

此外,家长应及时对宝宝的情绪反应做出应答,让宝宝感到时刻处于家长的关照之中,这对培养宝宝健康的人格大有好处。

四、宝宝 1 岁以后怎么培养独立意识？

经常有妈妈问："我希望孩子能独立一些，但又不想他缺乏安全感，怎么办？"其实这一点儿也不矛盾啊！孩子终将长大，有自己的一方天地。所以，父母既要保护好孩子，又要教孩子具备独立的技能。那怎么教好呢？

第一，顺应孩子天性，让孩子快乐"干活"。很多家长觉得做家务就是让孩子"干活"，是很辛苦的事情，孩子那么小、那么柔弱，有必要吗？等长大了再学呗。其实孩子不是那么想哟！小孩子的天性就是模仿，他们很喜欢观察家长手中在做的事情，并且常在一边跃跃欲试。其实做家务对孩子来说一点儿也不辛苦，只要你给孩子机会，他就会像做游戏一样，很高兴地去做。

第二，帮孩子建立自我意识，培养自信心。1 岁以后的宝宝正在逐步理解"我"的概念，到 2 岁时，他们的自我意识会建立起来，也会争取自己的主权。让孩子参与家务，负担家庭责任，并且在完成后给予他们肯定，能让孩子觉得自己被需要，有成就感，越来越自信。

第三，培养好的生活习惯，帮父母减轻负担。每次吃完饭，让宝宝把自己的餐具从桌子上拿起来，送到厨房给家长。久而久之就养成了宝宝爱干净、及时收拾的生活习惯。

不要小看做家务，我们眼中简单的小事，孩子却要用心观察、开动脑筋，要记住步骤，思考怎样才能顺利完成。例如拿抹布擦桌子，一开始宝宝可能只会把抹布弄湿，后来发现桌子湿湿的，原来抹布要拧干再用，但自己又拧不动，于是向成人求助。在这个过程中，孩子对劳动的步骤进行了思考和学习，又锻炼了语言表达能力。经常做家务也让孩子具备了一些自理能力，为未来上幼儿园作准备。

五、怎么正确看待宝宝的延迟模仿行为？

宝宝到了 16 个月以后，开始出现延迟模仿的行为。例如，看到身边的小伙伴生气时叫喊、打自己脑袋的情景，在这个小朋友离开一小时后，或回到家，就开始模仿这个小朋友的样子，而且把自己逗笑了。一岁半左右的孩子，有时不是直接模仿眼前的事物，而是在事物消失后进行模仿，这就是延迟模仿，延迟的时间最长可达几个月。

模仿是 3 岁前儿童学习的一种重要方式。通过大量的模仿，学习经验，尝试经验。因此，父母的行为举止、语音语调及对食物的喜好都会成为儿童模仿的对象。这对父母来说意义是非常深刻的：你的一言一行、一举一动，不管是有意的行为，还是无意的举动，都会成为孩子模仿的对象，而且还会在某个时间表现出来。应充分利用宝宝的模仿性，培养宝宝良好的行为习惯。

如果善于利用这个年龄段孩子的模仿性，则能使各种良好的行为习惯通过模仿学习而巩固。所以父母要检点自己的行为，为孩子树立良好的榜样，否则，一些不经意的不好的行为细节，常会被孩子模仿，并形成种种不良的行为和习惯。

六、如何帮助宝宝克服害羞心理？

很多家长常常会苦恼：宝宝平时在家里有说有笑，蹦蹦跳跳的，非常活泼，可家里一来客人或一带他出去玩，宝宝就表现得扭扭捏捏，让他喊“叔叔”也不喊，退到家长身后，让家长很没面子。

在孩子性格形成的关键期，家长应该鼓励孩子跨过“害羞”这道影响人际交往的障碍，不妨试试以下的方法：

第一，创造机会让孩子开口。在超市、商场、公园、游乐场等公共场所，家长应引导孩子多开口和陌生人交流。初期，家长应带着宝宝主动和陌生人打招呼、搭讪。宝宝也会在不断观察中模仿家长的行为。当观察到孩子有主动交流的意愿时，家长应陪在孩子身边鼓励他。让孩子学着说，不管孩子说得好不好，声音够不够大，都应该及时鼓励他。交流时，家长应注意引导孩子使用“您”“请”“好吗”等礼貌用语，因为有礼貌的孩子会更受欢迎。

第二，越早自理越好。如果您的孩子太害羞，那么您应该反省一下，是不是在平时的生活中给予了孩子太多的保护呢？

孩子 2 岁后，家长应该尽可能地开始培养他的自理能力，从自己睡觉，到自己如厕，自己挤牙膏，自己刷牙洗脸，自己穿简单的衣服，自己喝水、吃东西，自己收拾玩具等。自理能力强的孩子会更自信，更愿意探索陌生的人和事。

第三，为宝宝物色一个外向的同伴。如果孩子的性格属于内向、害羞的类型，那细心的父母就要在宝宝日常的活动环境中为他找一个或两个性格稍外向的孩子和他一起玩。性格互补的孩子在一起玩耍时，可以学习对方的行为方式。

第四，寻找小宝宝，突显年龄优势。害羞的孩子处在一群孩子中时往往不喜欢主动交往，总爱躲在别人的后面，尤其是在 2 岁这个阶段。内向的孩子通常是自己玩自己的，几乎不跟其他小朋友交流。因为害羞，他总是观察、等待。时间长了，融入不进孩子圈里，会打击孩子的自信心。您不妨为孩子找几个年龄略小的同伴，让他们一起玩。您的孩子虽然害羞，但因为比其他孩子年龄大，游戏中他就会处于主动的位置，可以很快地增加他的自信心和交流的欲望。

七、宝宝打人、咬人该怎么办?

1~2 岁这个阶段,许多宝宝开始打人、咬人了,而且家长怎么管他都不听,对此家长很着急也很矛盾,不知道该管还是不该管。我们需要分析下这个阶段孩子的特点,他们还不明白什么是“打”,更多的时候是在用自己的方式去探索世界。这时的孩子分不出无生命的事物与有生命的动物之间的区别,他可能只是想试试眼前这个东西(或者人)的反应。所以,用嘴咬也好,用手拍也罢,他很有可能是想通过亲亲、摸摸去探索,但因为不会控制力度,看上去就像在咬、在打一样。而且由于这个阶段的宝宝还不能通过语言充分表达自己的需求,自然会选择用肢体来解决问题。所以这个年龄段的孩子渐渐对“打”有了概念,往往是有意识的,明白自己可以靠推搡、咬人、脚踢来表达自己的不满情绪。从这个阶段开始,家长就要及时纠正孩子的行为了。

打人、咬人,只是敏感期的一个行为表现,孩子是会度过这个时期的,关键看家长怎么处理和引导。所以,家长如果急于批评,比如:“不许打人!怎么能打人呢?”孩子反倒被灌输了“打人”的概念。更好的选择是把这当成一个机会,教他学习如何与人进行肢体交流。例如,牵起孩子的小手说:“我知道你是想摸摸小朋友,和她打招呼,对吧?那我们轻轻地摸摸小朋友的手,摸摸他的肩膀,这样轻轻地就可以了……”一边说,一边把他的小手轻轻地放在别的小朋友身上,让孩子感受力度。

八、宝宝间争夺玩具,家长该如何应对?

很多家长可能发现,宝宝 1 岁以后走得稳了,话也多了,整天忙于探索,对所有的人和事物都表现出好奇,也开始喜欢寻找同伴了,更愿意和同龄的孩子一起玩耍。但当宝宝们在一起玩玩具时,家长常常会因他们之间的争抢闹得很尴尬。很多在家里不屑一顾的玩具,只要几个孩子在一起玩,再差的玩具也成了“宝贝”。几个孩子在一起没多久,就开始抢东西,甚至打架。

实际上,这种争抢行为对于这个年龄段的宝宝来说,是一种正常现象。当宝宝一起玩时,产生一些小冲突,只要没有大的危险,家长可让宝宝自己处理,不需要过度保护,甚至帮宝宝解决冲突。当其他孩子抢夺玩具时,宝宝如果抓住不放,父母应该先询问自己的宝宝,如果宝宝坚定地想捍卫自己手中的玩具,家长不要强迫宝宝放弃自己心爱的玩具,而应该教宝宝如何保卫自己的东西,如:“你可以和小朋友商量,一人玩一会儿,行吗?”

九、怎样帮助不同性格的宝宝解决冲突？

第一种：忍让型宝宝。

有的宝宝非常忍让，对人特别友好，从不抢别人的玩具，别人一抢他的东西，他就让给人家，自己去玩别的。慢慢地，他也感觉到被人抢走玩具并不舒服，可是又习惯性地让给别人，每次都不知所措。

对于这样的宝宝，家长要注意观察他的情感反应，引导他表达自己的感受，根据他的自身感受采取相应的策略。如果宝宝觉得把东西给其他小朋友无所谓，那就由他去；如果宝宝不情愿地把玩具让给别的小朋友，他自己心里会觉得委屈，时间长了有可能出现自我保护行为：不愿意和其他小朋友交往，以免玩具被抢。后一种情况，家长可以鼓励宝宝保护自己的玩具，捍卫自己的权利，以保持宝宝对社会交往的兴趣。同时要逐渐教会宝宝一些社会交往的技巧，例如可以和小朋友交换玩具，小朋友抢自己的玩具时给他一个替代品等。

第二种：霸道型宝宝。

这个年龄段的宝宝都是以自我为中心的，特别是独生子女，在家中没有兄弟姐妹，能得到父母较多的关怀，已经习惯了大家都把注意力放在他一个人身上，好东西都是一个人拥有，缺少互助、互让和分享的体验，容易成为“小霸王”。当和小朋友在一起的时候，他们便要控制一切东西，不允许别人触碰。

在这种情况下，父母要帮助宝宝发掘玩其中某一件玩具的乐趣，可以这样玩、那样玩，把宝宝的注意力集中到这一个玩具上来，而不能把着所有的玩具。如果同伴比宝宝小一点儿，可以称赞宝宝强壮、聪明、灵巧，这样把宝宝的身份提高到大哥哥、大姐姐的位置上来，让大哥哥、大姐姐把玩具分给小弟弟、小妹妹。只要宝宝表现出友好的行为，就称赞他像大哥哥、大姐姐。如果同伴比宝宝大一点儿，就可以说：“哥哥、姐姐可以给你玩一个花样。”这样可以把孩子手里的玩具分享给别的孩子。

第三种：孤僻的宝宝。

如果宝宝比较孤僻，不太合群，很重要的一点是邀请性格相近或有共同兴趣的孩子参加活动。活动刚开始，孩子们如何相处不重要，重要的是他们有机会在一起，一起玩，一起游戏。一旦宝宝喜欢上与同伴相处，父母就应该鼓励宝宝与同伴交往，不要鼓励宝宝抱怨同伴，否则会强化宝宝的孤僻性格。

经过一段时间，父母可能会发现宝宝有了“小伙伴”，宝宝会把小伙伴的名字挂在嘴上，喜欢去那个小伙伴的家里玩。虽然他们还会有冲突、有矛盾，但是他们会自己解决，一会儿满眼都是泪水，一会儿又破涕为笑。这时，父母的作用便是指导，鼓励宝宝个人的成长和人际关系的发展。拥有一个“小伙伴”，是宝宝成长过程中的重要任务,这为他日后形成良好的人际关系打下了基础。

十、从什么时候开始宝宝会用“我”代表自己表达愿望?

宝宝会用“我”这个代词表达愿望,说明他的自我意识已有了一定的飞跃。孩子的自我意识不是生来就有的,而是在与外界环境的相互作用中产生的。

曾经有心理学家做过一个红点实验,在婴儿的鼻尖上涂一个红点子,并假定,如果婴儿表现出意识到自己鼻尖上的红点子的自我指向行为,就表明婴儿具有了自我认知的能力。因为只有当他们发现了镜像中的红鼻子是由于自己的鼻子上发生了什么不寻常的事情时,才会去摸自己的鼻尖。

结果表明,只有到15~18个月时,幼儿才能够直接触摸自己鼻子上的红点,因此,15~18个月是幼儿客体自我发展的转折点。研究发现,18~24个月时,宝宝具有了用语言表示自我的能力,如使用代词(“我”“你”)表示自我与他人,在此之前,宝宝只能用自己的名字表示自己,而不能使用代词。宝宝在这个年龄阶段已经能意识到自己的独特特征,用代词来代表自己。

宝宝这种自我认知能力的发展具有重大的意义,这是宝宝从自然人向社会人转化的关键一步。因此家长应在此时期,为宝宝提供一个能够强化“自我认知”的环境。如多与宝宝做“指五官”的游戏,帮助宝宝认识客体我;在呼唤宝宝时,尽可能叫宝宝大名,并引导宝宝在听到自己名字时,用动作或语言做出示意,让宝宝逐渐意识到自己是个独立的个体,增强宝宝的自我认识;在宝宝逐渐能运用“你”“我”后,通过儿歌、故事、游戏等方式,让宝宝理解“你的”“我的”,懂得物品的所属性,进一步增强宝宝的自我意识,促进宝宝社会行为的发展。

十一、什么是秩序敏感期?孩子到了秩序敏感期,父母该怎么做?

秩序敏感期是指宝宝对形态均衡、比例协调、外形对称、节奏感强的事物极端敏感的一个非常重要的时期。在这一时期,宝宝对事物的秩序有强烈的需求,并逐步获得和发展起对物体摆放的空间或生活起居习惯的时间顺序的适应性,即秩序感。按照蒙台梭利的观点,儿童具有两重秩序感:内部的秩序感和外部的秩序感。内部的秩序感使儿童意识到自己身体的不同部分和它们的相对位置,外部的秩序感则指向儿童对外部世界存在的规律和关系的感知与理解。秩序感的表现形态有安全感、归属感、时空感、格局感、规则意识等。1~3岁的幼儿由向内的秩序感逐渐转为向外的秩序感,有强烈的追求外在事物秩序化的欲望,对物品摆设的位置、动作发生的顺序、人物的呈现、物品的所有权等有着近乎苛刻的要求,如若遭到挑战,就会感到不安、焦虑,甚至会表现出极端的激烈反应。

所以宝宝快到2岁时，很多家长会忽然发现宝宝这阵子特别“认死理”，譬如用过的毛巾要挂回原来的位置上不能变；看完的绘本会放回原来的位置；穿鞋、穿衣有“指定流程”；吃完饭必须立刻擦嘴、洗手……孩子忽然变成家里的小值勤员，一旦秩序遭到破坏就会哭闹，这些都是“信号”，说明孩子的秩序敏感期到来了！ 建议爸爸妈妈好好观察宝宝，当其进入秩序敏感期，可以抓住机会，培养宝宝的好习惯。

第一，给宝宝提供机会，但不追求完美。给幼儿提供充足的机会和时间，让他们亲自收拾整理玩具、教具等，不能因为他们动作慢、收拾得不好而越俎代庖，否则会伤害孩子的自信心。

第二，充分相信宝宝的能力。你可能觉得孩子还太小，但其实孩子能做到的事比我们想象中要多。孩子可以完成许多家务，例如，帮忙收集要洗的衣服，或者晚饭后收拾餐具。我们一直觉得孩子还没有准备好，但其实孩子是边做边学的。

第三，不要吝啬表扬。当幼儿表现出良好的秩序行为时，家长要及时给予鼓励和表扬。在孩子做家务的过程中鼓励他，要抓住孩子积极向上的势头。

第四，抓住时机培养宝宝归纳物品的习惯。家长应有意识地利用宝宝的秩序敏感期培养其归纳物品的习惯，做到每样物品的摆放不但要整齐，还要有固定的位置。

十二、宝宝感觉统合失调怎么办？

在宝宝成长过程中，有的家长可能会发现：宝宝看着挺聪明，可是好动，注意力不容易集中；好像很懂事，却脾气急躁，爱黏人，动不动就哭闹、打滚；看着可爱，一出门或遇见生人就胆小害羞，很难适应新环境；看起来很伶俐，但是动作不协调。这是怎么回事呢？

其实，以上就是感觉统合失调的表现。感觉统合失调的儿童一般具有如下特征：

1. 动作不灵活，协调能力差。走路容易摔倒，不能像其他孩子那样滚翻、骑车、拍球，动手能力差，常不小心撞倒东西。

2. 好动且很难安定下来。孩子好动不安不见得都是感觉统合失调，周围的环境或大人的误导也可能产生此现象，但如果所有可能因素一一过滤后，仍然找不出孩子好动的原因，那么应考虑是否是感觉统合失调。

3. 讨厌被触摸。许多感觉统合失调的儿童对洗澡、洗头和剪头非常反感，有的甚至对换衣服也十分反感。这主要是由于他们的触觉防御过强造成的。

4. 过于胆大或过于胆小。感觉统合失调的儿童要么胆大鲁莽，经常从事危险的活动，不计后果；要么胆小腼腆，害怕陌生的环境，喜欢吮手、咬指甲，爱哭，爱玩弄生殖器等，且过分依恋父母，容易产生分离焦虑，过分紧张，喜欢惹别人，偏食或暴饮暴食，脾气暴躁。

5. 反应迟钝。有时候孩子身体固然还算灵活，但对高度的恐惧反应比较迟钝，转圈圈根本不会头晕，对痛的感觉也比较迟钝。

6. 语言发展迟钝，说话发音不清晰，速度慢。由于感觉动作功能的落后，一些儿童说话慢，不能准确地发音，不善于同他人交谈。

7. 对平常事物表现出极端或异常的害怕。儿童由于缺乏经验而害怕是很平常的，但有些事情是同龄孩子很容易做到，而你的孩子却极害怕尝试的，这就要加以观察了。例如讨厌摇晃，无法顺利下楼梯，不愿去游乐场玩，害怕旋转木马，过分怕黑等。

感觉统合失调的原因有以下几方面：

1. 中枢神经系统不健全，如发育迟缓、轻度大脑功能失常。

2. 环境因素：

(1)早产或剖宫产；

(2)现代楼房居住面积紧张，活动空间狭小；

(3)家长过度保护或让宝宝过早依赖学步车学步；

(4)北方室外的酷暑和严冬限制了宝宝的户外活动时间；

(5)家庭中同伴较少，宝宝在家中大量使用电视、手机。

感觉统合不协调不是病，而是一个后天的教育及训练的问题。人的感觉能力的提高是相对容易的，只要我们给儿童提供一个能锻炼身体的环境，尤其是训练儿童的平衡能力和触觉能力，他们的感觉统合就会得到很大提高。6 岁前为感觉统合失调的最佳预防期，7~10 岁为最佳治疗期。下面就是一些简便易行的感觉统合训练活动。

刷子脱敏游戏：家长用刷子或梳子先刷孩子的手背、手指等触觉防御性较少的部位，然后渐渐过渡到刷孩子的手心；再刷脚，先刷脚趾、脚跟，然后渐渐过渡到刷脚底中心部位。如果孩子抗拒，可每次只擦一下，反复地尝试，直至孩子习惯这种触觉刺激之后，可以每天训练 10 分钟左右。也可以用吹风机吹孩子身体的各部位，强化身体各部位的感觉。

挠痒痒游戏：家长用手挠孩子的头颈、腋下、脚底等皮肤触觉敏感处，手的力度一阵轻一阵重。如果孩子害怕或抗拒，先轻轻抚摸其全身肌肤，等孩子习惯以后再逐渐地把时间延长。

飞毯游戏：将孩子放在一条大毛巾或毯子中间，由父母亲各拉住毯子或毛巾的一头，左右、上下摇动，或跟着有节奏的音乐转圈等。此游戏不但可以强化孩子的触觉，对孩子前庭觉的发展也有很大的帮助。

球池游戏：大部分的游乐场所都有球池，这些堆在一起的不同颜色的超轻海洋球，能给孩子提供尽可能多的触觉体验。若孩子能在球池中行走，也是一个极好的感统训练。孩子还可以将整个人藏入球池中，像游泳一样划动四肢或翻动身体。

跳床游戏：对于感统失调较为严重的孩子，训练的初期阶段，父母可以抱起或背着孩子在地面弹跳。等孩子适应了这种跳跃的感觉后，可以选择让他在家里的软床上跳，或者带孩子去跳游乐场所里的跳床，这对固有平衡感及脑干组织的发展颇有帮助。

大球游戏：跟随音乐，父母协助孩子坐或趴在大球上，抓住孩子的两脚，使其保持平衡。可以边听音乐边前后、左右轻轻摇晃大球，注意爸爸妈妈的主要任务是协助孩子保持身体的平衡，不要让孩子从大球上掉下来。孩子掌握平衡后，父母可鼓励孩子用屁股的力量在大球上做上下跃动。这一家庭游戏可以建立和刺激孩子的前庭机能，对多动和身体协调能力不佳的孩子有较大帮助。

滚球游戏：家长与孩子面对面坐在地垫上，家长把球传给孩子，并鼓励他把球回传给家长。游戏中，应鼓励宝宝去抓滚动的球，并把球推回去，鼓励孩子双手接球。可逐渐将距离拉大，鼓励孩子用双手往外推球，用单手接球。

弯腰用手触摸脚趾游戏：在孩子的每个脚趾头上贴一张纸，让儿童弯腰揭下。开始时先让孩子把脚放在矮凳上或楼梯的最后一级上，让孩子尝试并且揭下一两张贴纸。孩子掌握技巧后，可要求其一次性揭掉五至十张贴纸。家长需要在孩子旁边或身后协助，用双手轻压孩子的双膝，如孩子无法同时弯腰及伸直膝盖，可让他扶着桌子的边缘进行尝试。

倒走游戏：家长引导孩子沿着一条直线倒退着走路。开始时，只要求孩子随意地在地板上倒走，等孩子初步熟悉了要求后，再让他于家长的扶持下沿直线倒着走，进而要求孩子独立地沿直线倒着走。如果开始时孩子不能领会游戏的要求，父母需要给予其身体指导，如一人在前面扶着孩子的双手，另外一人在孩子身后轮流抬起他的左右脚往后移。

阳光隧道游戏：让孩子从隧道中爬行通过。如果孩子害怕，先让其在隧道四周玩耍，并观察其他孩子如何做，让孩子触摸隧道，帮助他消除恐惧感。如果孩子不配合，可以给予食物奖励，把孩子喜欢吃的零食或水果放在隧道里，鼓励孩子爬进去拿取食物。家长应采用鼓励、引导的方式，不要强迫孩子配合，以免造成孩子肌肉过度紧张，取得适得其反的结果。

跳跃抓物游戏：在孩子跳跃时可够到的地方悬挂一个玩具（如气球），鼓励孩子跳跃并伸手触摸该玩具。开始时，将玩具挂得稍低一点儿，让孩子容易触到。等孩子掌握了这一技能后，把玩具稍微挂高，鼓励孩子利用自身的力量弹跳起来。如果孩子不懂得如何控制身体的力量，父母可用双手扶着他的腋下，帮助他练习弹跳，并给予鼓励和奖励，以此来促进孩子练习。

夫妻互动课堂

一、如何让爱情永久"保鲜"?

1. 安排再度蜜月。婚后,如果能利用节假日,每年安排时间不等的蜜月,定能促进夫妻感情。

2. 定一个目标。如连续一个月,每天对你的配偶说一句赞美的话。

3. 在配偶的父母和朋友面前称赞他。配偶会感受到你的爱,而他的父母则会觉得很幸运,能有这么好的一个女婿(或者儿媳妇)。

4. 写一首诗,描述你对配偶的感情。如果你不是诗人,就选一张能表达你心声的卡片。

5. 剪出一些心形的卡片,写上:"今天我会借着……表达我对你的爱。"以下面的行动之一来完成这个句子:打扫卫生、洗碗、遛狗、清理金鱼缸等。

6. 周末,同配偶进行一次郊游。

7. 坐在一起分享各自的童年往事。

8. 当你们从停车场走到购物中心时,伸出手握着你配偶的手。

9. 当你的配偶坐着的时候,走到他背后,为他按摩肩膀。持续五分钟,除非他要求你停止。

10. 亲手为你的配偶做一件礼物。也许你需要为此报名参加一个艺术或手工艺培训班。

11. 处理好与其他亲人(如婆婆、岳母)的关系。

二、家有二胎,夫妻情感如何调适?

相较于独生子女家庭,二胎家庭毫无疑问会占用父母更多的精力。二胎意味着睡不了整觉,满屋都是尿布或者纸尿裤,满地都是食物残渣,也意味着父母包括爷爷奶奶、姥姥姥爷等照料人需要在家庭生活方面投入更多的精力。这一系列的挑战都摆在二胎家庭面前。二胎家庭除了头几年需要处理好父母、孩子之间的关系,还需要从一开始就处理好孩子之间的竞争和冲突,并且在未来帮助两个孩子适应社交生活。因此投入的精力并非翻倍,而是翻了好几倍。

生活的变化对夫妻关系的影响是毋庸置疑的。在这种情况下,二胎父母如何调整彼此的关系呢?

1. 学会相互配合。两个没有合作过的滑冰运动员需要用一段时间耐心地一起练习,才能在冰面上相互协调。同样,你和配偶也需要一段时间,才能适应二胎父母的角色。请放心,你们一定会越做越好的。

2. 转变认知,强化夫妻关系。一位父亲说:“生二胎对我和妻子有很好的影响。现在,我们俩不像以前那么以自我为中心了,也比以前更有爱心、更善解人意了。”这样的改变对夫妻关系肯定有利无害!

3. 培养手足情,为夫妻腾“空间”。一项研究表明,孩子们在放学以后和手足待在一起的时间远远多于和其他人相处的时间。这恰恰为夫妻腾出了相处空间,此时可以暂时抛开工作和家务, 培养彼此的感情。夫妻关系作为家庭中所有关系的基础这个理念,应时刻谨记。

4. 夫妻共同分担家务,不仅有助于增加亲子间的沟通,也能让夫妻俩多点儿共同话题,多点儿沟通。在宝妈产后的虚弱时期,宝爸应该主动承担起一部分的家务,这会让宝妈从心里感到一定的欣慰。

总之,二胎家庭中的夫妻关系会由于两个宝宝的出现,经受巨大的考验。这个时候,夫妻二人要多沟通,感情自然会更加坚固。

2~3 岁游戏视频

2~3 岁歌谣音频

2~3 岁故事音频

2~3 岁国学音频

我爱他，

并不因为他好，

只因为他是我的小小孩子。

——泰戈尔

2岁1个月

一、身体发展指标

	男孩	女孩
体重	10.1～15.9 千克	9.6～15.3 千克
身高	81.7～96.9 厘米	80.7～95.7 厘米
头围	46.2～51.4 厘米	45.0～50.3 厘米
胸围	47.4～49.2 厘米	

二、心理发展指标

(一)粗大动作发展

1. 走路已不再是问题,能独自上下楼梯,有时还可以帮助大人拎购物袋;
2. 可以单脚站立 3~5 秒;
3. 能绕开路上的障碍物行走,能躲开小危险物;
4. 在成人的帮助下可以尝试立定跳远;
5. 能爬上椅子,上桌取物。

家庭参考游戏:勇敢的小伞兵

游戏目的:促进宝宝骨骼、肌肉的发育,从而使宝宝更健康;促进亲子关系。

游戏准备:床、被子。

游戏过程:

Step1:在床上将被子叠好(高度约20厘米),让宝宝站到被子上面往床上跳。

Step2:爸爸站在距离床30厘米处,伸开双臂做好准备。宝宝站在床头,倒进爸爸的怀里,爸爸顺势接住宝宝。注意爸爸一定要控制场面,防止宝宝摔倒。

温馨提示:一般来说,宝宝2岁以后就能够完成跳跃等有难度的动作了,同时宝宝的自我意识也大大提高了,容易建立起自信心。

家庭参考游戏:头顶沙包

游戏目的:培养宝宝的平衡能力。

游戏准备:沙包。

游戏过程:

Step1:家长头顶沙包,做各种有趣的动作,引起宝宝的兴趣。

Step2:让宝宝将沙包顶在头顶,双臂伸平,围着家长行走。

温馨提示:注意宝宝脚下安全。

(二)精细动作发展

1. 能自己用勺子吃饭,手的动作更加灵活;
2. 可以拿起细小的物体;
3. 会独立吃饭、脱鞋、翻书页,能用一只手端起杯子;
4. 能够将积木垒高,会穿珠子,画不规则圆圈;
5. 能脱掉外套和裤腰为松紧带的裤子,但穿衣服的能力还稍差。

家庭参考游戏:小小发明家

游戏目的:让宝宝通过撕、捏等手部动作锻

炼小手的灵活性和控制力，让宝宝感受自制玩具的乐趣，激发宝宝的想象力和创造力。

游戏准备：彩纸、黄豆、空的饮料瓶。

游戏过程：

Step1：家长用准备好的材料制作一个能够发出声响的小玩具，与宝宝互动，激发宝宝自己动手制作的兴趣。

Step2：指导宝宝将彩纸撕成小碎片，并一片一片放进空的饮料瓶中，再将黄豆一颗一颗放入瓶中。

Step3：家长帮助宝宝把瓶盖拧紧，并一起摇一摇。

温馨提示：黄豆体积较小，游戏过程中，家长应格外注意，防止宝宝误吞。

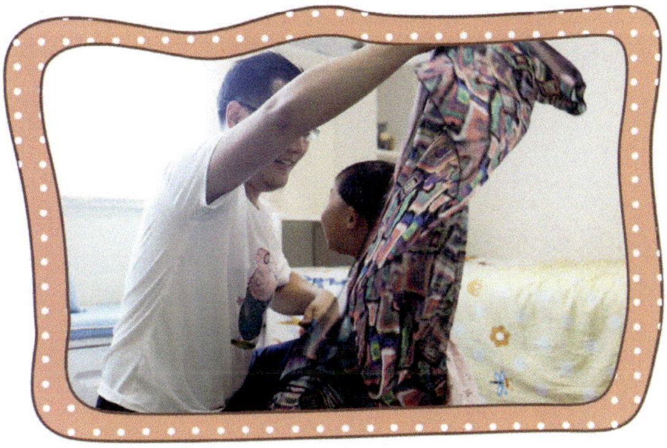

家庭参考游戏：飞舞的丝带

游戏目的：运用丝巾或者手绢让宝宝自发地起舞，增强宝宝的节奏感以及身体的感知能力、协调性。

游戏准备：丝巾、手绢、欢快的歌曲。

游戏过程：

Step1：将不同样式、不同颜色的丝巾、手绢堆放在一起，让宝宝从中选出自己喜欢的，可以选一条，也可选多条。

Step2：然后鼓励宝宝跟随音乐起舞。

温馨提示：游戏场地不宜太小，地板不宜太滑。也可以将所有丝巾系在一起，编成五彩长绳，供多位宝宝一起游戏。

（三）言语发展

1. 能表达出简单的诉求，如穿衣、吃饭、喝水、睡觉等；
2. 能背诵简单的唐诗；
3. 可以跟随录音机哼唱旋律简单的歌曲；
4. 能说出具有主、谓、宾语的简单句子，如“我要喝水”；
5. 控制大小便的能力也加强了，有

大小便需求的时候能及时叫人。

家庭参考游戏：粉红色的回忆

游戏目的：看照片，讲宝宝小时候的故事，是亲子沟通感情的好机会，同时能培养宝宝的语言能力。

游戏准备：宝宝的相册。

游戏过程：

Step1：拿出相册，让宝宝坐在家长怀里，鼓励宝宝翻阅相册。

Step2：家长与宝宝进行沟通，和宝贝谈谈照片里发生的事，鼓励宝宝回忆、思考。如问宝宝："宝宝，这是谁啊？""宝宝看看这张照片，还记得你在干什么吗？""妈妈带你去哪儿玩了？""那天我们遇到谁了？"

温馨提示：建议爸爸妈妈多留存宝贝各个阶段的照片，选出部分冲洗出来，制作成宝宝成长册。当然，也可以带着宝宝一起制作，边制作边和宝宝谈论照片里发生的事。

家庭参考游戏：我们来问好

游戏目的：通过将玩偶拟人化，家长与宝宝进行交谈，在此过程中，教宝宝使用礼貌用语，并培养宝宝的沟通能力。

游戏准备：玩偶。

游戏过程：

Step1：家长手拿一个宝宝喜欢的玩偶，并为玩偶起一个宝宝比较感兴趣的名字。

Step2：家长扮演玩偶进行自我介绍，这样可以拉近宝宝与玩偶间的距离，然后也要求宝宝向玩偶介绍自己，同时向玩偶打招呼问好。

温馨提示：家长在模仿玩偶说话时，一定要放慢语速，语言应富有童趣。

（四）认知发展

1. 能分清大小、多少；
2. 能根据年龄、性别选择称谓；
3. 喜欢模仿；
4. 知道大人和小孩子的区别；
5. 初步了解前后、长短等概念的区别。

家庭参考游戏：小马过河

游戏目的：培养宝宝的平衡能力。

游戏准备：豆子、布袋子、纱巾。

游戏过程：

Step1：家长将豆子装进布袋子里，给小马当"粮食"（能方便顶在宝宝头上即可）。

Step2：家长给宝宝讲小马过河的故事，告诉宝宝小马要运粮过河，引起宝宝的兴趣。

Step3：请宝宝将"粮食"顶在头上，告诉宝宝要过河了。地上放一块纱巾当河，让宝宝从纱巾一侧跨到对面去送粮食。

温馨提示：家长应给宝宝设立目标，过程中应鼓励宝宝，但要注意宝宝脚下安全。随着宝宝平衡能力的提高，可在路上设立不同的障碍物。

家庭参考游戏：我来分一分

游戏目的：提高宝宝对数字的敏感度。

游戏准备：苹果、葡萄、花生、枣等食物。

游戏过程：

Step1：家长可以先带领宝宝数一数面前的物品，一边数一边与宝宝一同大声说出来。

Step2：之后家长发出指令，让宝宝拿一个枣给妈妈，拿两个梨给爸爸（也可以是不同数量的其他物品）。

温馨提示：所选物品不宜太大或太小，且应个数分明。

（五）情感与社会性发展

1. 有较强的自我意识，明白自己和他人的区别；
2. 对自己喜欢的事物具有较强的占有欲；
3. 当欲求得不到满足时，情绪表达较迅速直接，甚至用身体攻击的方式表达自己的不满；
4. 关于害怕的经验增多了；
5. 喜欢观察镜子里的自己，并会对着镜子微笑、做鬼脸；
6. 表情日渐丰富。

家庭参考游戏：送小球"回家"

游戏目的：帮助宝宝辨认颜色，培养宝宝乐于助人的品质。

游戏准备：纸杯、颜料、不同颜色的皱纹纸。

游戏过程：

Step1：家长带着宝宝把不同颜色的皱纹纸撕成小碎片，再分别揉成小球。

Step2:将纸杯涂上不同的颜色。

Step3:引导宝宝将各色小球放在相应颜色的纸杯中。

温馨提示:也可和宝宝进行比赛,看谁在一定时间内放入的球最多。游戏要选择在饭后1小时,宝宝精神状态良好的情况下进行。游戏过程中,家长应适时给予宝宝鼓励。

家庭参考游戏:照顾生病的小玩偶

游戏目的:培养宝宝的爱心和自信心。

游戏准备:小狗玩偶、洋娃娃、玩具医疗器械。

游戏过程:

Step1:为宝宝的小狗玩偶洗澡,过程要像给真实小狗洗澡一样精细,家长要带领宝宝共同完成,直到最后为小狗玩偶擦干净身子。

Step2:与宝宝一起玩洋娃娃,模拟洋娃娃生病的场景,家长带领宝宝共同照顾洋娃娃,利用玩具医疗器械为洋娃娃进行"诊断"和"治疗"。

温馨提示:游戏过程中可以设置不同的场景。这样的游戏除了能够培养宝宝优秀的道德品质外,还可锻炼宝宝的观察能力。

三、育儿关键期

(一)认识颜色

五光十色的环境激发着孩子的好奇心,教孩子认识颜色,是孩子认识事物、发展智力、培养美感不可缺少的内容。一般来说,教孩子认识颜色可以从1岁开始。主要是认识红、黄、蓝、绿四种基本颜色。刚开始教孩子认识颜色和形状时,家长可以用"是非强调法"。例如,看见几个彩色的气球,我们告诉他:"这个是红色的,这个不是红色的。"通过"是"和"不是"一起来强调一个知识点——红色，等孩子能一眼分辨出“红色”时，我们再用这种方法教孩子认另一种颜色。这样以一个个知识点来帮助孩子加深记忆，巩固知识，才能达到事半功倍的效果。特别要提醒的是，最初的概念错误会非常难纠正。要防止这种错误出现，方法是：一次一个颜色，特别是红、黄不能同时认，因为发音太近似，会造成混淆。可先选择一个物品，比如一块红色积木，告诉孩子这是红色。出门时带着这块积木，发现红色的东西就可拿出来比对。认颜色对孩子来说比较难，有的孩子认红色用了一年。家长千万不能着急，不能因为孩子出错就说孩子笨，伤害了孩子的自信心。另外，认识颜色是有一定的先后顺序的：红→黑→白→绿→黄→蓝→紫→灰→棕（褐色），科学研究显示，按照这个顺序去认识颜色将事半功倍。

（二）口语表达

这一时期，宝宝的语言能力迅猛发展，主要有以下几个特点：

1. 会使用“我”“你”等人称代词。2 岁以后，多数宝宝开始分辨“我的”和“你的”。在一大堆玩具中，宝宝会说：“小熊是我的，小兔子是你的。”而此前宝宝仅会说：“小熊是宝宝的，小兔是妈妈的。”宝宝对物品的认识是一个由易到难不断发展、不断进步的过程，其认识路径依次是：看到物品→知道物品名称→知道物品用途→说出物品名称→不见到物品也能说出其名称→看到与物品相关的事物能想到该物品→意识到物品所属→我的→你的→他的→我们的→你们的→他们的→大家的→公共的→社会的→世界的。

2. 能用完整句子表达意思。在这 3 个月中，宝宝的词汇量快速积累着，每天可记忆 20~30 个单词，能学会 2~3 个完整的句子。这个阶段的宝宝已经掌握了近千个词汇，基本上能够用较完整的句子表达自己的想法了。宝宝掌握的词汇都是与其生活经验密切相关的，在此基础上还能够掌握一些较为抽象的词汇。

3. 宝宝每天都能说出新词。宝宝已经能使用 200~300 个字，组成不同的语句。宝宝词汇量增长很快，几乎每天都能说出新词，这让父母很惊讶，不知道宝宝什么时候学会的，似乎从来没有教过啊。事实上，宝宝的语言不都是从父母那里学来的，也并不是父母说什么，宝宝就说什么。父母没有说过的话，宝宝不一定不会说。宝宝不但从父母那里学习语言，还把储存在大脑中的单词、语句进行加工整合，变成自己的语言。宝宝还根据自己对事物的认识和理解来描述事物，表达看法，提出建议和意见。语言能够促进宝宝智力的发展，智力的发展又帮助宝宝理解语言。随着宝宝的成长，各种能力都在相互促进、相互影响，协调发展。因此，对宝宝的智能和潜能的开发应该是全面的，没有哪个重要、哪个不重要之分。

(三)卫生习惯

良好的卫生习惯不仅可以预防疾病，还有一定的保健功能，2岁宝宝应该养成的卫生习惯有：

1. 早上洗脸刷牙(可用纱布或牙擦代替牙刷)；
2. 外出回来洗手，饭前便后洗手；
3. 晚上睡觉前刷牙、洗脸、洗屁股、洗脚；
4. 定期洗头、洗澡、剪指甲、剪头发；
5. 知道每天换内裤和袜子。

这些卫生习惯一旦养成，宝宝可以受益一生。

四、营养与护理

(一)饮食营养

1. 在膳食平衡的原则下可以吃“大人饭”

宝宝进入2岁以后，就可以和成人一起共进家庭餐桌上的食品了，成人的饭菜只要做得清淡，都可以给宝宝吃。已经有了两年喂养经验的宝爸宝妈们这时候也不能掉以轻心，需要格外注意宝宝的膳食平衡，做到合理膳食。第一，要注意宝宝食物的多样化，吃多样化食物才能获得全面营养；第二，要按比例吃，合理搭配各类食物，如荤素搭配、粗粮细粮搭配、动物蛋白植物蛋白搭配、蔬菜水果搭配等；第三，适量使用动植物油脂和糖等高能量食品，维持能量和营养平衡；第四，膳食结构和进食量应该根据宝宝当前的营养状况和生长发育特点而定。

2. 如何给宝宝吃水果

(1)不要给宝宝吃用化学物质催熟的水果,尽量不吃反季节水果。

(2)应给宝宝吃去皮的水果。果皮上会有一些农药残留,甚至还有寄生虫卵,宝宝抵抗力差,吃了这类水果容易引发肠胃疾病或农药中毒等。例如,橘子应先将皮上的细菌和农药清洗干净,再剥皮吃;桃子的皮应用盐水刷干净;葡萄和杨桃应先用蔬果清洗剂浸泡,再用清水洗净。

(3)切水果要用专用的水果刀。有的家庭会一刀多用,既用来切肉、切菜,又用来切水果,这样很不卫生,容易把菜刀上的寄生虫或寄生虫卵带到水果上,导致宝宝感染寄生虫。

(4)应选在饭前 1 小时或饭后 2 小时吃水果。

(5)不吃腐烂的水果。

(6)吃完水果不一定要刷牙,但要漱口,这样有利于保护宝宝的牙齿。

(7)食用水果要适量。

(8)水果和海鲜不要同时吃。

【小贴士】

营养美食——蓝莓雪梨条

材料:蓝莓 100 克,雪梨 200 克,蜂蜜 15 克。

做法:

(1)将雪梨、蓝莓洗净,雪梨去皮去核,切成小条待用。

(2)将雪梨条抹上蜂蜜,放入锅中蒸 5~10 分钟。

(3)取出后,摆盘,浇上蓝莓酱即可。

营养功效:这道蓝莓雪梨条可滋阴清热,促进食欲,改善因夏季发热导致的食欲不振。

营养美食——冰糖蜂蜜雪梨

材料:雪梨 200 克,蜂蜜、冰糖适量。

做法:

(1)雪梨去皮,从四分之一处用横刀切断,去除果核。

(2)将已切好的雪梨分为雪梨盅与盅盖,把冰糖放入雪梨盅内,均匀地浇上少许蜂蜜,盖上盅盖。

(3)将蒸锅中的水烧开后,将雪梨放入蒸盘,大火蒸约 10 分钟,至食材熟软,取出待稍冷却后即可食用。

营养功效:滋阴润肺,能有效缓解宝宝咳嗽等症状。

3. 预防缺钙和保证钙的吸收

保证宝宝每日钙的摄入，有助于宝宝骨骼和牙齿的发育，有助于宝宝骨骼和牙齿更坚固。缺钙的宝宝经常会夜惊多汗，烦躁不安，发脾气，严重时会发生肌肉痉挛、手足抽搐。预防缺钙的方法是补充钙和维生素D。

根据《中国居民膳食指南(2016)》的建议，每天饮用300~400毫升的奶或相当量的奶制品，可保证2~5岁幼儿的钙摄入量达到适宜水平。除了乳类与乳制品以外，最好多吃含钙丰富的食物，如豆类、海产品等。将西红柿与鸡蛋一起炒，将豆腐和鱼一起炖，把虾皮切碎与鸡蛋一起煎，烹调鱼或排骨时加些醋，都可使钙的吸收和利用率大为提高。

为了促进和保证钙的吸收，切记不能单纯补钙，补钙的同时要补充维生素D。维生素D的来源：一是多晒太阳，尽量多地让宝宝的皮肤暴露在阳光下，以促进维生素D的合成。如果选择在屋内的阳台给宝宝晒太阳，建议不要隔着玻璃窗。二是可以口服鱼肝油。只有饮食无法满足宝宝对钙的摄入与吸收时，才应该考虑药补。切记要在医生的指导下用药，不可盲目补钙或过量补钙。

【小贴士】

营养美食——虾皮肉末青菜粥

材料：虾皮15克，肉末50克，青菜80克，水发大米90克。

调料：盐、生抽各少许。

做法：

(1)把洗净的青菜切成粒；

(2)把洗好的虾皮剁成末；

(3)用大火烧开锅中清水；

(4)倒入洗净的大米，放入虾皮，搅匀，烧开；

(5)盖上盖子，用小火煮30分钟至大米熟软；

(6)将切好的肉末放入锅中，搅拌匀；

(7)放入少许盐、生抽，搅拌匀；

(8)最后放入切好的青菜，拌匀煮沸即成。

营养功效：虾皮富含蛋白质和矿物质，其中钙的含量极为丰富，可补充幼儿成长所需的钙质；青菜富含维生素和纤维素。

4. 控制盐的摄入量，饮食应以清淡为主

为2~3岁幼儿烹调食物时，应尽可能保持食物的原汁原味，让宝宝首先品尝和接纳各种食物的自然味道。小儿的味蕾发育还不成熟，从小培养宝宝的清淡口味，有助于宝宝形成健康的饮食习惯。否则，宝宝的口味会越来越重。

婴幼儿对盐的敏感度要远远高于成人。对大人合适的咸淡味，对于孩子来说就太咸了。根据2013版《中国居民膳食营养素参考摄入量》的要求，2~5岁儿童每天盐的摄入量应该不超过3克，同时还应该少选含盐量高的腌制品和调味品。根据《中国居民膳食指南(2016)》的建议，2~3岁幼儿每天盐的摄入量应小于2克。如果需要调味，可选天然、新鲜的香料(如葱、蒜、洋葱、柠檬、醋、香草等)和新鲜蔬果汁(如番茄汁、南瓜汁、菠菜汁)等。

5. 引导宝宝规律就餐，定时定量安排好"三餐两点"

步入2岁的宝宝，每天可以安排早、中、晚三次正餐了，在此基础上还至少应该有两次加餐。根据《中国居民膳食指南(2016)》的建议，正餐与正餐之间应间隔4~5小时，加餐与正餐之间应间隔1.5~2小时。加餐一般安排在上、下午各一次。加餐应以奶类、水果为主，配以少量松软面点；加餐量宜少不宜多，以免影响正餐进食量。

(二)护理与保健

1. 2岁的宝宝啃吮手指正常吗

在婴儿时期啃吮手指是一种正常现象，对宝宝的心理发育有重要作用，同时也是婴儿进入手眼协调准备阶段和手指功能分化阶段的标志。但宝宝2岁之后如果还有啃吮手指的习惯，父母就要注意了。

一般而言，啃吮手指是由于喂养不当、吃不饱、宝宝紧张或缺少关爱等引起的。啃吮手指会引发宝宝健康问题，如肠道疾病、甲沟炎、手指变形、牙齿畸形等。所以，要让宝宝改掉啃吮手指的不良习惯，父母应积极采取措施纠正，如适当添加辅食，帮助宝宝增加手的活动，多亲吻宝宝，消除宝宝的紧张感，或让宝宝手里拿着自己喜欢的玩具以转移注意力等。

2. 鼓励宝宝自己穿袜子

第一次教宝宝穿袜子时，家长可以将袜子卷至一半，留出袜子前缘的部分，让宝宝自己将袜子套在脚上，再指导宝宝利用拇指和食指，或拇指与四指的合作将袜子拉到脚踝和小腿上。宝宝一般都会用力将袜子拉扯上去，这时，无论袜子的位置是否正确，必须用拥抱、鼓掌等方式来称赞宝宝，树立宝宝的自信心，鼓励宝宝自己穿袜子。

经过反复练习后，2岁多的宝宝基本上可以完成将袜子套到脚上的动作，但不会很快学会将脚后跟的袜子拉正。这个时候可以给宝宝购买"无跟袜"，让宝宝不断地在自己穿袜子的任务中获得成功，增强宝宝的成就感。

3. 培养宝宝良好的睡眠习惯

(1)规律作息，保证睡眠时间。

2岁后的宝宝精力比2岁前旺盛很多，2~3岁的宝宝24小时内累计睡眠时间大约为13小时。未入托的宝宝白天或许能睡上1~2小时，晚上一般连续睡11~12个小时。

宝宝晚上睡觉应有固定的睡眠时间，一般上床时间不晚于21点，不提倡过早上床。双休日、节假日尽可能不要有例外，应帮助宝宝在规定的睡眠时间上床。

(2)睡前活动，温馨适度

为了让宝宝养成主动上床的习惯，提高宝宝的睡眠质量，良好的睡前习惯也不能忽视。家长可以安排适量的睡前活动，如盥洗(洗手、洗脸)、如厕、关灯、讲故事等。建议每次睡前活动的内容基本保持一致，固定有序，温馨适度。活动时间一般控制在20~30分钟，活动结束时，应尽可能让宝宝处于安静状态。

(3)从分床不分房开始，循序渐进地帮助宝宝学会独自入睡

2~3岁的宝宝不会因为自己不再是小婴儿而自觉地独立入眠，除非从新生儿时期就开始独立入睡，否则的话，宝宝不会自觉地独立入睡。因为2~3岁正是依恋妈妈的年龄，如果这个时候让宝宝独睡，可能会让宝宝产生心理阴影和睡眠障碍。

宝宝什么时候开始独睡，父母应根据具体情况灵活掌握。有的宝宝从一出生就自己睡小床，为了喂养方便，妈妈把宝宝的小床放在父母的大床旁边，宝宝已经习惯自己睡一张小床了。宝宝长大以后，婴儿床换成儿童床，宝宝就能很快适应一个人睡儿童床，只是不愿意离开父母的房间。

因此，建议在父母的大床旁边放置一个儿童拼接床，通过分床不分房的方法，让宝宝慢慢适应和过渡。宝宝刚分床睡的时候，可能会由于不适应或恐惧再次钻进父母的被窝，遇到这种情况父母不要拒绝宝宝。

4. 穿封裆裤

当宝宝有了一定的自理能力，会表达排尿和排便的意愿，会自己脱下或提起裤子的时候，就可以穿封裆裤了。

穿开裆裤一来不卫生，二来容易交叉感染蛲虫。尤其是女宝宝，如果条件允许，可以早一点儿开始穿封裆裤。

5. 不当"宅童"，坚持"三浴"锻炼

"三浴"锻炼，就是利用空气、阳光、水，结合一些身体锻炼活动，以提高幼儿身体免疫力，促进幼儿身体健康发展。

2~3岁的幼儿每天应进行至少60分钟的体育活动，最好是户外游戏或运动，同时进行"空气浴"和"阳光浴"。坚持带宝宝到大自然中呼吸新鲜空气，有助提高宝宝内脏器官的功能；经常带宝宝晒太阳，能够帮助宝宝获得维生素D，调节钙的代谢，有预防小儿佝偻病的作用。2~3岁的宝宝动作技巧已渐渐纯熟，

可以适量做一些如骑小三轮车、快慢跑等有氧运动，伸展运动、攀爬等肌肉强化运动。另外，“水浴”也是一项锻炼身体的好方法。

如果户外自然条件不好，如有雾霾、大风，气温过冷或过热，可选择在家里活动。除睡觉外，尽量避免让儿童有连续超过一小时的静止状态，减少如看电视、玩手机、玩电脑等静态活动。

6. 防止生活中的意外伤害

宝宝到了2岁后，整天蹦蹦跳跳，爬上爬下，喜欢到处钻、到处藏、到处跑。因为孩子生活经验少，缺乏安全意识，特别容易出现意外伤害。因而在日常生活中，父母应做到防患于未然，看护好孩子。

(1)家庭中的药品、剪刀、热水瓶等要收纳在宝宝拿不到的地方。

(2)简单的禁令会使宝宝变得胆怯或产生逆反心理。一旦宝宝碰触到这些“危险品”，家长不要使用如“不要拿”“别碰”“放下”“不能吃”等简单的禁止性语言制止宝宝的行为，而是要给宝宝讲安全故事，陪宝宝玩安全游戏，借机把可能发生的危险和伤害及怎样避免形象生动地传达给孩子，让孩子接受。

(3)宝宝一旦受伤，应做好家庭紧急处理。若宝宝受伤状况比较严重，应及时将宝宝送往医院进行治疗。

7. 注意出行安全

在大多数情况下，意外是可以避免和预防的。带宝宝外出时，家长应该对意外事故有敏锐的洞察力，并知道如何预防意外，注意出行安全。比如，打雷、打闪时宝宝正在树下玩耍，家长应要求宝宝回到家中，或将宝宝带到安全的地方，避免被雷电击到；乘坐汽车，要让宝宝坐在驾驶员后排，并在车内安装结实的儿童安全座椅，为宝宝系牢安全带等。

五、疾病与预防

(一)过敏

幼儿皮肤过敏现象比成人更常见，这是因为幼儿的皮肤比成人更加娇嫩，所以更容易出现皮肤过敏、皮肤干燥等状况。过敏可表现为多个方面的症状：皮肤潮红、血管性水肿、支气管痉挛、喉部水肿、低血压、心律失常、心肌缺血、恶心、腹痛、呕吐、腹泻等。

引起幼儿过敏的常见原因有：食物(如坚果、海鲜、鸡蛋、牛奶等)、昆虫叮咬、药物(青霉素)、环境(香水、花粉、泥土等)等。

食物过敏原引起的早期过敏症状包括嘴和面部有痉痒、发热等感觉，并有虚弱和焦虑现象。进而可发展为皮肤潮红、荨麻疹、过敏性鼻炎、口唇肿胀、咽喉干涩、咳嗽、眼周围的瘙痒、鼻充血、喷嚏、呼吸困难和喘鸣。

对于过敏体质或者有过敏史的宝宝，重点在于避免与过敏原接触。当幼儿出现过敏症状时，应注意摆脱致敏环境，对其进行严格监控，如症状仍然进展，应立即寻求专业帮助，对高危的宝宝应给予急救的药品。

（二）手足口病

手足口病最常见的是由柯萨奇病毒引起。其感染途径包括消化道、呼吸道及接触传播。患儿的水疱液、咽分泌物及粪便中均可带有病毒。此病多在夏季流行。

潜伏期一般4~6天，最先出现发热、全身不适、咳嗽和咽痛等症状。在患儿的指（趾）背面、侧缘，手掌，尤其是甲周有皮疹，很快发展成水疱，背部和臀部皮疹水疱少见，口腔内在软腭、舌、颊黏膜和牙龈上发生水疱，破溃后形成糜烂。手足口病一般8~10天水疱干涸。在患儿发烧时注意一般家庭护理即可，如合并其他症状应及时就医治疗。

六、育儿百宝箱

（一）2岁后的宝宝可以看电视吗

婴幼儿的眼睛正处于发育期，过早且长时间看电视容易给眼睛造成损害。所以，3岁以下婴幼儿不宜过早看电视。

如果避免不了宝宝看电子产品，那一定要减少宝宝看电视或玩电脑的次数和时间，每次20分钟左右，休息几分钟，以减轻眼睛负担。看电视后，暂时不要让宝宝马上看近处的小东西，最好带宝宝到室外望望远处。此外，让宝宝和电视机保持一定距离。一般来说，人到电视的距离应为电视机屏幕对角线的4~6倍。屏幕较亮时，距离可以适当再远些；屏幕较暗时，距离可以适当近些。晚上看电视时，不要把灯全部关上，而应让房间保持一定的亮度，比如开一盏3~8瓦的灯，但不要让光线直接照射在屏幕上。

（二）如何给宝宝选择故事书

从材质内容来说，可选择适合本年龄段的经典绘本（又称图画书）。这类故事书一般画面清晰工整，便于宝宝观察，并能将故事与画面联系起来。从形式来说，可以选择既有故事，又有音频的书。书是由家长读给宝宝听的，音频则是留给家长和宝宝一起听的。

(三)如何保证宝宝得到充足的营养

1. 通过丰富食物的色、香、味、形，来刺激宝宝的食欲。不要给宝宝食用刺激性食品和油炸食品。

2. 饮食种类多样化。肉、蛋、奶、蔬果和粮食都要吃，不能偏食，荤素搭配合理，粗粮细粮都要摄入。

3. 让宝宝自己咀嚼一些小块的食物，这样更利于营养吸收。这个阶段的宝宝已经具有一定的咀嚼能力，可以让宝宝自己吃一些面食，如包子和馒头等。

4. 严格控制点心的进食量。可以选用牛奶、饼干、水果等作为宝宝的点心，切勿吃得过多，影响正餐。

5. 宝宝每日摄入的营养要均衡，可参考下表：

营养物质	来　源
蛋白质	肉类、蛋类、豆类、谷类
脂肪	动植物油、奶类、蛋类、肉类
糖类	谷类、豆类、蔬菜、水果
钙	奶类、蛋类、鱼类、豆类、蔬菜
铁	动物肝脏、蛋类、肉类、绿叶菜
锌	动物肝脏、花生、香蕉、豆类
碘	海产品

(四)2~3 岁的宝宝最喜欢什么样的玩具

本阶段宝宝最喜欢益智类的玩具，因为益智类玩具不仅具有开发智力的作用,还具有协调身体机能的作用。例如孩子将一盒积木拼出图形,除了要用脑,还要有手的配合,这就训练了孩子的手脚协调和手眼配合能力。孩子在跟他们的同伴或父母玩益智类玩具的过程中,不知不觉间也在发展他们的社会关系,即使他们在合作或竞争中容易发生争吵,但这正是他们发展合作精神和学习与人分享的过程,这为他们在日后融入社会打下基础。同时,孩子的语言能力得到一定提高,情绪也得到一定的释放。幼儿最喜欢以下几种类型的玩具:积木、球类、汽车模型等。

(五)语言发展是否"慢于"其他宝宝

此时宝宝说话不流畅,表达常有"破句现象",说长句子时,常有说话不流畅、结结巴巴的现象。对2岁多的宝宝而言,这是正常的自然现象。这往往发生在宝宝学习把单词句变成双词句,或试图用更多的词组成句子表达意思的时候。这种现象会随着宝宝的成长而自然消失。语言发展的快慢因人而异,语言习得的模式也各不相同。有的宝宝先学会主谓结构的语句,如"猫咪叫"。有些宝宝则先学会指辨事物,如"这""那"。通常,女孩的语言能力要比同龄的男孩强一些。当然,父母从孩子婴儿时期开始,就鼓励他咿呀学语,给孩子示范发音,让孩子模仿,这些都在孩子的语言获得中起着重要作用。

2岁4个月

一、身体发展指标

	男孩	女孩
体重	10.5～16.7 千克	10.1～16.2 千克
身高	83.9～99.2 厘米	83.0～98.1 厘米
头围	46.4～51.7 厘米	45.4～50.7 厘米
胸围	48.7～49.9 厘米	

二、心理发展指标

（一）粗大动作发展

1. 可以手不扶任何物体，单脚站立 5 秒以上；
2. 能走直线，拐弯的时候还能保持平衡；
3. 跑步已经很稳，姿势接近成人；

4. 可以把球扔到想扔的地方；

5. 会用足尖走路，走"平衡木"不会摔倒。

家庭参考游戏：小推车

游戏目的：锻炼宝宝上肢的支撑能力和身体的协调能力；锻炼宝宝的耐力。

游戏准备：地毯、玩具、轻快的音乐。

游戏过程：

Step1：家长带领宝宝做热身运动，一起爬呀爬。

Step2：在房间一端放个玩具，家长让宝宝趴在垫子上，轻轻拉起宝宝的双腿，指导宝宝双手撑地。

Step3：让宝宝用双手的力量撑地爬过去，宝宝拿到玩具后，家长鼓掌表示鼓励，并把玩具奖励给宝宝。游戏结束后，家长要帮助宝宝进行全身肌肉放松。

温馨提示：这项游戏活动量较大，要求宝宝的上肢力量要足够好。在游戏过程中，家长应鼓励宝宝不要轻易放弃，以此增强宝宝毅力。

家庭参考游戏：玩气球

游戏目的：家长帮助宝宝练习跳、踢、抛以及追逐的动作。

游戏准备：气球、细的长绳子。

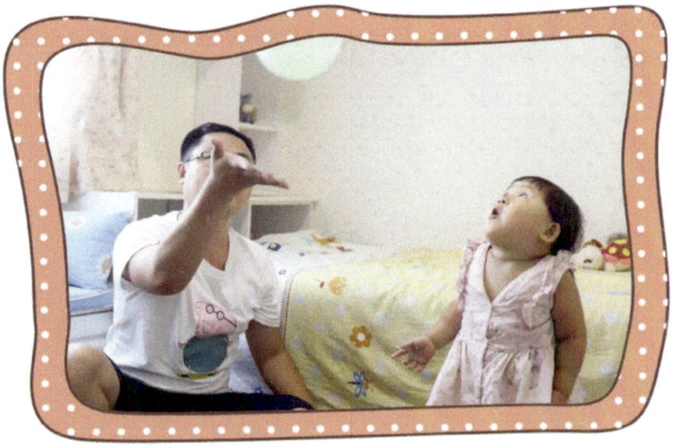

游戏过程：

Step1：家长将气球系在绳子的一端，让宝宝向上跳跃拍球。

Step2：在宝宝跳跃的时候，家长先让宝宝拍到球，几次后可适当增加高度。

Step3：家长将气球放在地上，引导宝宝将球踢给家长，然后家长再将球踢给宝宝，训练宝宝的腿部力量。

Step4：家长引导宝宝将球抛给家长，家长再将球抛给宝宝，也可以向上抛球。

Step5：家长拿起系着气球的绳子往前跑，让宝宝追逐气球。

温馨提示：在游戏中，家长要让宝宝体验到愉快和成功，要适时地给予宝宝一定的表扬和鼓励。

(二)精细动作发展

1. 可以自己解开衣服扣子；
2. 喜欢乱涂乱画；
3. 通过模仿能画出垂直线、平行线；
4. 能自如地敲击、挤压、滚动、拉长黏土或橡皮泥；
5. 能穿脱宽松的鞋子、T恤、外套、鞋袜。

家庭参考游戏：糖果工厂

游戏目的：促进宝宝手部肌肉的发展，增强宝宝的动手能力。

游戏准备：乒乓球、彩纸。

游戏过程：

Step1：家长示范，将彩纸裹在乒乓球上，并卷成糖果的样子。

Step2：家长指导宝宝通过卷、拧等方式将彩纸裹在乒乓球上，制作出美丽的糖果。

温馨提示：可以引导宝宝自己打开薯片袋、饼干袋等。

家庭参考游戏：长长短短的面条

游戏目的：培养宝宝的创造力，开发宝宝的智力。

游戏准备：纸黏土。

游戏过程：

Step1：这个年龄段的宝宝对纸黏土颇有兴趣，家长可以给宝宝一块纸黏土，让其随意感受。

Step2：家长示范，将短小的纸黏土拉长，让宝宝学习。

Step3：在宝宝熟悉纸黏土后，家长可以根据宝宝的喜好，与宝宝共同制作好看的黏土作品。

温馨提示：纸黏土要选择环保的，切勿让宝宝入嘴。

(三)言语发展

1. 喜欢耳语传话，喜欢模仿动物叫，会猜声音；
2. 掌握并会运用日常礼貌用语；
3. 会背诵3~5首唐诗，语言发

育快的宝宝掌握的儿歌会更多；

4. 能哼唱儿歌，音调、节拍较为准确；

5. 能说出自己的姓名、年龄、性别，能介绍爸爸、妈妈的姓名；

6. 能说完整的句子；

7. 会看图片，并能说出图片上的内容，知道日常生活中一些物品的名称及用途；

8. 会说一些简单的英语单词，如香蕉、苹果、橘子等。

家庭参考游戏：有礼貌地打招呼

游戏目的：让宝宝学习礼貌用语，培养其社交能力。

游戏准备：人物卡片。

游戏过程：

Step1：准备多幅人物卡片，让宝宝说出卡片中的人物称呼，比如爷爷、奶奶、叔叔、阿姨、哥哥、姐姐等。

Step2：家长要向宝宝讲解如何与人打招呼问好，然后家长将卡片戴在头上，扮演不同的人物，让宝宝学习打招呼。

温馨提示：家长在模仿人物的同时，动作、声调也要与角色相配合。也可让宝宝扮演不同角色，家长主动向其打招呼问好。

家庭参考游戏：动物的语言

游戏目的：引导宝宝模仿动物的叫声。

游戏准备：音乐《王老先生有块地》、动物图片。

游戏过程：

Step1：听音乐，熟悉音乐节奏和内容。

Step2：试着模仿音乐中动物的叫声。

Step3：将小动物的图片（小鸡、小鸭、小羊）一字排开，引导宝宝模仿动物的叫声。

（四）认知发展

1. 认知范围不断扩大，对外界事物产生极大的兴趣；

2. 喜欢看动画片，能关注故事情节；

3. 充满好奇心，喜欢尝试新鲜事物，但专注力不够；

4. 能辨认不同的水果、动物、交通工具；

5. 能很好地把握音乐节奏；

6. 喜欢听故事，对以前听过的故事表现出偏好；

7. 能分辨出三角形、正方形、圆形；

8. 了解气候、时间的变化，认识并会使用一些日常生活用品。

家庭参考游戏：丢失的小角

游戏目的：通过给残缺的彩纸找到丢失的部分，锻炼宝宝的形状辨认能力。

游戏准备：不同花色的彩纸。

游戏过程：

Step1：家长将三张不同花色的彩纸分别撕去一个小角，建议每一块彩纸所撕掉的形状略有不同。

Step2：然后将撕下去的部分与其他碎纸混在一起，将三张彩纸平铺在一个较为平整的地方，引导宝宝为这三块残缺的彩纸找到丢失的部分。

温馨提示：应将彩纸撕掉的小角混入与其大小差不多的碎纸中。可进行游戏的拓展训练，如用树叶等进行游戏。

家庭参考游戏：酸甜的滋味

游戏目的：通过比较苹果、梨的大小以及味道的甜酸，锻炼婴幼儿的逻辑思维能力。

游戏准备：大小不同的苹果和梨。

游戏过程：

Step1：这是一个比较大小的游戏，家长给宝宝一个小苹果，自己拿一个大苹果与宝宝进行比较，比较谁的苹果更大，然后引导宝宝拿一个更大的苹果与家长进行比较，以此类推。

Step2：比较大小过后让宝宝尝试着咬一口苹果和梨，判断哪个更甜，从而理解大与小、甜与酸。

温馨提示：语言的引导至关重要，如果此时宝宝没有兴趣，切莫强求。可进行游戏的拓展训练，如比薄厚等练习。

（五）情感与社会性发展

1. 表达情感直接生动，如兴奋时手舞足蹈，生气时大喊大叫，高兴时笑出声来；
2. 能用自己的方式和语言与同伴交流，且交流、交往的欲望增强；
3. 表现出同情心；
4. 对情绪的管理能力增强了，较少无故哭泣、发脾气；
5. 在家里愿意帮家长干家务活，如擦桌子、收拾玩具、放拖鞋等；
6. 和同伴玩耍时合作意识有所增强；
7. 能建设性地玩玩具，而不再是破坏大王；
8. 在公众场合开始注意观察、模仿，开始学着等待、排队；
9. 有强烈的自主意识和动手愿望。

家庭参考游戏：我是小司机

游戏目的：锻炼动作的协调力和身体的控制力；知道红灯停绿灯行，学会遵守交通规则。

游戏准备：呼啦圈、红绿灯手牌。

游戏过程：

Step1：把呼啦圈套在宝宝腰间，当作小汽车。

Step2：家长拉着呼啦圈的一端，宝宝拉着另一端，家长和宝宝一起“开车”。家长说儿歌：“嘀嘀嘀，汽车开来了，嘀嘀嘀，汽车开来了。”

Step3：家长说：“红灯亮了，停下来。”“绿灯亮了，可以走了。嘀嘀嘀，汽车开来了，汽车开来了。”

温馨提示：该游戏可在空旷的场地进行，家长应鼓励孩子做“车头”，多开辟一些新路线。在玩游戏的过程中可以自编歌谣，边唱边玩，增加游戏的趣味性。

家庭参考游戏：我是小小领路人

游戏目的：培养幼儿的合作能力。

游戏准备：装好水的塑料瓶子若干。

游戏过程：

Step1：将装好水的塑料瓶摆成一条弯曲的小路。

Step2：家长和宝宝站在起点处，家长用绸带蒙好自己的眼睛，宝宝牵着家长的手绕着瓶子走，以走到终点瓶子不倒下为胜。

温馨提示：注意宝宝的安全，让宝宝慢慢来。

三、育儿关键期

（一）视力保护

2岁后的宝宝用眼明显增多，从一开始就应该让孩子养成良好的用眼习惯。看书时坐姿端正，眼睛距书本30厘米左右，同时看书的时间不宜过长，每次20分钟为宜。孩子的眼睛尚处于发育期，长时间、近距离地用眼会导致孩子的视力直线下降。因此，要特别注意控制孩子用眼的时间，一般每次不应超过30分钟。此外，要谨防眼外伤，防止扎伤、烧伤和异物损伤。在此阶段，应加强对孩子的安全教育，如在奔跑时不要拿铅笔等尖物，以免摔倒时扎伤眼睛。在使用强酸、强碱等洗涤剂时，要让孩子避开，以免液体溅到孩子身上。一旦溅入眼睛，应立即用清水彻底冲洗，再去医院处理。在日常生活中应留意观察孩子的眼位是否正常，一旦发现孩子有斜视，应及时就诊。同时要预防感染性眼病，随着孩子与外界接触的增多，患感染性眼病的机会也明显增多了，因此，最好让孩子有自己专用的毛巾、脸盆。

（二）性别认同

宝宝在发现自己的手指和脚趾的同时，也会发现自己的生殖器，并会像玩弄手指、脚趾一样玩弄它。这并不会发展成什么坏事，但对宝宝的性教育却可由此开始了。父母可以在教宝宝“耳朵”“鼻子”的同时，很自然地把“阴茎”“乳房”等名词教给他。这样，日后宝宝对身体的这些部位就不会有异样感了。相反，在宝宝玩弄性器官时，父母若呵斥他或打他的手，就会使他认为自己坏，或是对自己的这一部位感到害怕。也许这个部位反而会特别吸引他的注意，甚至使他把生殖器官与羞耻、罪恶联系在一起，不利于宝宝的成长。帮助宝宝理解自己的性别，并且使他不感到拘束，是性教育的一个重要方面。有研究者指出，早在2岁时，儿童就有了一定的性别认同，3岁左右，儿童对性别的理解有了进一步的提高。性别认同对个体的心理发展具有重要的意义，是宝宝适应社会生活，安然地接受自身的性特征的重要前提。

(三)培养规则意识

在宝宝的成长过程中需要一个有秩序的环境来帮助他认识事物、熟悉环境，一旦他所熟悉的环境消失，他会感到无所适从。蒙台梭利在研究中发现，孩子会因为无法适应环境而害怕、哭泣，甚至大发脾气。幼儿的秩序感常表现在对顺序性、生活习惯、所有物的要求上。因此，成人应给宝宝提供一个有序的环境，宝宝从环境中逐步建立起内在秩序的同时，智能也在发展。两岁半的宝宝逐渐脱离以自我为中心，而对结交朋友、群体活动有了明确倾向。此时宝宝便进入了规则意识培养的关键期。这时，父母应给孩子确立一定的生活规范。

在此给家长朋友提几点建议：

(1)在日常生活中给孩子定规则；

(2)规则表述要清楚明确，易于理解；

(3)让宝宝参与定规则，调动宝宝的积极性；

(4)对宝宝遵守规则的行为及时给予鼓励；

(5)家长要以身作则；

(6)规则意识的培养要持之以恒。

四、营养与护理

(一)饮食营养

1. 让宝宝享受进餐的乐趣

宝宝长到两岁半，乳牙逐渐出齐至20颗，肠胃的消化吸收功能日渐完善，饭量也大大增加。

(1)制作宝宝餐食时不能只讲营养，还应注意色、香、味，从感官上吸引宝宝。比如颜色搭配要鲜艳，像西红柿炒鸡蛋、肉丝青椒、彩色水饺(用菠菜汁、胡萝卜汁、紫薯汁等和面，包制而成)等。

(2)在饭菜种类上尽量做到不重复，做到“上顿和下顿吃的不一样，今天和昨天吃的不一样”，使宝宝在每次吃饭时都感到“新奇”。

(3)在花色品种上切忌单调，如面食可以做成各种形状，像三角形、花形、棒棒糖形、小动物形，并辅以各种有颜色的粗粮。

2. 怎样使宝宝爱上喝白开水

从营养学的角度看，水与蛋白质、脂肪、碳水化合物、维生素、矿物质、膳食纤维一样，也是一种营养素。水在维持生命活动方面仅次于氧气，比食物重要。因为幼儿的新陈代谢比成人要旺盛，所以幼儿饮水比成人更显得重要。帮助宝宝科学摄入水分，一要注意宝宝的饮水量；二要正确把握宝宝的饮水时机；三要引导宝宝每天以喝白开水为主，避免喝含糖饮料。

通常我们可以根据年龄和体重来计算每日的需水量，1~4 岁的宝宝每日每千克体重需要水 125 毫升，而宝宝每日的补水量等于需水量减去喂奶量。此外，2~3 岁宝宝每天都会从饮食中摄取一定量的水分，如水果、米饭、汤等。根据《中国居民膳食指南(2016)》的建议，2~5 岁宝宝每天水的总摄入量(即饮水和膳食中汤水、牛奶等总合)约 1300~1600 毫升。

家长可以通过观察宝宝排尿次数和排尿量来判断宝宝的饮水是否充足。2~3 岁的宝宝每天排尿量约 600 毫升，每天排尿次数约 10~12 次。此外，宝宝已经可以表达是否喝水的愿望，若宝宝不愿意喝水，建议家长不要强迫，随宝宝自己的意思，这说明宝宝体内的水分已足够了。

2~3 岁宝宝的胃容量还很小，每天应少量多次饮水，比如上午、下午各 2~3 次集中饮水，晚饭后可根据宝宝的实际情况而定。饭前饭后不宜大量饮水，以免影响食欲和消化。

对于一些不爱喝水或者没有养成良好饮水习惯的宝宝，家长要掌握一定的方式方法，引导宝宝快乐饮水。

(1)不爱喝水的宝宝

宝宝不爱喝水，可能是觉得水没有味道，可以从为宝宝找到他喜欢的味道出发，想办法让宝宝爱上喝水。这时，可以在白水中加一点儿鲜榨的果汁或蜂蜜，让宝宝觉得水有很多种，总能找到自己喜欢的味道。

可以和宝宝一起制订一份日常喝水表，标注大致的喝水时间和饮水量，到时间就提醒宝宝喝水。宝宝喝水后，在表格相应位置打个“√”，连续一周圆满完成后，贴一朵小红花；攒几朵小红花后，满足孩子的一个合理的要求，如买一个玩具或出去游玩一次。

(2)爱喝果汁的宝宝

面对爱喝果汁的宝宝，首先父母要明白鲜榨果汁和水果不同，在制作果汁的过程中，水果原本含有的维生素会有所损失，而且鲜榨果汁糖分含量高。喝鲜榨果汁不等于吃水果，同时果汁更不能代替水。建议 3 岁以下的宝宝喝鲜榨果汁时最好先用白开水稀释后再喝。

(3)养成喝白开水的习惯

父母首先要为宝宝做好榜样，平时在家里烧开水晾凉喝，少买或者不买各种饮料。父母口渴了就倒白开水来喝，宝宝自然就学着爸爸妈妈的样子喝水了。如果遇到周末、节假日或是家里来客人，可以给宝宝喝点饮料，解解馋，但每次不能喝多甚至喝饱，和宝宝商量好，只喝一小杯。

3. 预防缺铁和缺铁性贫血

铁是人体红细胞中血红蛋白的主要成分，是人体所必需的一种非常重要的微量元素。一般在合理膳食和没有挑食、偏食的情况下，身体是不会缺铁的。但是，处于快速生长发育期的婴幼儿对铁的需求量较大，如果不能从日常餐食中吸收足够的铁来满足生长发育的需要，则会引起缺铁和缺铁性贫血。

缺铁性贫血是特指由于人体内铁需求和供给失衡，造成机体内铁元素消耗殆尽，导致血液红细胞缺铁而引起的贫血。缺铁性贫血的患儿常表现为脸色、口唇苍白，头晕乏力、智力低下、发育缓慢、容易感冒以及机体抵抗力差等。缺铁性贫血对患儿的身体健康危害较大，应该采取积极的措施进行防治。导致缺铁性贫血的原因是多方面的，除了铁吸收障碍以外，很大原因是铁摄入不足。此外，缺铁的后果不只是贫血，还可能对孩子的认知和行为方面造成长期而不可逆转的影响。因此，2~3岁宝宝及时、适量补充含铁量较高的食物是十分必要的。

富含铁元素的食物有：动物肝脏、动物肾脏、瘦肉、蛋黄、鱼、虾和豆类；菠菜、油菜、苋菜、黄花菜、西红柿、西芹、荠菜；杏、桃、红枣、樱桃、李子；葡萄干、核桃等。此外还可以适当食用强化铁的食品，如强化铁的奶粉、面粉等。对于严重缺铁的宝宝，应该听取专业医师的意见，适当补充铁剂。

【小贴士】

营养美食——炒肉肝

材料：肉肝 200 克，黄瓜 1 根，胡萝卜 1 根，姜片、蒜末、葱段各少许。

调料：盐、鸡精、生抽、料酒、淀粉、食用油适量。

做法：

(1)洗净食材；

(2)将洗净的黄瓜和胡萝卜切片，备用；

(3)将洗净的肉肝切片，放入碗中，加入调味料，腌渍至入味；

(4)将油倒入锅中烧热，放入胡萝卜片、姜片、蒜末、葱段，用大火爆香；

(5)倒入腌制好的肉肝，翻炒至松散、转色；

(6)减小火力，加入盐、鸡精，放料酒和生抽适量，炒匀；

(7)倒入黄瓜片翻炒；

(8)淋入水淀粉，翻炒均匀出锅。

营养功效：肉肝含有蛋白质、钙、磷、铁、锌、硫胺素和核黄素等营养成分。儿童食用肉肝可以防止缺铁性贫血，还能改善因营养不良造成的面色萎黄等症状。

4. 控制糖的摄入

糖摄入过多的儿童容易肥胖，患龋齿的概率也会相应提高，同时还会影响视力。糖在体内代谢需要B族维生素，吃糖过多可导致维生素B_1缺乏；同时，糖在体内可转化为酸性物质与钙起中和反应，会使人体内的钙大量消耗，所以应控制儿童糖的摄入量。1~3岁的幼儿每天摄入人为添加到食品中的糖在10克左右最佳，不要超过20~30克。

5. 宝宝有不良饮食习惯，父母应先自查

习惯不是宝宝与生俱来的，而是后天在环境中养成的，与父母的养育方式、言传身教有着直接的关系。不可否认，每位父母都有自己的饮食习惯，这些饮食习惯，有些是好的，有些是还能接受的，有些就是不良的。关键在于，父母并没有清晰地意识到自己有不良的饮食习惯。所以，当父母发现宝宝有不良的饮食习惯时，首先要检查一下自身，检查一下自己和家庭中的其他家庭成员有没有不良的饮食习惯。比如：

(1)挑食偏食；

(2)爱吃的吃得多，不爱吃的吃得少；

(3)不按时吃三餐，经常以零食充当正餐；

(4)早餐吃得少或不吃，晚餐吃得晚或多吃；

(5)吃饭时咀嚼有声音；

(6)吃饭速度过快，不习惯细嚼慢咽；

(7)吃饭时喝酒、喝饮料；

(8)用餐时看电视、看手机、看书或大声交谈等。

(二)护理与保健

1. 在日常游戏中训练宝宝的动手能力

2岁的宝宝特别喜欢动手，这时家长应该顺应宝宝喜欢动手的特点，让宝宝在游戏活动中学会专注地解决问题，在既动手又动脑的游戏中学会动手的技巧。比如：

(1)拿来一些废纸让宝宝撕一撕；

(2)给宝宝提供长条形木头或棍子，让宝宝敲一敲；

(3)找来不用的瓶子及其配套的盖子，让宝宝盖一盖；

(4)买来蜡笔，让宝宝画一画；

(5)买来纸黏土(或橡皮泥)，让宝宝捏一捏；

(6)买来一些积木，让宝宝搭一搭；

(7)买来一些拼图和七巧板，让宝宝拼一拼；

(8)用柔软的手帕或纸巾，随意折出角、边以及各种简单的图形；

(9)用线穿珠子、穿纽扣；

(10)用筷子夹糖球、豆子；

(11)在唱歌、跳舞、说儿歌时比画动作，把内容或情绪表演出来。

2. 让宝宝练习自己穿鞋

第一次教宝宝穿鞋时，建议家长最好选用那种“一脚蹬”或粘贴式的不需要系鞋带的鞋子。2岁多的宝宝可以将鞋穿到脚上，但分不清左右，经常将鞋子穿反，这时父母不能嘲笑和斥责宝宝，而是应该提醒宝宝学习分辨左右。千万不要因为怕宝宝犯错，嫌纠正宝宝麻烦，而包办代替。

3. 为宝宝提供适宜的睡眠环境，鼓励但不强迫宝宝午睡

无论是白天还是晚上，有很多家长感叹每次哄宝宝睡觉，宝宝没睡着，自己先睡着了。当宝宝有入睡困难时，不要责难和强迫宝宝，家长要为宝宝提供适宜入睡的环境。

首先，把窗帘拉上，让室内的光线暗下来。接下来，陪伴宝宝一起躺在床上。这时候如果宝宝能够安静地躺在家长的身边，不要求家长陪着他玩闹，那么家长就闭上眼睛睡觉或假装睡觉。如果宝宝在入睡前要求家长陪着玩，建议家长最好闭着眼睛，搂着宝宝轻轻地哼摇篮曲或轻声地讲故事。睡觉前的故事情节要平和，不要讲令宝宝兴奋、恐惧的故事，语调要轻柔，语速要慢，声音要低。

其次，如果家里有条件，可以把白天睡觉的地点和晚上睡觉地点分开。如果一天两次去同一个地方都是为了睡觉，宝宝可能会因为没有新奇感而拒绝上床。

再次，白天睡觉时可以尝试和宝宝“讲条件”，比如午觉睡醒后到户外去玩，以此来鼓励宝宝午睡。

此外，如果某个白天宝宝怎么都睡不着，甚至连眼睛都不闭，那家长也不要强迫宝宝，可以陪着宝宝在床上或沙发上依偎一会儿，让宝宝暂时安静半小时，也能使宝宝得到休息，重新恢复体力。如果宝宝没有午睡，那么晚上就要比平时提前半小时到一小时上床睡觉。

4. 坚持饭后漱口，保持牙齿清洁

宝宝从4~10个月左右开始出牙，先长出下面的一对正中切牙，再长出上面的一对正中切牙；然后是上面紧贴中切齿的一对侧切牙，而后是下面的一对侧切牙，到1岁时一般能出齐这8颗乳牙。1岁之后，再出下面的一对第一乳磨牙，紧接着是上面的一对第一乳磨牙，而后出下面的侧切牙与第一乳磨牙之间的一对尖牙，再出上面的一对尖牙，最后是下面的一对第二乳磨牙和上面的一对第二乳磨牙，共20颗乳牙，全部出齐在2岁至两岁半左右。这个时候，应该特别注意宝宝的口腔清洁。宝宝如果还没有学习刷牙或拒绝刷牙，不妨让宝宝坚持用清水漱口或在喂奶或食用其他辅食后喝几口白开水，用以冲洗口腔内残留的食物残渣，千万不要让宝宝含着盛有奶液的奶瓶入睡。

在宝宝接受清水漱口的基础上，家长就应该开始着手让宝宝学着自己用牙刷和儿童牙膏刷牙了。值得注意的是，家长最好监督宝宝晚上睡觉前认真刷牙或用清水漱口，如果刷不干净，长此以往就会出现龋齿。许多家长认为孩子的乳牙早晚都

要换掉，就算有龋齿也没有关系，认为乳牙掉了，恒齿出来，就没有龋齿了。实际上，只要患过龋齿的部位长出的恒齿，由于受到侵蚀，也会容易龋变。有些家长认为少给宝宝吃甜食，少吃糖，甚至不吃糖，就可以防止宝宝患龋齿了，这种认识存在一定的片面性。残留在牙齿间的所有食物，都有引起龋齿的可能，仅仅不吃糖还是不够的，所以必须保持牙齿的清洁。

5. 帮宝宝学会控制排尿的有效方法

(1)抓准宝宝的排尿信号，鼓励宝宝自主报告

2 岁后的宝宝基本上可以发出需要排尿的信号了，这时父母要注意抓准宝宝的排尿信号。当宝宝发出排尿信号时，父母要鼓励宝宝用语言或他人可以理解的方式自主报告。当宝宝主动示意并成功将尿排进指定器具中时，父母要表扬宝宝的自主行为，帮助宝宝建立自信。

(2)不强迫宝宝排尿，不指责宝宝尿床尿裤子

当父母捕捉到宝宝的排便、排尿信号，而宝宝的反应是“我不要坐便盆”或“我没有尿”时，父母要尊重宝宝的自我意识和选择。

宝宝自主排尿后，可能会因为穿脱衣服不灵活、饮水过量等而尿裤、尿床，父母只要耐心地帮宝宝处理干净就好。如果因此批评宝宝或过分强调宝宝的失败，会挫伤宝宝的自尊心。

(3)给宝宝示范，准备适合宝宝使用的排尿工具

给宝宝做示范，允许宝宝和父母一起上卫生间，通过模仿训练宝宝自主排尿是最直接的方法。女孩的训练由妈妈完成，男孩要靠爸爸的言传身教。同时，给宝宝准备适合的尿便工具，好看、好玩的尿盆、小便斗等排尿物品，有利于宝宝控制并主动排尿。

以男童为例，可以给男宝宝准备一个颜色鲜艳的、卡通形象的小便斗。首先，父母将小便斗买回家后，将小便斗固定在厕所的墙上。每次当宝宝想排尿时，父母可以提示宝宝去厕所找这个卡通形象，如提示宝宝说：“宝宝尿尿，就要去找大青蛙哟。”

6. 让宝宝爱上洗澡

给 2 岁的宝宝洗澡，比给 2 个月的宝宝洗澡容易多了。同时，2 岁也是培养宝宝乐于洗澡、养成良好卫生习惯的关键期。宝宝一般都会把洗澡当作是一次玩水游戏，如果宝宝在洗澡时要玩水，家长只要注意安全，不妨放手让宝宝去玩，让宝宝慢慢喜欢上洗澡。

夏天，宝宝出汗多，一般需要天天洗澡。但如果是秋冬干燥的季节，或宝宝身上非常干净，就没有必要每天给宝宝洗澡。如果是因为没有足够的时间让宝宝洗澡，或某天宝宝不愿意洗澡，家长只要坚持让宝宝洗洗脸、泡泡脚、洗洗屁股就行了。

7. 摔、碰、跌、磕伤的家庭处理

(1)从高处摔伤或碰伤:

立即送往医院检查治疗,必要时可拨打"120",向专业人士寻求帮助。

(2)从较高处摔伤或碰伤:

①先观察宝宝有无异常情况,如呕吐、脸色苍白、冷汗淋漓、呼吸急促、精神不振、反应迟钝、进食减少等;

②如有上述症状或其他异常,应立即送往医院,以排查是否造成了脑震荡、颅内出血、内脏出血或体内脏器受伤。在送往医院时要轻轻搬挪、细心保护,以免加重出血。

(3)于较低处或地面磕碰跌伤:

①伤口创面大,出血不止,立即送往医院检查治疗;

②伤口小,出血量不多时:

·可用冷水或生理盐水将伤口冲洗干净;

·涂碘酒消毒;

·视情况选择用消毒纱布或创可贴胶布包扎。

8. 割伤的家庭处理

(1)伤口创面大,伤口较深、较脏,出血不止或出血量多,伤口不易自己处理,尤其是伤口出现在面部的,应立即送往医院。

(2)伤口创面较大,出血较多的四肢割伤,应小心处理:

①将伤口冲洗、消毒;

②用多层消毒纱布做成较厚的软垫,再用绷带加压包扎起来;

③将出血肢体垫高,并压迫伤口上端(近心脏处),以利止血。

特别注意:绷带包扎时不宜过紧,应每隔 30 分钟松开绷带检查伤口,以免阻断血流引起肢体坏死。必要时应去医院接受治疗。

(3)伤口创面小,可使用创可贴胶布包扎或液态防水创可贴。

9. 烧、烫伤的家庭处理

(1)一般烧、烫伤的处理:

①用干净的冷水或生理盐水(1000 毫升冷开水加 9 克食盐)冲洗创面 20 分钟,如创面较脏可用醋或肥皂水轻轻擦洗;

②创面表面可涂抹烧伤膏,然后用干净纱布包好;

③如果创面已起水疱,不要挤破,可用干净布盖好,让疱内水分慢慢被吸收。

(2)头面部烧、烫伤或面积较大的、严重的烧、烫伤应立即去医院接受治疗。

五、疾病与预防

牙列异常

牙列异常又称错颌畸形，是指幼儿在生长发育过程中，由各种因素引起的牙齿咬合异常。最常见的为前乳牙反颌，俗称“地包天”，指正中咬合时，前牙呈反覆盖。引起前牙反颌的原因包括遗传、疾病及后天等多种因素。主要的后天因素包括：其一，奶瓶哺乳姿势不正确。婴儿长期自己抱着奶瓶，下颌需要向前用力吸吮奶瓶，致使发生前牙反颌。其二，不良的口腔习惯。包括咬手指、吐舌头、单侧咀嚼、吮唇。其三，乳磨牙过早脱落，致使过多使用前牙咀嚼，造成下颌向前位移、下颌突出。如出现幼儿牙列异常应及时就医。

六、育儿百宝箱

（一）宝宝玩弄生殖器怎么办

宝宝到了两岁半之后，开始注意到两性的差异，对自己的生殖器产生兴趣，用手玩弄生殖器是他在探索自己的身体，就像他探索身体其他部位一样，是一种好奇心的表现。所以，这不是什么大不了的问题。但是要告诉宝宝，摸弄自己的生殖器是隐私的行为，应该在没有人的地方进行。同时不要大惊小怪，应心平气和地把宝宝的手移开，拿些玩具或图画书转移宝宝的注意力。

此外，父母要特别注意保持宝宝生殖器及其周围的清洁，给宝宝准备的小内裤也应该是棉质、松紧适中的。有的宝宝是因为瘙痒去抓挠的，无意中体验到一种快感，不及时处理和纠正就会形成习惯。

（二）如何培养宝宝的音乐感受能力

有许多父母认为音乐感受能力是天生的，但除遗传因素外，音乐感受能力是可以培养的。对于 3 岁以前主要以家庭活动为主的宝宝，父母可以为他提供一个好的音乐氛围，让宝宝在不知不觉中受到音乐的熏陶。

1. 可以用丰富多彩的乐曲陪伴孩子一日生活中的不同活动。比如，宝宝起床和进餐时，放一些轻松愉快的抒情乐曲；宝宝游戏时，放一些节奏明快的乐曲；宝宝入睡时，放一些优美安静的摇篮曲等。

2. 可以给宝宝提供一些简单的乐器，如鼓、手铃、三角铁等。有其他小朋友来家里玩的时候，可以把家里有的乐器提供给孩子们，让他们一起玩。

3. 有条件的话可以带宝宝去听音乐会。

(三)如何看待早教机构

关于早教,最常见的观点可能有以下几种:

1. 早教会带来很多问题,不如让宝宝自由成长。有的父母可能对早教没什么兴趣,觉得教给孩子太多的东西无异于剥夺了他们快乐的童年。

2. 早教越早开始越好,教得越多越好。宝宝教不教差距很大,教得越多,宝宝懂得越多,对他的发展自然也越有利。从宝宝出生那天起,就应该不停地通过各种方式将他所见到的一切讲给他听,尤其要尽早教他识字、读书、画画、弹琴等。早教会让宝宝变得更加聪明,是宝宝成长过程中必不可少的事情之一。

3. 早教虽好,但是还得看宝宝愿不愿意接受。如果宝宝不愿意接受,早教就是空谈,唯有放弃。看到别人家的宝宝学这学那,有的父母也会依葫芦画瓢,教宝宝这个或者那个,但是宝宝一点儿都学不进去,看他这样,父母只有干着急,但又无可奈何。虽然也知道早教会对宝宝的成长产生非常好的影响,但实在不知道从何处着手对孩子进行早教。

正如上面这些观点反映的那样,一谈到早教,很多父母可能首先想到一个"教"字,并将这个"教"字与"灌输"二字等同起来,与识字、阅读等各种学习技能联系起来。于是,关于早教就会有两种不同的声音。父母都希望自己的宝宝可以完美地成长,不输在起跑线上。早教机构固然是好,但不能指望一周一两次的课程就可以让宝宝得到全面发展。如果父母平常什么都不管,那早教机构的作用并不大。其实,家长才是宝宝最好的老师。

(四)预防意外事故

注意宝宝活动区域周边的小河沟、小水坑,特别是雨雪天气后,即便在熟悉的环境里也要多加注意;注意别人家的宠物,防止孩子受惊吓和被咬伤等;游乐场并不都是安全的,有些设施或老旧,或出现故障,有可能引发意外伤害;预防道路上的危险;乘坐汽车,要让宝宝坐在后排的安全座椅上,并系牢安全带;防止宝宝从童车中摔下来;雷雨天气注意避免宝宝在树下、屋檐下玩耍。意外事故发生后,人们常常哀叹天灾人祸难以预料,但在大多数情况下,意外是可以预防的,父母需要多学习这方面的知识。

(五)儿童多动症的原因

1. 体质因素

专家说,神经质、胆怯、多动、情绪不稳定、对人对事敏感及有固执倾向者很容易引发儿童多动症。而且本症常伴有不明原因的头痛、腹痛及便秘、遗尿等,因此推测儿童多动症与儿童本身的体质因素有关。

2. 教育因素

多动症儿童的父母可能在教育孩子方面存在许多问题，如管教不一致，经常打骂孩子，不能以身作则，对孩子比较娇惯，家庭不够和睦等。

3. 器质性因素

国内权威多动症专家说，器质性因素也是引起儿童多动症一个不容忽视的原因，比如围生期损害，如产伤、窒息等因素都可能与本症有关。

4. 遗传因素

遗传是引发儿童多动症一个很重要的因素，专家说多动症和抽动症儿童的同胞兄弟姐妹中被诊断为多动症、抽动症的，三代中有精神病的，母亲有癔病的及父母脾气急躁的均明显多于正常儿童。

（六）宝宝喝饮料的危害有哪些

宝宝经常喝饮料会增加肠胃负担。饮料中的物质不会像水那么容易被人体吸收，积累久了会引发宝宝消化功能紊乱，食物不能被吸收，导致宝宝抵抗力下降，甚至会引发肠胃疾病。

由于饮料中有大量的糖分，喝下去会带给人饱腹感，宝宝的胃容量有限，饮料喝得多，自然饭量就会减少。长此以往，会造成宝宝营养不良，影响宝宝的正常发育。除此之外，饮料中还含有防腐剂、色素和香精等物质，这些物质会对宝宝正在发育的大脑造成伤害。据研究表明，防腐剂、色素和香精可能会导致儿童多动症等疾病。

碳酸饮料中含有碳酸、磷酸，酸性很强，会腐蚀刺激宝宝的牙齿，造成龋齿；磷酸会影响宝宝的骨骼健康；碳酸饮料中含有大量糖分，会导致宝宝肥胖。碳酸饮料还会把宝宝体内所需要的蛋白质和矿物质冲走，长此以往会对宝宝的身体发育造成影响，需要引起足够的重视。

（七）培养宝宝情绪管理能力的方法

1. 规劝

案例：与同伴吵架、抢夺玩具。

方式：先放下手边的工作，并走到孩子身旁，让孩子知道你正在关注他的行为。然后询问孩子争执、吵架的原因，并耐心听完孩子的想法。告诉孩子打人、抢夺是不正确的行为，并教孩子说“请”“谢谢”“对不起”等礼貌用语。

建议：勿以很大声音去压制或威胁孩子；勿直接将孩子拉开，然后大声训斥孩子；言语间避免伤害孩子的自尊心。

2. 打手心

案例：打架、乱丢东西。

方式：用报纸制作一个纸棒，外面可包上一层包装纸，赋予它一个名称，如“警惕棒”，放在固定的地方起到警示的作用。

建议：在心情好的时候制作，可与孩子一起讨论制作“警惕棒”的原因。处罚孩子时，先让他说出自己错在什么地方。注意安全，打的部位以手心为主，其他部位则应避免。

3. 罚坐

案例：吵闹不休、吵架。

方式：在处罚区摆上软垫或一张椅子，可为该区域取个名字。准备好闹钟，计时处罚。

建议：处罚地点不正对大门，不在太明显的地方。限制处罚时间，或跟孩子商定处罚的时间。处罚完后，让孩子说出被处罚的原因。

4. 帮忙做家务

案例：乱写乱画、乱丢东西。

方式：准备抹布、扫把、脸盆等清洁用具，让孩子学习做家务。

建议：父母应随时注意孩子的安全；训练孩子养成物归原处的习惯；询问孩子在帮忙做家务的过程中学到了什么。

5. 画画

案例：喜欢骂人、抓人、踢人、咬人。

方式：依家庭布局情况，选择在一固定地点摆放一张小桌子(此处罚桌最好不是平常使用的书桌、餐桌等，以免孩子日后使用时会产生害怕、恐惧的心理)。准备画册及画笔，让孩子画出、写出心中的想法。

建议：当孩子受伤时，先处理受伤部位再处罚。让孩子将发生的事情画下来。大人控制好自己的情绪，试着从孩子的画中了解孩子犯错时的心理。此为艺术疗法，这种做法一般不会伤害到孩子的自尊心。

6. 罚站

案例：故意从高处往下跳，在公共汽车上跑跑跳跳。

方式：在家中规划一个处罚区，可取个名字，地点以靠墙壁、不正对大门为主。地上铺上软垫。准备一个时钟，计时处罚。

建议：处罚地点不宜太明显或正对大门，以免伤害孩子的自尊心。与孩子商定处罚时间，不宜太久。处罚完，询问孩子被处罚的原因。

7. 看书、写字

案例：有暴力倾向，说谎，有顺手牵羊行为。

方式：选择固定处罚区，铺上软垫或摆放小桌子。在处罚区里面放铅笔、画纸、彩色笔、故事书、彩色纸。让孩子自己写字或看书，化解愤怒的情绪。

建议：当家长不能马上放下工作或手头正忙的事时，可先叫孩子到处罚区去反省。别怒斥孩子的不是，与孩子先隔离，缓和彼此的情绪。等情绪平复后，询问孩子犯错的动机。

8. 没收心爱的东西

案例：吵闹不休、乱丢东西、不收玩具。

方式：将孩子乱丢的物品予以没收，作为惩罚。

建议：先放下手边的工作，并走到孩子身旁，让孩子知道家长正在关注他。要求孩子将乱丢的物品收好，停止吵闹，否则将有所处罚。让孩子说出为什么犯错以及家长生气的原因。

2岁7个月

一、身体发展指标

	男孩	女孩
体重	10.9～17.4千克	10.5～17.0千克
身高	86.2～101.4厘米	85.2～100.5厘米
头围	46.6～52.0厘米	45.8～50.9厘米
胸围	49.2～49.9厘米	

二、心理发展指标

(一)粗大动作发展

1. 会骑小三轮车，但有的宝宝不太会拐弯；
2. 能完成前后滚翻等难度大的运动；
3. 跳跃较稳，会攀登。

家庭参考游戏：我要走上独木桥

游戏目的：锻炼幼儿的平衡能力；促进亲子关系的发展。

游戏准备：小区内有防护带的小路。

游戏过程：

Step1：家长带宝宝在小区找有防护带的小路，扶着宝宝站到防护带上去走。初次练习时家长要扶着宝宝的腋下慢慢地走，并且用语言鼓励宝宝。当宝宝成功后，家长要及时对宝宝进行夸奖。

Step2：当宝宝熟悉这个游戏以后，可进行自由练习，这时家长可以在旁边保护。

温馨提示：在走这种类似平衡木的防护带时，家长要在旁边做好保护，注意宝宝安全。

家庭参考游戏：跨越障碍物

游戏目的：通过站、爬、跨等动作，训练宝宝身体的灵活度和协调性。

游戏准备：软枕头、抱枕、棉被、桌子、凳子。

游戏过程：

设立一个临时跨越障碍物的"训练场"，障碍物可以选择矮小的桌子、凳子、枕头等，让宝宝从桌子下爬过去，凳子上跨过去，从枕头上翻过去。

温馨提示：家长要多多鼓励宝宝，并始终在他身边保护。也可增加游戏的趣味性，在障碍物附近放小玩具，让宝宝寻找宝藏。

（二）精细动作发展

1. 手指的灵活性提高，能用剪刀剪出一些形状简单的图形，如圆形、三角形、方形；
2. 生活自理能力基本已达到要求，能自己上厕所、洗手、吃饭、洗手绢、刷牙等；
3. 吃饭时能自如使用勺子、叉子，一些孩子能使用筷子。

家庭参考游戏："盖帽子"

游戏目的：提高宝宝的观察能力、手眼协调能力，并促进手部小肌肉的发展。

游戏准备：不同大小、不同形状、不同颜色的塑料瓶。

游戏过程：

Step1：家长和宝宝一起把所有瓶子的盖子取下来，完成“脱帽子”环节。

Step2：家长把瓶子和瓶盖弄乱，引导宝宝给这些瓶子戴上它们原本的“帽子”。

Step3：如宝宝一时找不到合适的“帽子”，家长要鼓励宝宝自己找，宝宝找到“帽子”时家长要及时给予肯定。

温馨提示：开始时准备少量瓶子，瓶子的外形差异要大一些，随后可逐步增加瓶子的数量。

家庭参考游戏：手影

游戏目的：丰富宝宝的想象力，锻炼宝宝的精细动作和操作能力。

游戏准备：黑暗的房间和手电筒。

游戏过程：

家长带宝宝进入黑暗的房间，将手电筒打开，左手持手电筒，右手放在电筒前，手的影子就出现了。家长引导宝宝用手创造出不同的影子(如小鸟、大雁、猫、狗、兔子、狼等动物形象)。

温馨提示：影子对于宝宝来说是有趣又难以理解的事情。通过游戏，可以让宝宝更好地理解什么是影子。

(三)言语发展

1. 言语理解能力进一步加强；
2. 一些宝宝已经可以流利地说出家人的姓名，包括不常见的亲戚朋友，还能说出他们的职业；
3. 亲子共读时能回答简单提问，并复述主要故事情节；
4. 能比较清楚、明确地表达自己的意图；
5. 词汇量明显增多，能说复句；
6. 特别爱说话，不断提问一些在大人看来很无趣的问题；
7. 言语发育跟不上思维，常无法准确清楚地表达自己的想法，发生“口吃”现象。

家庭参考游戏：喂喂喂，你在哪里呀？

游戏目的：以打电话的形式与父母或者老师进行交谈，在交谈中了解自我，增强宝宝的自信心，同时培养宝宝的沟通能力、语言能力以及社会交往能力。

游戏准备：纸杯、线绳、玩具电话。

游戏过程：

Step1：将两个纸杯用线绳连接，做成一个模拟电话。

Step2：家长假装与宝宝通电话，引导宝宝问好，做自我介绍，讲述自己的喜好，彼此分享此时此刻的心情，也可聊聊天气，谈谈梦想。

Step3：用玩具电话做游戏，让宝宝熟悉如何接打电话。

温馨提示：在沟通的过程中，宝宝难免会遇到尴尬，不知道下一句该说什么，这时家长要进行引导，多提问题，让宝宝进行回答。可对游戏进行拓展，如用真电话与宝宝进行游戏，让宝宝真实地体会到电话的“神奇”。

家庭参考游戏：鹦鹉学舌

游戏目的：发展宝宝的语言能力和模仿能力。

游戏准备：随时随地进行，不需要刻意准备。

游戏过程：

Step1：宝宝都喜欢模仿周围人说话，因此父母可以和他玩这个游戏。提醒宝宝仔细听父母说的话，然后请宝宝复述一遍。

Step2：也可以模仿各种声音，如动物的叫声、有节奏的敲击声等。

温馨提示：可以先从一些简单的话开始，再慢慢发展到较为复杂的。也可以尝试一些绕口令。

（四）认知发展

1. 对事物的想象和联想能力增强，看到红色联想到苹果，看到鱼在水里游联想到小船；
2. 玩玩具、看电视、看书时的专注力明显提高；

3. 爱听乐器发出的悦耳声音；

4. 会看图配对、看图找错。

家庭参考游戏：饼干分一分

游戏目的：通过将饼干按形状分类，帮助宝宝认识不同的形状，锻炼宝宝的逻辑思维能力。

游戏准备：三种不同形状的饼干、三个盘子。

游戏过程：

Step1：每种形状的饼干准备十块以上，然后将所有饼干混合起来放在一起。

Step2：在宝宝的前面分别摆放三个盘子，家长指导宝宝将眼前的饼干按形状分类，分别放入三个空盘子里。游戏可以反复进行。

温馨提示：在游戏过程中，宝宝可能会出错，但是家长要有耐心地为其讲解、纠正。

家庭参考游戏：消失的雪糕

游戏目的：通过观察雪糕融化的过程，让宝宝了解因果关系，开发宝宝的逻辑推理能力。

游戏准备：雪糕、杯子、热水。

游戏过程：

Step1：家长带宝宝到便利店挑选宝宝喜欢吃的雪糕，让宝宝用手感受雪糕的温度和硬度。随后倒一杯热水，将雪糕切下一块放入水中，同时盖好杯盖。

Step2：几分钟后，让宝宝将杯盖打开，观察杯中的情况。当宝宝说出雪糕变小了或是不见了的时候，家长将融化现象讲给宝宝听。

Step3：再切下一块雪糕放入水中，这次不盖杯盖，让宝宝观察水中的雪糕融化的过程，并感受水温的变化。

温馨提示：也可用冰棍做实验。宝宝感兴趣的话可进一步进行游戏的拓展训练，比如家长将水放入锅中，盖上锅盖，把水烧开后关掉火，揭开锅盖，让宝宝观察锅盖上的小水珠。

(五)情感与社会性发展

1. 自我意识增强，出现了一个明显的反抗期，常对爸爸妈妈说“不”，和小朋友之间也会吵架；

2. 对黑暗和动画片里的猛兽、怪兽的恐惧心理加重；

3. 当给宝宝讲道理时，他开始由似懂非懂到渐渐能听明白；

4. 社交对象的范围扩大，尤其乐意从大孩子那里学习玩耍的方式；

5. 还不会与其他小朋友合作游戏，有时虽然在一起玩，但大家都还是各玩各的。

家庭参考游戏：瓶宝宝穿新衣

游戏目的：培养宝宝的动手能力，开发宝宝的艺术审美能力。

游戏准备：玻璃瓶、彩纸、固体胶棒。

游戏过程：

Step1：让宝宝将彩纸撕成小块，家长在旁边指导。

Step2：用固体胶棒涂满玻璃瓶。

Step3：将撕成小块的彩纸贴到玻璃瓶上。

温馨提示：彩纸这种材料过于单一，可以增加一些有触感的塑料纸或贴画，以开发孩子的艺术审美能力。

家庭参考游戏：我用图形来创造

游戏目的：家长鼓励宝宝对多种图形进行发散思维，锻炼逻辑思维能力，同时了解宝宝对物品的认知能力。

游戏准备：白纸、画笔。

游戏过程：

Step1：家长在白纸上画出圆形、长方形和三角形。

Step2：引导宝宝进行图形的联想，比如说看到圆形我们可以联想到大饼、飞盘、太阳等，同时让宝宝根据自己的想象在白纸上绘画，画出自己心中所想的物品。

Step3：家长询问宝宝每种物品在日常生活中的用途是什么，在想出的多种物品中最喜欢哪一个。每种图形要想出三个以上的物品，宝宝完成游戏后要有适当的奖励。

温馨提示：在宝宝联想物品以及绘画的过程中，家长可帮助宝宝共同完成，整个游戏过程尽量轻松愉快，不要让宝宝产生逆反心理。也可对游戏进行拓展，比如在日常生活中，当宝宝使用一些物品时，家长可以及时询问其是由几种图形组成的。

三、育儿关键期

(一)计数能力

这个时期家长要从口头数数、按物点数、按数取物、说出总数四个方面培养宝宝的计数能力。“多”与“少”的概念在宝宝的小脑袋里已经非常明确，如果你在他面前摆放两堆数量在五个以内的物品，宝宝已经能分清楚哪堆多哪堆少。宝宝现在还能写出0和1这两个数字，而且0能封口，1能竖直。还能按秩序摆放好玩具。此外，宝宝对于语言的掌握能力有所加强。现在你可以和宝宝一起做分辨声音的游戏，当宝宝安静下来后，你和家人每人说一句话，让宝宝猜一猜分别是谁在说话，这样做可以锻炼宝宝的听力和分析能力。此外，要多利用日常生活中的各种机会数数给宝宝听，如给宝宝糖果时、上下楼梯时；可借助不同的物品，如手指、积木等，和宝宝一起数数，增加宝宝对数字的感性认识；利用生动的形象，教宝宝认识数字符号，如1像筷子，2像鸭子，3像耳朵等；设计一些有趣的游戏让宝宝做，如让宝宝从数字卡片中找数字；运用具体实例，教宝宝加减法，如用苹果、积木等演示；提供足够的实物材料，让宝宝自己动手，寻找数字间的联系。

(二)社交能力

从两岁半开始，宝宝的感情和情绪偶尔会动荡不安，经常反驳妈妈的话，和小朋友吵架，缠着妈妈撒娇，自我意识逐渐变强，对黑暗的恐惧心理也加重了。宝宝的情绪变化是正常的，这是由宝宝接触社会时的不确定感造成的。父母要注意锻炼宝宝的社交能力，不要过分迁就宝宝。这个阶段宝宝已经能接受简单的道理了，当你给宝宝讲清楚道理时，宝宝开始时可能会似懂非懂，但时间久了，宝宝心中就会肯定父母的道理，并以此为行为准则。妈妈可以教宝宝养成与别人打招呼的习惯。早上爸爸出门时，妈妈可以抱着宝宝，抓着他的手向爸爸挥手说：“爸爸，早点回来。”遇见街坊邻居时也是一样。首先妈妈向别人打招呼：“你好。”然后再对宝宝说：“我

们宝宝也要向奶奶问好。"让他也点头问好。透过与别人打招呼，使宝宝学习与人相遇和分开时的区别。例如，当宝宝学会说"再见"时，就会了解当自己说"再见"时，对方就会离开自己而去。此外，有的宝宝在小朋友中人缘非常好，而有的宝宝则更喜欢独自一个人待着。那么，作为家长应该如何引导宝宝，使他成为受欢迎的小朋友呢？家长要注重以下两个方面。

一是让孩子学会分享。其实孩子在最初都是知道分享的，至少他们大部分时间都是很听话地跟别人分享玩具或者食物，但是往往得到家长的反馈为"不要"。久而久之，孩子就会认为与别人分享是没有必要的。因此，家长应以身作则，告诉孩子应该如何与别人分享，尤其是与同龄孩子分享玩具与食物时，不能总是把喜欢的东西占为己有。家长要重视这件事，才可以在孩子那里得到认同。

二是让孩子学会道歉。孩子之间难免会出现争吵的情况，家长往往会为了小朋友之间的友谊而出手帮忙，其实这样做是错误的。当小朋友之间出现了争吵，家长应让孩子承认自己的错误并主动道歉。家长应从旁观者的角度认真分析这件事的对错，然后询问孩子应该如何去解决，让孩子了解道歉的重要意义，不要怕孩子犯错误，如果孩子可以勇于承担自己的错误并且道歉，那么就说明孩子已经有足够的能力解决与朋友之间的矛盾，家长便无须过多干涉。

四、营养与护理

（一）饮食营养

1. 培养宝宝专注进餐的良好习惯

由于 2~3 岁的宝宝注意力不易集中，吃饭时容易受到周围环境的影响，如果宝宝在吃饭的同时或玩玩具、或看电视、或做游戏，一心二用，都会降低宝宝对食物本身的关注度，从而影响营养的摄入和吸收。因此，家长应有意识地培养宝宝吃饭时要专注于食物的习惯。

（1）尽可能给宝宝提供固定的餐椅或就餐位置，让宝宝有自己专门进餐的筷子、勺子、叉子，让宝宝把更多的精力放在自主进食上；

（2）绝不允许宝宝边玩边吃、边吃边看电视等行为，家庭成员达成一致，绝不以任何理由"求"宝宝吃饭，追着宝宝喂饭；

（3）培养宝宝吃饭细嚼慢咽但不拖延的习惯。2~5 岁的幼儿，每次用餐时间最好在30分钟左右。

2. 怎样使宝宝爱上吃蔬菜

很多家长发现,不知从什么时候开始,宝宝学会了挑食,爱吃肉,不爱吃蔬菜。遇到这样的情况,我们可以采取以下办法:

(1)将蔬菜切碎剁烂,加肉和馅,做成宝宝爱吃的包子、饺子、馄饨、馅饼等。

(2)由于幼儿的咀嚼能力不如成人,所以给宝宝制作的炒菜不能切得太长太大,尽量做得软一些。建议将菜切成碎丁状、细丝状、小块状,方便宝宝咀嚼下咽。

(3)将宝宝不喜欢吃的蔬菜做成宝宝喜欢的形状。

3. 预防宝宝缺锌

锌是人体必需的微量元素之一,作用不可低估。锌参与核酸和蛋白质合成,可促进生长发育和组织再生;锌参与维护细胞免疫反应,有助于伤口愈合和提高免疫力;锌能维持正常的味觉,"增进食欲";锌能促进维生素A在体内的吸收和转化,保证宝宝视觉的正常发展,锌与宝宝的性发育和生殖器功能有关,被称为"生命之素"。

宝宝缺锌,除了会表现出食欲下降以外,还会出现皮炎、身高体重落后于同龄宝宝、异食癖(爱吃生米、墙土、粉笔、煤渣、泥土、纸等东西)、地图舌(游走性舌炎)、视力减退、反复呼吸道感染等,严重时还会影响宝宝的智力发展。如果出现以上症状,建议家长尽快向医生问诊。

所以应及时补充含锌量高的食物,比如贝壳类海鲜含锌量最高(如牡蛎),其次是红肉(如羊肉)、动物内脏(如肉肝)、鸡蛋、干果。添加海鲜、牛羊肉时,要密切观察宝宝是否出现过敏。水果和蔬菜含锌量较低,所以添加辅食时应荤素搭配,避免宝宝偏食。此外,含有草酸的绿叶菜(如菠菜),容易影响锌的吸收。宝宝的辅食中如果添加了绿叶菜,建议先焯水,再喂食。

最后,需要提醒家长注意的是:食欲不振可能是由缺锌造成的,但宝宝吃饭不好的原因有很多,需要综合考虑,不能简单归咎于缺锌而盲目补锌。

4. 为宝宝选择有营养的零食,拒绝垃圾食品

2~3岁的孩子胃容量不大,但活动量大,所以每日只进食三餐是远远不够的。在不影响一日三顿正餐的基础上,为宝宝选择新鲜、天然、容易消化的食物作为零食,并将其与加餐相结合,一方面满足宝宝嘴馋的需求,另一方面可以补充营养。家长为宝宝提供零食的时候,一要注意零食的食用安全,如避免整粒的豆类、坚果类食物呛入气管发生意外;二要注意提醒并监管宝宝的零食摄入量,不能过多食用而影响正餐;三要注意宝宝食用零食和食用正餐的习惯应保持一致,如吃前洗手,吃后漱口;四是睡觉前30分钟禁食任何食物,包括零食。

《中国居民膳食指南(2016)》为2~5岁儿童推荐了以下7种有营养的零食:

·新鲜水果和蔬菜;

·乳制品,包括液态奶、酸奶、奶酪等;

·馒头、面包；

·鲜鱼肉制品；

·鸡蛋，包括煮鸡蛋、鸡蛋羹等；

·豆制品，包括豆腐干、豆浆等；

·坚果（磨碎食用）。

同时，限制食用以下10种零食：

·果脯、果干和蜜饯类食品；

·罐头类食品，包括水果罐头、鱼肉罐头等；

·果汁、乳饮料、碳酸饮料、果味饮料等含糖类饮料；

·冷冻甜品类食物，如冰激凌、雪糕等；

·奶油、含人造奶油的甜点等；

·腌制类和加工类肉食品，如咸鱼；

·膨化食品，如薯片、爆米花、虾条等；

·油炸类食品，如油条、麻花、油炸土豆片等；

·烧烤类食品；

·高盐坚果、糖浸坚果等。

5. 如何为宝宝选餐具

“工欲善其事，必先利其器。”在宝宝学习自己吃饭的过程中，为宝宝选择一套安全、实用的餐具尤为重要。

(1)选择专门的儿童餐具，形状和颜色让宝宝挑选

给宝宝买餐具时，一是选择经过国家卫生部门检测合格的知名品牌的儿童餐具，在安全性上相对于小品牌或无品牌餐具更有保障。二是无论在超市、实体店，还是在网上购买，建议让宝宝参与挑选餐具的颜色、大小和形状，这样会提高宝宝独自用餐的兴趣。

(2)在材质选择上要慎重

玻璃、陶瓷餐具耐高温、散热快而且没有棱角，从材质的安全性上来说算得上是宝宝的理想餐具。但缺点是一摔就碎，如果宝宝不小心“失手”打碎，一是可能划伤宝宝，二是有可能影响宝宝独自进餐的信心。如果家长选择这一类材质的餐具，在宝宝使用时一定要格外关注。

相比较而言，不锈钢餐具摔不碎、容易清洗，但如果是不合格的不锈钢，它里面的重金属会给宝宝的身体带来危害。因此，如果家长选择不锈钢餐具，一是要选择食品级的不锈钢；二是注意不锈钢的使用禁忌，如不宜贮存过酸、过碱、过咸的食物，洗涤时不宜用强碱或强氧化性的化学药剂。

拒绝使用喷涂油漆或类油漆物质的餐具和彩色的塑料餐具。

(二)护理与保健

1. 培养宝宝的洗手习惯

宝宝的手干干净净的，不仅招人喜欢，而且患感冒和肠道疾病的概率也会降低，所以培养宝宝饭前便后要洗手的卫生习惯，对宝宝的身心健康都很有益处。

(1)宝宝学习洗手前的物品准备：①流动水(自来水)优于盆装水。使用流动水可以最大限度地带走宝宝手上的细菌。②使用宝宝洗手液或宝宝皂。洗手液的按压方式可以提高宝宝对洗手的兴趣；宝宝皂可以减少对宝宝皮肤的刺激。③宝宝擦手巾或一次性棉柔巾。宝宝擦手巾不能和成人的混用，避免交叉感染，同时要定期消毒；一次性棉柔巾造价较高，但吸水功能强，比较卫生。

(2)宝宝学习洗手前家长的心理准备：①宝宝小手的灵活性还不够，因此洗手时不能很快完成，家长要理解宝宝，宝宝洗手时不能催促，要让宝宝完整地完成洗手程序。②宝宝洗手时，衣服可能会弄得湿漉漉的，衣袖里也可能弄到水，水池边、地上也可能到处都是水，家长要有心理准备，不能因噎废食，怕宝宝弄湿自己和其他地方就包办代替。家长学会放手，宝宝才能越做越好。家长要相信宝宝在反复的实践中会逐渐完善洗手动作。

(3)宝宝洗手时，家长要讲清楚洗手过程。教孩子先卷起袖子，用水将手冲湿后，取洗手液或香皂涂在手心处，两只手掌心对掌心揉搓，直到搓出沫沫或泡泡，手指交叉洗手指，左右手交替洗手背，再将手指放在掌心中转一转，最后用水冲洗干净。

2. 训练宝宝自己穿衣服

2~3 岁是训练宝宝自己穿衣服的最佳时期。有的家长在培养宝宝生活自理能力之前，会告诉宝宝这些技能是每个人必须会的。如果宝宝明白和接受这个道理，家长在教他的时候，宝宝会配合得很好，不抵抗，学得很快。如果宝宝不接受这个道理，或者家长在教宝宝穿衣服之前没有渗透这样的道理，很突然地让宝宝去学穿衣服，宝宝没有心理接受过程，学起来会很吃力。因此，建议家长在教宝宝穿衣服之前的一些日子里，观察宝宝是否认可“自己的事情自己做”这一道理，并掌握一些训练宝宝穿衣服的技巧。

(1)先给玩具娃娃穿衣服

家长在训练宝宝自己穿衣服之前，可以经常陪伴宝宝给家里的玩具动物、玩具娃娃穿衣服。宝宝在玩游戏的过程中，不仅锻炼了手的灵活性，还会探索出一些穿衣服的技巧，为学习自己穿衣服打好基础。

(2)图片演示法

用宝宝能理解的图片把穿衣服的步骤串联起来，或者将简单的穿衣动作分解，拍照冲洗出来，做成教具，给宝宝演示。同时利用实物，让宝宝在参考图片的基础上自己“穿穿看”，这样既可以提高宝宝的读图能力，又可以在成功穿上衣服后，增强宝宝“自学成才”的成就感。

(3)儿歌导引法

把穿衣服的步骤融入一首儿歌,引导宝宝边念儿歌边穿衣服,这样既好玩儿,宝宝又容易记。爸爸妈妈完全可以结合实际情况自己创作,只要便于理解,朗朗上口就好。

穿完衣服后,家长记得要把宝宝抱在怀里亲一亲,夸奖一下,让宝宝觉得自己穿衣是件很愉快的事。

3. 重视宝宝的夜醒、打鼾

宝宝晚上睡觉如果出现老翻身、夜醒频繁、打呼噜、总做噩梦等现象,这可能是宝宝营养不良,体内缺乏某种维生素或微量元素造成的,也有可能预示着宝宝的某种疾病,因此家长要引起重视。

比如宝宝晚上打呼噜,有些家长会以为是宝宝“睡得香”。其实不然,如果宝宝睡觉打呼噜,同时伴随着张口呼吸、憋气等现象,有可能是阻塞性睡眠呼吸暂停低通气综合征。出现这种病症的原因有很多,主要包括鼻炎、气道窄、扁桃体增生肥大、先天咽部畸形等。如果宝宝有以上表现,建议家长带宝宝去医院排查一下。

4. 限制宝宝看电子屏幕的时间

成长于信息时代的宝宝,在家长和外部环境的影响下,很早就接触到电视、电脑、手机和平板电脑等电子产品。2~3 岁的宝宝正处于视听敏感期,电子产品中生动丰富的画面和有趣多样的音效对幼儿的吸引力很大。随着科技的发展,电视和电脑等电子产品已经很难从家庭日常生活中剥离出来,因此正确引导宝宝使用电子产品,适度限制宝宝使用电子产品的时间是必不可少的。

2~3 岁宝宝的眼睛能够聚焦到近距离的物品,大多数家长在家里会要求宝宝看电视、电脑、手机、平板电脑等电子产品时不要离得太近。其实,短时间看电子屏幕一般不会导致宝宝眼睛疲劳,但如果长时间盯着屏幕看是对眼睛非常不利的。因此,即使宝宝距离屏幕很远也不要让宝宝长时间盯着屏幕。专家建议,2~3 岁宝宝每次看电视、电脑、手机和平板电脑的时间不要超过 30 分钟,每天累计时间不要超过 2 小时。建议家长们应合理安排和引导宝宝进行运动和户外活动,让宝宝离开屏幕,走出家门,走向户外。

5. 尝试让宝宝坐马桶

训练宝宝把大便排在便盆中,简便且有效的方法就是教宝宝模仿成人。这时,家长可把便盆放在卫生间,带着宝宝一起上卫生间,宝宝坐在便盆上,家长坐在马桶上。如果宝宝出于好奇,要求使用马桶,那家长一定不要错过这个让宝宝使用马桶的好机会,并要提前做好准备。

(1)不要让宝宝脱光裤子坐在凉凉的马桶上,宝宝会因为不舒服而拒绝使用。建议家长在马桶上套上适合宝宝使用的坐便套,让宝宝感到温暖舒适。

(2)宝宝上下马桶或上下坐便梯时，父母一定要确保宝宝安全，并帮助其克服恐惧心理。一旦宝宝从马桶或坐便梯上摔下来，虽然不会摔得很重，但大部分宝宝会因此而恐惧使用马桶。建议家长选购宝宝喜欢且适合宝宝使用的马桶支架，帮助宝宝顺利度过学习坐马桶的过渡期。

6. 训练宝宝自己擦屁股

很多家长担心宝宝自己擦屁股擦不干净，而不肯训练宝宝自己擦屁股。其实，如果不训练宝宝自己擦屁股，宝宝将来会因为“没有人给我擦屁股”而抗拒在家以外的地方排便，更有甚者会因此而拒绝上幼儿园。

所以，当宝宝学习自主排便的同时，家长应该训练宝宝自己擦屁股。比如训练男孩子擦屁股时，要指导男孩子找到排便的肛门；训练女孩子时，要示范从前往后擦的要领等。最后，记得督促宝宝便后及时洗手，尤其是在自己擦屁股之后。

7. 误吞异物的家庭处理

(1)食入鱼刺之后不要让宝宝大口地吞咽米饭、馒头或者用喝水的方式试图将鱼刺吞咽下去，应该让孩子张开嘴观察鱼刺的大小和位置，以便及时取出。如若鱼刺太大不易取出，应该立即送往医院进行急救。

(2)吞食圆形光滑的小体积物体，如水果核、小珠、纽扣，可以连续观察几天，如果孩子未出现异常并且没有不适感，就说明未对孩子造成伤害，这时只需给孩子多吃一些蔬菜、香蕉等，几天后能随大便顺利排出。

(3)吞食带棱角的东西，如针、别针等，应该立即送往医院进行密切观察和治疗。

8. 鼻腔异物的家庭处理

(1)可用手指堵压无异物的一侧鼻孔，让宝宝做擤鼻动作，将异物排出。

(2)用棉花、纸捻刺激鼻黏膜，使宝宝打喷嚏喷出异物。

(3)用镊子轻轻夹出异物。

如上述方法均无效，应立即送往医院处理。

9. 耳内异物的家庭处理

(1)植物种子类：千万不能用水泡，应立即送往医院。

(2)虫类飞进或爬入耳朵：可将宝宝的耳朵对着灯光，虫子即会向着光亮爬出。

取异物时要先固定住宝宝的头部，以免碰伤宝宝皮肤或鼓膜，实在取不出时，应立即送往医院。

五、疾病与预防

腮腺炎

腮腺炎是一种急性的病毒感染性疾病，临床特征是腮腺疼痛性增大。主要分为潜伏期、前驱期和肿大期。

1. 潜伏期一般为2~3周。

2. 前驱期很短,数小时至一两天。常伴有发热、食欲不振、全身无力、头疼、呕吐等。

3. 腮腺肿大期,腮腺首先一侧肿,然后另一侧也肿大。腮腺肿大的特点是以耳垂为中心,向周围扩大,边缘不清,触之有弹性感及触痛,表面皮肤不发红。肿胀范围上缘可达颧骨弓,后缘达胸锁乳突肌,下缘延伸到颌下、颈部。腮肿3~5天达高峰,而后逐渐缩小,1周左右消退。有时颌下腺和舌下腺均可肿大,以前者肿大为多见,有些病例仅有颌下腺肿大而腮腺不大。患儿感到腮腺局部胀痛和感觉过敏,张口和咀嚼时更明显。在腮腺肿大的同时体温升高,但体温增高的程度及持续时间的长短与腮腺肿大程度无关。发热持续时间不一,短者1~2天,少数可达2周。本病预后良好。

六、育儿百宝箱

(一)如何做一名合格的看护人

1. 有一定的育儿经验,并能继续学习育儿知识

对于宝宝来说,最好的看护人应该有一定的育儿经验,这样才能更科学地护理宝宝。同时,因为时代在变化,有很多新的育儿理念需要学习,所以好的看护人还应该具备较强的学习能力。

2. 爱孩子但不能溺爱孩子

看护人应该是爱孩子的,这样的看护人才能给孩子带来安全感,才能很好地去呵护孩子的成长。同时,不能溺爱孩子,一味地宠爱甚至溺爱并不是一件好事,因为这样会让孩子失去锻炼和成长的机会。

3. 积极向上,充满热情

生命的开端往往是充满活力的,人类尤其如此。宝宝具备初步的活动能力之后总是非常活泼,探索欲望都很强烈,一个好的看护人应该能满足宝宝这方面的需要,并且能保证宝宝的安全。

4. 会引导孩子思考

幼儿天生就具备很好的模仿和学习能力,因此一个合格的看护人要懂得引导孩子思考。

(二)如何培养宝宝的动手能力

1. 指导孩子做手工,如折纸、剪纸。刚开始可以从简单的一步折纸学起,然后学2~3步的折纸。接着学剪纸,先学剪纸条,后学剪图形,还可以结合孩子的性格特

点剪稍微复杂一点儿的图案。家长可帮助孩子做多种手工，以发展动手能力。

2. 锻炼孩子的自理能力，如整理玩具、打扫房间、洗小物品。在日常生活中，父母要刻意培养孩子自己倒水喝，用筷子吃饭，擦桌子、扫地，自己整理玩具，洗手绢等技能。既提高了手的灵活度，也锻炼了孩子的自理能力。

3. 为孩子提供积木、拼图、七巧板、橡皮泥等玩具。聪明的父母这时会顺应孩子喜欢动手的天性，拿来一些废纸让他撕，给他一些木头和棍子让他敲，买来蜡笔教他学画画，找一些不用的小瓶、小盒让他配盖，为他准备一些积木、拼图、橡皮泥、七巧板等玩具，使他动手又动脑。孩子在动手过程中学会了专心去解决问题；在拼七巧板、穿珠子、套盒时延长了专注时间，培养了独立工作的能力。

（三）预防家里容易出现的意外事故

1. 从床上摔下来；
2. 从楼梯上摔下来；
3. 从窗台上摔下来；
4. 从自行车上摔下来；
5. 从大型儿童玩具上摔下来；
6. 学步车倾覆使宝宝摔伤或夹伤；
7. 小的陈列柜倾倒砸伤宝宝；
8. 在浴盆中打滑摔伤；
9. 宝宝拿到药瓶，把药吃进肚里；
10. 用手去抠没有安全盖的电插座孔；
11. 手指卡在玩具或者家庭用具的孔眼中；
12. 宝宝把矮柜上的台灯拽下来，砸到自己，更危险的是触电；
13. 把煤气开关打开；
14. 把工具箱打开，拿着危险工具乱舞；
15. 把水果刀、剪刀拿在手里；
16. 把桌布拽下来，桌布上有热水瓶或热汤；
17. 拧开了热水器开关；

18. 拧开了装有洗涤液、洗发水、香水或化妆品的瓶子，并当作饮料喝下去；

19. 用铁质玩具或坚硬的东西砸电视的屏幕或者镜子；

20. 浴盆中的洗澡水没有放掉，宝宝能够把头伸进去，或站到小凳上试图玩水；

21. 打开马桶盖；

22. 把很热的熨斗放到宝宝能摸到的地方，宝宝会站在小凳子上，通过拽连在熨斗上的电线把熨斗拽下来；

23. 站在小凳子上拧自来水龙头；

24. 烟灰缸里的烟蒂被宝宝吃到嘴里；

25. 家里养了有毒、有刺的花草；

26. 宠物并不总是对你的宝宝友好，你也不能保证宝宝不去招惹它；

27. 抱着宝宝喝热茶、热咖啡、热水；

28. 玩具上的零件、衣服上的纽扣被宝宝抠下来，送到嘴里；

29. 糖豆、瓜子、花生等可能被宝宝塞到鼻孔中，也可能会卡在宝宝的喉咙中；

30. 宝宝边跑边吃，嘴里的东西被卡在气管里；

31. 果冻等可能会堵塞宝宝的呼吸道；

32. 有硬度、有长度，能放到嘴里、鼻孔中、耳朵眼中的东西，如筷子、牙刷、小木棒等，被宝宝拿到，他就会真的把它放进嘴里、鼻孔中、耳朵眼中，如果拿着这样的东西跑，可能会戳到眼睛；

33. 幼儿不但喜欢水，更喜欢火。不要把火柴、打火机等放到宝宝能拿到的地方。

(四)“这个世界上有鬼吗”

小孩子大都会有一个害怕鬼怪的时期。“这世界上到底有没有鬼呢?”大部分宝宝对妖魔鬼怪的恐惧来自影视作品，父母不妨告诉孩子:“电影里的鬼怪都是假的。”

特别需要避免的是利用孩子对鬼怪的恐惧感来教育和吓唬孩子，诸如“大灰狼会吃掉不听话的小孩”“妖怪就喜欢抓走爱哭闹的小孩”等。首先，这种恐吓手段对于相当一部分孩子是无效的，只会让孩子察觉到父母在教育手段上的苍白无力。其次，即便是会被恐吓手段制服的孩子，心里也会产生巨大的不安全感。而不安往往是让孩子心神不宁、注意力无法集中的重要原因之一。何况，随着孩子年龄和智慧的增长，这种欺骗总有一天会被戳穿。被欺骗的感觉，会让孩子对家长不再信任，也会愈加没有安全感。

2岁10个月

一、身体发展指标

	男孩	女孩
体重	11.2 ~ 18.3 千克	10.9 ~ 17.9 千克
身高	88.2 ~ 102.5 厘米	87.2 ~ 101.4 厘米
头围	47.0 ~ 52.2 厘米	46.0 ~ 51.2 厘米
胸围	49.6 ~ 50.6 厘米	

二、心理发展指标

(一)粗大动作发展

1. 宝宝已经具备良好的平衡能力,会滑滑板车;

2. 能学会模仿操，动作能跟上节拍，并能基本到位；

3. 能单足站立、单足跳跃，荡秋千也不害怕。

家庭参考游戏：小袋鼠运粮食

游戏目的：训练宝宝的下肢力量。

游戏准备：小皮球、呼啦圈。

游戏过程：

Step1：放一个呼啦圈在地上，告诉宝宝冬天来了，小袋鼠要为过冬储备粮食了，让宝宝帮忙把粮食（即小球）运到家里（即呼啦圈里）。

Step2：让宝宝将小皮球夹在两条腿中间，站好，双脚跳到呼啦圈中，小球在跳的过程中不能掉落。

温馨提示：开始时，家长可以先做示范给宝宝看。

家庭参考游戏：接气球

游戏目的：训练宝宝的身体平衡能力；增进亲子感情，让宝宝体验与家长合作玩游戏的乐趣。

游戏准备：气球一个、硬纸板一块。

游戏过程：

Step1：用剪刀把硬纸板剪成球拍的形状，大小要适合宝宝使用。

Step2：把气球吹鼓，系紧，然后抛到半空中。

Step3：让宝宝用硬纸板做成的“球拍”去接球，尽量不让球落地。

Step4：家长和宝宝轮流向上拍打气球。

温馨提示：注意气球也不要吹得太鼓，否则容易爆破。

（二）精细动作发展

1. 能自己系上扣子；

2. 能画简单的人体，但比例可能不协调；

3. 自己吃饭时，正确用勺，不掉或少掉饭粒。

家庭参考游戏：保龄球

游戏目的：促进宝宝的手眼协调能力，锻炼宝宝的上肢力量。

游戏准备：小球、塑料瓶子。

游戏过程：

Step1：家长将空的塑料瓶子摆成三角形。

Step2:家长示范并强调要用滚的方式使小球击中瓶子。

Step3:宝宝拿着小球在距离瓶子约1米的位置滚动小球,使其击中瓶子,幼儿击中瓶子后家长要及时拍手鼓励、夸奖幼儿,增强宝宝的自信心。

Step4:提高游戏难度,增加宝宝与瓶子之间的距离。

温馨提示:在家进行游戏时可以用喝完的易拉罐、矿泉水瓶、饮料瓶进行游戏。

家庭参考游戏:剥鸡蛋

游戏目的:通过引导宝宝自己独立剥熟鸡蛋,锻炼其手部小肌肉的发展,培养宝宝生活自理能力。

游戏准备:熟鸡蛋。

游戏过程:

Step1:家长给宝宝介绍“帮小熊剥鸡蛋”的任务。

Step2:剥鸡蛋前先将鸡蛋放在凉水中“洗个澡”。

Step3:家长给宝宝示范剥鸡蛋时的技巧。先找到鸡蛋的“腰部”,在硬的地方敲一下,用手掌按住鸡蛋,将它“拦腰”碾轧一圈,将鸡蛋“腰上”这一圈都碾碎。在磕碎的位置轻轻撕开一个小口,将连着膜的蛋壳慢慢撕下。

Step4:家长鼓励宝宝一起剥鸡蛋。

温馨提示:剥鸡蛋的游戏可选择在宝宝吃饭的时候进行。此外,刚出锅的鸡蛋放在凉水中泡一会儿更容易剥。

(三)言语发展

1. 发音准确,吐字清楚;
2. 当大人提问时,可以用较完整的句子回答问题;
3. 已能背诵多首诗歌;
4. 能简单复述自己的经历。

家庭参考游戏:卖饼干

游戏目的:培养宝宝的语言能力,提高人际交往能力。

游戏准备:各种形状的饼干,若干纸盒。

游戏过程:

Step1:请宝宝扮演售货员,把饼干按形状分好类,装进不同的盒子里。

Step2:家长扮演顾客买饼干,边看边说:“我要买几个什么形状的饼干,请您帮我拿一些。”让宝宝按要求取饼干。

Step3: 宝宝完成后，家长说：“谢谢您。”

Step4: 互换角色，家长扮演售货员，宝宝扮演顾客。

温馨提示: 家长可适时引出买东西需要用钱，并用纸做一些模拟钱币，让宝宝在情景游戏中使用。

家庭参考游戏: 有味道的词

游戏目的: 增加幼儿词汇量，促进其语言发展。

游戏准备: 柠檬、肥皂、香水、醋等带有特殊气味的物品。

游戏过程:

Step1: 拿出准备好的物品，让宝宝用手扇的方式闻气味。家长向宝宝介绍气味的名称，如醋是酸的，香水是香的等。

Step2: 贴上标签。

Step3: 蒙上宝宝的眼睛让其闻气味，并用语言描述。

温馨提示: 尽量不选择具有强刺激性气味的物品，避免宝宝过敏或受到其他伤害。

(四)认知发展

1. 知道危险的地方不能去，危险的物品不能摸；
2. 知道不能跟陌生人走，不接受陌生人的东西；
3. 开始意识到别人的愿望和感受可能与自己不同；
4. 具有了分辨和思维能力，能指出图中的错误与缺漏；
5. 求知欲很强烈，对新鲜事物的探索精神常让成年人疲于应付。

家庭参考游戏: 我是百变小精灵

游戏目的: 训练宝宝的模仿能力和身体协调性，培养宝宝的音乐节奏感。

游戏准备: 小动物玩偶。

游戏过程:

Step1: 让宝宝仔细观察小动物玩偶，问宝宝这是什么小动物。

Step2: 与宝宝一起商量、讨论并模仿一些小动物的标志性动作，然后练习和小玩偶打招呼。

Step3: 家长与宝宝一起学做动作。

温馨提示：活动要在饭后一小时，宝宝精神状态良好的情况下进行。在模仿动物之前，家长要提前告诉宝宝要模仿什么，模仿后要对宝宝的模仿行为做出评价与鼓励。

家庭参考游戏："买单"的奥秘

游戏目的：帮助宝宝增强对数字的认识理解。

游戏准备：人民币、卡片。

游戏过程：

Step1：家长可以制作一些卡片，在卡片上画好日常食物，比如鸡蛋、鱼、虾、西红柿等。

Step2：带宝宝去菜市场辨认食物，并鼓励宝宝自己付款，让其学习与人沟通的技巧，并通过使用钱币认识数字的大小。

温馨提示：游戏过程中要多鼓励宝宝。

（五）情感与社会性发展

1. 能参与一些合作性游戏，如"捉迷藏""一二三木头人""老鹰捉小鸡"等；
2. 自理能力增强，能自己洗脸、洗脚、梳头、洗澡等；
3. 喜欢和小伙伴在一起，在集体活动的大部分时间里能参与进去；
4. 与小伙伴发生争执，较少用肢体攻击对方，更多通过语言去解决；
5. 对男性和女性身体差异表现出较强的好奇心；
6. 喜欢角色扮演游戏，如过家家；
7. 表现出自尊、同情和害羞。

家庭参考游戏：做个小主人

游戏目的：培养宝宝的合作意识和分享意识，增强宝宝和小伙伴的友谊。

游戏准备：点心、饮料、玩具等。

游戏过程：

Step1：家长和宝宝讨论怎样做好小主人。例如怎么打电话邀请好朋友，怎样制作邀请卡，小朋友来之前要做哪些准备等。这样逐渐建立宝宝的主人意识，他就能称职地扮演小主人的角色了。

Step2：和宝宝一起为小朋友准备点心、饮料、玩具等。

Step3：邀请与宝宝年龄相仿的小朋友来家里玩，让宝宝做一回小主人。

温馨提示：在讨论时，要注意培养宝宝的同理心。例如："如果你去××家玩，你希望被怎样招待？你希望玩什么样的游戏？"家长也可以和孩子讨论一些更为复杂的问题，例如是不是可以把宝宝最喜欢的玩具和小客人分享。这样，就可以避免在玩的过程中发生不愉快了。

家庭参考游戏：勤俭节约的好孩子

游戏目的：运用废旧物品进行废物再利用的游戏，让宝宝从游戏中学习勤俭节约的优秀品质。

游戏准备：鞋盒、旧画报、画笔、颜料、剪刀和家中废旧的塑料瓶。

游戏过程：

Step1：用剪刀将废旧瓶子上面的瓶口部分剪掉，在家长带领下利用画笔和颜料为其涂色，做成笔筒。

Step2：用画笔和颜料装饰旧鞋盒，做成带有格子的收纳小盒子以收纳宝宝玩具，并在盒子外面贴上分类标签，为玩具进行分类。

Step3：将旧画报剪碎，与宝宝一起做粘贴画的游戏。

温馨提示：在游戏过程中使用的剪刀应是儿童专用的剪刀。

三、育儿关键期

（一）物品分类

快3岁的宝宝思维能力有了很大提高，他常能触类旁通，比如说到熊猫，宝宝会联想到熊猫是国宝，它的食物是竹子，在动物园曾经看到过等。又比如说到蓝色，宝宝知道天和海是蓝色的，家里的日用品中也包含着许多蓝色等。经常与宝宝做一些联想的游戏，可以开发他的想象力，锻炼宝宝思维的活跃度。同时宝宝已能将各种用途不同的物品分类，不过还局限在按物品的用途来分，比如吃、穿、用、玩等，这说明宝宝已具备初步的分析能力和综合能力。

（二）人格修养

人格是一个内涵很丰富的概念，是一个人心理特征的总和，是在长期的社会实践活动中形成的。父母的教养、态度和方式对培养孩子健康人格作用巨大，和谐的家庭气氛有助于儿童积极、主动地参与到家庭活动中。然而，如果生活在不和睦、不健康的家庭环境中，如家庭成员关系不和，经常吵架，长期在这种环境下生活的孩子缺乏安全感，对人不信任，有的甚至会有攻击性行为或暴力倾向。父母首先要有健康的人格，才能去影响孩子。在生活节奏日益加快的现代社会中，家长不仅要为生活而奔波忙碌，回家之后还要面对活泼、好问、好动的孩子，这时请千万打起精神，随时随地做孩子的表率，以耐心的态度引导他们，不要以粗暴的态度对待他们，让孩子在自由、宽松、平等的家庭氛围中尽情表现自己。

家长要注意，孩子虽小，却也是一个独立的个体，有自己的愿望和爱好。家长要学会洞察儿童的内心世界，要用商量、引导、激励的语气和孩子交流，要多站在孩子的角度去考虑，而不是将自己的意志强加给孩子。不能因为孩子小，而随意斥责或辱骂，特别不要去嘲弄、讽刺孩子。这些都不利于儿童的健康成长。对孩子一点一滴的进步，父母都应及时给予肯定和鼓励，以增强孩子的自信心，保护孩子的自尊心。

（三）自理能力

3 岁是宝宝自我管理能力发展的关键时期。这个时期，宝宝的身体发育较好，手脚活动也比较灵活，已经能够料理自己的一些日常生活。在这一时期，家长应注意培养他们的生活自理能力，如吃饭应以自己吃为主，可以用勺子，也可以教他们学习使用筷子，但不一定要求用得很好。另外，这个时期还要让孩子养成自己刷牙、漱口、洗手的好习惯。学会料理一些简单的日常生活，是孩子走向自理的开始，尽管做得不好，且很费时间，但父母最好不要帮忙或催促，要尽量让孩子自己完成，要让孩子发现这些小事自己能干，这样既能增强孩子的自信心，又能培养孩子的自主性和积极性。如帮妈妈把衣服叠好，并把爸爸、妈妈、宝宝的衣服区分开，分别放到指定的地方；培养宝宝讲究卫生的习惯，教会他自己用肥皂洗手，练习洗手绢、袜子、玩具等小物品；坚持让宝宝自己穿脱单衣。宝宝喜欢学着大人的样子做事情，而已经学会的简单工作反倒不想做了，穿脱衣服、洗手、擦脸、刷牙等常常赖着妈妈帮忙，而炒菜做饭、扫地刷碗，他倒乐意参与。3 岁左右的孩子应该初步具备了自理能力，教育训练也就更应该注重综合能力和良好生活习惯的培养。家长一定要相信孩子，放手让他去干，你会发现宝宝原来是如此有本事，时常会有让大人惊讶和感动的“创举”。凡是宝宝能自己做的事，一定坚持让他自己来。妈妈做家务的时候可以叫上宝宝帮忙，爸爸做修理工作的时候，也可以拉上宝宝做助手，关键是让孩子参与到丰富的生活中来，并在经历的过程中教给宝宝各种知识、方法和技巧，同时注意培养孩子爱整洁、讲秩序和热爱劳动的好习惯。

四、营养与护理

（一）饮食营养

1. 让宝宝参与到健康食物的选择与制作中

在保证安全的情况下，应鼓励 2~3 岁的宝宝参与到家庭食物的选择与制作中，帮助宝宝了解食物的基本常识和对健康的重要意义，增加对食物的科学认知，学会尊重和爱惜食物。

第一，要让宝宝知道，好吃、好闻的食物不一定有营养。引导宝宝丰富自己的口味，不要只满足于加工后的食物的口味，尊重食物的原汁原味。

第二，当外出或在电视中看到不健康食品的广告时，可以选择让宝宝回避，或告诉他这些食品对宝宝的健康没有好处。

第三，不要把食物作为给宝宝的奖励，尤其是糖果、巧克力等。

第四，家中要常备健康的蔬菜、水果、奶、酸奶等，鼓励宝宝饿时吃健康的食物。同时，父母也要以身作则，不购买也尽量不吃不健康的食品。

节假日外出，可以带宝宝参观农场、农田，鼓励宝宝亲手采摘，在植物生长的环境中认识植物的营养价值。平时去菜市场买菜，也可以带着宝宝一起去“寻宝”，让宝宝亲自感受到食物的多样性和可选择性，激发宝宝对食物的兴趣。

平时在家，可以让宝宝观察家庭餐食的准备过程，并尝试择菜。在制作简单的如蔬菜沙拉、水果拼盘等菜肴的过程中，也可以鼓励宝宝做一些力所能及的加工活动，让他体会到劳动的快乐。

2. 避免摄入致敏食物

致敏食物是指宝宝吃了会引起过敏的食物，常见症状有：出湿疹、血管神经性水肿、腹泻、哮喘等。父母在给宝宝准备食物时，应警惕那些容易引起宝宝过敏的食物，如虾、螃蟹、鱼、鸡蛋（尤其是蛋清），各种豆类，蘑菇和木耳等菌类，韭菜、香菜、芹菜等有香味的蔬菜，都可能引起部分宝宝过敏。尤其对于过敏体质的宝宝来说，更要格外注意。

要判断宝宝对哪种食物过敏有两种方法：一是到比较权威的医院去检查宝宝的过敏原；二是注意日常观察，并做好记录。即使宝宝以前吃过某种食物没有出现过敏症状，但如果有家族过敏史，宝宝还是有可能对这种食物过敏。

宝宝对某种食物过敏，最好的方法就是在一定时间内避免摄入这种食物。一般情况下，宝宝的过敏反应会随着年龄增长、身体抵抗力增强而逐渐消失。对某类食物的过敏反应，经过 1~2 年会逐渐脱敏，家长可以先让宝宝进食少量该食物，看是否有异常，如无异常可以在以后逐渐增加该食物的摄入量。

但值得注意的是，如果宝宝长期对某种食物过敏，家长一定要熟记在心，外出用餐要避免摄入，日后宝宝进入幼托机构时，也要第一时间告知相关负责人。

3. 如何避免宝宝挑食、偏食

2~3 岁的宝宝正处于培养良好饮食习惯的关键期，也开始萌发自己的饮食喜好，在这个阶段可能出现短暂的挑食和偏食。在喂养宝宝的过程中，父母或主要看护人应有意识地、适时地纠正宝宝挑食、偏食的行为，尽可能避免宝宝养成这种不良的饮食习惯。

（1）宝宝有自己的食物偏好，饮食种类单调，只吃有限的几种食物

作为父母，要知道 2~3 岁儿童各类食物的每日建议摄入量，同时，父母要了解

宝宝每天的总体饮食结构，注意食物搭配上的丰富性。只要宝宝营养均衡，生长发育正常，就没有必要强迫宝宝吃他不喜欢的食物或吃父母认为应该吃的食物了。

2~3 岁儿童各类食物每天建议摄入量

食物	2~3 岁 （克 / 天）
谷类	85~100
薯类	适量
蔬菜	200~250
水果	100~150
畜禽肉类	50~70
蛋类	
水产品	
大豆	5~15
乳制品	500
食用油	15~20
食盐	小于 2

（注：该表参考《中国居民膳食指南（2016）》中数据）

（2）宝宝拒绝进食新食物

很多家长表示“孩子小时候什么都吃，长大了什么都不吃”。其实，相对于月龄小的宝宝来说，大宝宝一般对所有新食物都不容易接受，这是由宝宝的身心发展特点决定的，只要宝宝的生长发育正常，家长就不必过分担心。这时为了避免宝宝挑食、偏食，可以在宝宝吃自己喜欢吃的食物时，偶尔加入或喂食一两勺新食物让宝宝慢慢去适应，不要引起宝宝对新食物的过度注意。如果第一次添加没有成功，可以过一段时间再尝试，不要试图一次性解决问题，而是应该慢慢尝试。如果尝试几次都没有成功，说明宝宝可能真的不喜欢，那么就去选择含有同样营养成分的其他食物来代替这个食物。

（3）宝宝只吃肉不吃菜，或只吃菜不吃肉

首先，要找出宝宝不喜欢吃肉或不喜欢吃菜的原因，然后对症下药，有针对性地去解决。

比如，宝宝不喜欢吃肉的原因可能有：油腻引起宝宝肠胃不适；宝宝嫌肉不烂，塞牙。针对前一个原因，父母应带宝宝去看医生，在医生的建议下采取一定的措施，调节宝宝的肠胃；或者在日常的饮食中加入一些可以调节宝宝脾胃的食材。针对后一个原因，家长可以改变肉类加工方法，做成肉泥、肉羹、肉丸，让宝宝容易进食。

宝宝不喜欢吃菜的原因可能有：菜太老嚼不碎；或菜本身有宝宝不喜欢的气味，如茴香、芹菜、香椿等；宝宝就是觉得肉比菜吃起来要香，要可口。针对这样的情况，父母可以增加蔬菜选择种类，每天提供五种以上蔬菜，并注意随时更换品种。此外，注意烹调方法，尽量保持蔬菜特有的色泽和嫩脆的特点。再有，也可以将肉和菜一起调成馅，让宝宝食用。

其次，父母要以身作则，不能挑食、偏食，在餐桌上避免评论菜肴的口味不佳，或说出自己不爱吃肉、不爱吃某种蔬菜的理由，以避免宝宝在家人的影响下对食物有所取舍。

最后，经过一段时间后，宝宝在挑食、偏食的问题上有所转变，父母要及时表扬宝宝的进步，正面引导宝宝养成良好的饮食习惯。

4. 摄入充足的含碘、含硒、含铜的食物

碘是制造人体甲状腺素不可缺少的一种元素，缺乏时可引发甲状腺肿大和克汀病。硒参与机体抗氧化作用以及合成甲状腺素，低硒儿童是大骨节病与克山病的高发人群。铜对铁的吸收、血红蛋白的形成极其重要，缺乏时可引起贫血、白细胞下降、骨骼变脆、抵抗力降低。

碘的食物来源主要是海产品。硒的食物来源主要是海产品、畜禽肉类、蛋、大豆及大豆制品、蘑菇、全麦食品、芋头等。一般食物都含有铜，动物肝肾和甲壳类含量尤为丰富，其次是大豆、豌豆、坚果、葡萄干等植物性食物。

5. 宝宝四季饮食注意事项

春天是宝宝新陈代谢、生长最快的季节，要多吃补肝脾的食物，脾虚不仅影响肠胃的消化功能，还会影响到肝的疏泄，导致肝脾不合，所以宝宝容易生病。在饮食上，宝宝要多吃味甘的食物，如糯米、高粱、燕麦、山药、南瓜、核桃、桂圆、红枣、鲈鱼、鲫鱼等。同时，春季也是病菌传染的高发期，宝宝要从食物中获取足够的维生素 A 和维生素 C，它们可以保护呼吸道上皮细胞，宝宝通过食用油菜、菠菜、橘子、红枣来摄取这些营养物质。

夏季，宝宝的活动量增大，容易燥热，室内开空调，与室外温差较大，爸爸妈妈还会给宝宝吃些冷饮或冷食，容易造成宝宝肠胃功能紊乱，出现呕吐、腹泻。夏天蛋白质分解代谢速度较快，宝宝运动出汗会使大量微量元素和维生素从体表排出，从而使宝宝的抵抗力降低。在夏天，很多成年人都会食欲不振，更不必说宝宝了。爸爸妈妈要在饮食上多动脑筋，增强宝宝食欲。可以多给宝宝吃些新鲜的蔬果、凉拌菜和豆制品等。同时，夏天也要给宝宝准备些清热解暑的食物，比如西红柿、黄瓜、冬瓜、西瓜等，还可以食用肉、蛋、奶来补充丢失的维生素。

秋季气候干燥，宝宝容易上火，所以秋季的饮食应以清燥润肺、养肝护肝为主，宜多吃一些具有养肝护肝的酸性食物。在蔬菜中，宜多吃冬瓜、萝卜、莲藕以及豆制品等。水果中，宜多吃雪梨、葡萄、柚子等。爸爸妈妈要多给宝宝准备一些汤汤水水，如冰糖银耳莲子汤、菠菜丸子汤等，以达到静心安神、滋阴润燥的目的。

冬天寒冷，需要很多的热量，可适当多摄入含脂肪、糖类、蛋白质多的食物，如鱼肉、蛋、奶和豆制品等，这些物质中还含有人体所必需的氨基酸，有较高的营养价值，可增强人体的耐寒力和抵抗力。冬季过后，人体中的维生素含量会减少，要多吃些红薯、土豆、大白菜和白萝卜来补充维生素。

(二)护理与保健

1. 如何在家指导宝宝做手工

两岁半的宝宝已经有一定的动手能力了，这时家长可以引导宝宝从简单的一步折纸学起，到3岁时可学2~3步折纸。3岁的宝宝就可以开始学习用剪刀了，先学剪纸条，再学剪图形，并可以用纸条、纸片、纸块粘贴出简单的线条和图形。

2. 告别喂食，培养宝宝独立进餐

进餐是幼儿一日活动中的重要环节。独立吃饭，成人做起来很简单，但幼儿要想实现自己吃饭，需要有手眼协调的能力基础，并且学会使用勺、筷子等进食工具，还是有一定难度的。

2~3岁的宝宝刚开始练习吃饭时，由于手的动作不灵活，经常会把饭碗弄翻，饭菜弄撒，家长要耐心帮助，不要批评宝宝，也不要怕吃饭时间拖得过长，或嫌事后收拾起来太麻烦，抢过饭碗喂宝宝。有的家长由于对孩子过于宠溺，忽视宝宝想独立进食的需求，不经意间就剥夺了宝宝“自己吃”的机会。作为父母不要在宝宝刚开始学习独立吃饭的时候就挫伤宝宝自己进餐的积极性，更不要因为宝宝开始做得不好，就包办代替，养成宝宝“饭来张口”的不良习惯。

3. 如何讲好睡前故事

睡前故事该怎样讲呢？是对着故事书讲，还是即兴发挥呢？有的宝宝喜欢听爸爸妈妈自编的、与宝宝成长有关的故事；有的宝宝喜欢不厌其烦地听同一个故事；有的宝宝喜欢听以一个主人公为主线而展开的系列故事……对于宝宝的不同需求，很多家长不知道该如何选择。这时候请家长注意，宝宝喜欢听的睡前故事不是信息量大的故事，也不是情节复杂的故事，而是从讲故事的人内心里流淌出来的、富有浓浓爱意的故事，是能与宝宝心灵交织的故事。

4. 学习刷牙，培养良好的口腔卫生习惯

良好的口腔卫生习惯要从小养成，如饭后漱口、早晚刷牙。刷牙是维护口腔清洁，预防龋齿、牙周病较好的方法。宝宝2岁后，就可以教宝宝自己动手刷牙漱口，尽管宝宝做不好，也要鼓励宝宝做。如果家长总是认为宝宝这也不行，那也做不好，就剥夺宝宝练习的机会，宝宝就没有锻炼的机会了。家长要相信宝宝有很大潜力，只要肯放手，宝宝很快就会掌握。

开始教宝宝刷牙时，家长首先要为宝宝准备软毛、小头的牙刷，并提醒宝宝要轻轻地刷牙。如果有条件准备牙齿模型，可以先让宝宝利用模型体验刷牙时的力度，学习正确的刷牙方法。如果没有模型，家长可以一边讲解，一边亲自示范。也可以站在宝宝身后，手把手地教宝宝掌握正确的刷牙方法。有的宝宝刷牙太用力，或横着刷牙，刷几下就完事，这样容易造成牙龈出血或肿痛。正确的刷牙方法是竖刷法，即顺着牙齿生长的方向上下来回刷，上牙向下刷，下牙向上刷，反复刷 6~10 下。这样刷，牙刷有较多的机会深入到牙缝中，可以较彻底地刷除牙缝中的污物，给牙龈以适当的刺激。

宝宝刷牙时，家长要特别注意宝宝刷牙时的力度和速度，不要太用力，也不要太快。

5. 帮宝宝学会使用蹲厕

目前，国内绝大部分幼儿园的卫生间都是蹲厕，所以在宝宝上幼儿园之前，要有意识地训练宝宝使用蹲厕。有以下方法供家长参考使用。

（1）家长可以找来家里常见的报纸、塑料袋，让宝宝蹲在地上，尝试将大便排在这些材料上面。观察宝宝是否排斥蹲厕，如果排斥，建议耐心引导，让宝宝了解，“出去玩想拉臭臭时，不是每一次都能像在家里一样，可以坐在马桶上”，所以要学会蹲着排便。

（2）家长可以准备两块大于宝宝脚两三倍的木板或砖头，让宝宝练习站在上面，蹲下排便。待宝宝熟悉后，可逐渐增加木板或砖头的高度，直到宝宝学会使用蹲厕排便。

（3）带宝宝到外面的公共厕所观察蹲厕。如果宝宝有兴趣，或在家长的引导下表现出愿意使用蹲厕，可以让宝宝在外面的公共厕所尝试使用。

6. 防治宝宝尿床

大多数 2~3 岁的宝宝就不再尿床了，有些宝宝会晚些。当家长发现宝宝有尿床现象的时候，不要紧张，要注意分析宝宝尿床的原因，有针对性地解决和防治。千万不要批评、嘲笑宝宝，这样会伤害宝宝的自尊心，甚至会造成宝宝排尿障碍或习惯性尿床。

（1）2~3 岁的宝宝偶尔尿床是正常的，3 岁之后或者更大一点儿的孩子也会偶尔出现尿床的情况。

（2）宝宝入睡前如果活动量过大，过于兴奋，那宝宝可能会在比较疲惫的状态下入睡，熟睡中因感觉不到膀胱括约肌的信号，从而导致尿床。这时候，家长应该适度控制宝宝的睡前活动，不要让宝宝过度疲累。

（3）白天，宝宝可能会因为过度专注于某项活动而尿床或尿裤子。面对这种情况，家长应该提前掌握宝宝的排尿规律，在宝宝专注于某项活动时，提醒宝宝尿尿。

7. 如何处理小儿食物中毒

在家里，一旦发现孩子吃错了药，或出现食物中毒的某些症状，应立刻将食物或药物从胃里清洗出来，经过快速、简单处理后，立即送往医院进一步处理。

（1）催吐法：用一根筷子或者匙柄刺激孩子的咽部（嗓子眼），或者用手指触及孩子咽部，使孩子产生反射性呕吐动作，将胃里的东西吐出来。

（2）洗胃：让孩子喝下清水、温水或温盐水，然后用上述方法催吐。喝水，催吐，再喝水，再催吐，如此反复多次，直至吐出的水在颜色上和清洁程度上同喝进去的水差不多为止。

8. 如何预防宝宝感冒

幼儿几乎每时每刻都在蹦蹦跳跳，活动量很大，因此不宜让宝宝穿得过多过厚。宝宝感冒最大的诱因是出汗后受凉。当宝宝已经出汗，不要马上脱掉他的衣服，应该让宝宝静下来，擦干汗水，等宝宝不再汗流浃背时，脱掉一件衣服，再放宝宝去玩。不要把出汗的宝宝放到风口处，也不能使用电风扇或空调等为宝宝降热，更不要让宝宝快速喝冷饮等，这样会使宝宝敞开的汗毛孔迅速闭合，造成体内调节失衡，引起感冒。此外让宝宝多喝水，不但可预防感冒，对胃肠道和肺部也有益处。饮料不能代替水，含糖多的饮料尽量少喝。

五、疾病与预防

（一）蛲虫病

蛲虫病是由蛲虫寄生于人体小肠末端、盲肠和结肠所引起的一种常见寄生虫病，尤以幼儿期多见，临床上以夜间会阴部和肛门附近瘙痒为主要特征。

蛲虫的成虫细小，乳白色线头状。雄虫长 0.2~0.5 厘米，雌虫长 0.8~1.3 厘米，虫卵为不对称椭圆形。成虫寄生于人体的盲肠、结肠及回肠下段，在人体内存活 2~4 周，一般不超过 2 个月。雌虫向肠腔下段移行，当患儿入睡时，肛门括约肌较松弛，雌虫从肛门爬出，受温度、湿度改变和空气的刺激大量排卵，然后大多数死亡，少数雌虫可再进入肛门、阴道、尿道等处，引起异位损害。虫卵在肛周约 6 小时发育成为感染性卵。当虫卵污染患儿手指，再经口食入，会造成患儿自身感染。感染性卵抵抗力强，在室内一般可存活 3 周，虫卵可散落在衣裤、被褥、玩具、食物上，经吞食或空气吸入等方式传播。蛲虫患者是唯一的传染源，蛲虫病常在集体儿童机构和家庭中传播流行。

该病的治疗以驱虫治疗为主。应强调预防为主，培养良好的卫生习惯。饭前便后洗手，纠正吮手指的习惯，勤剪指甲，婴幼儿尽早穿封裆裤，玩具、用具、被褥等接触物品需要经常清洗和消毒。

(二)小儿铅中毒

小儿铅中毒是由于接触铅而导致体内铅的含量超过标准所引起的。宝宝手口动作较多,致使宝宝易将铅摄入体内。宝宝吸收铅的能力是成人的5~10倍,但是其肾脏的排铅能力是成人的一半,所以幼儿对铅的毒性最敏感,是铅中毒的高危人群。

铅中毒的原因包括环境污染、生活方式和偏方药物等。铅中毒患儿可能表现出神经系统、消化系统及造血功能障碍,如腹痛、腹泻、呕吐,大便呈黑色,头痛、头晕、失眠、心悸、面色苍白、贫血、血管痉挛、烦躁甚至昏迷等症状。尽快排查与脱离污染源是处理幼儿高血铅及铅中毒的根本办法,应积极调查生活环境、家庭成员及同伴的铅接触史,切断铅的来源与途径,并及时就医进行驱铅治疗。

六、育儿百宝箱

(一)宝宝做了噩梦感到很恐惧怎么办

几乎所有的人都会做噩梦,小孩子也不例外。当宝宝向父母叙述一个让他感到较为糟糕、恐怖的场景或事件,并确定这是自己做的一个噩梦时,一定要用拥抱和语言先安抚宝宝,让宝宝相信:“每个人都会做噩梦,爸爸妈妈也会做噩梦,这没什么大不了的,一会儿就醒了。而且,梦里的事情根本就不会发生,所以也不用怕。”并且让宝宝相信,无论什么时候,爸爸妈妈都会和他在一起。

对于有过噩梦经历的宝宝,在睡觉时,父母要格外注意宝宝是否在做噩梦。如果发现宝宝又在做噩梦,应及时在他耳畔说:“宝贝不怕,爸爸妈妈在这里,你只是做梦呢。”当宝宝做了好梦,可鼓励他们说出美梦的场景。逐渐地,宝宝到3岁左右会基本搞清楚梦和现实的区别。

(二)如何让宝宝更好地亲近大自然

经常带宝宝接触大自然,可激发其好奇心和探究欲望。如为宝宝提供一项有趣的探索工具,和宝宝一起发现并分享周围新奇、有趣的事物或现象,一起寻找问题的答案,还可以通过拍照和画图等方式保留和积累有趣的探索与发现。分别有以下几个具体的方式:

1. 户外活动

户外活动是宝宝亲近自然的方式之一。家长不妨通过户外游戏引导宝宝探索大自然的奥秘,体验其中的乐趣,诸如嬉雨、玩雪、玩沙土等。

2. 郊游

郊游是宝宝亲近大自然的又一良方。利用节假日,家长应尽可能多地领宝宝去郊外踏青、远足、爬山、放风筝等。在郊外,家长还可以教宝宝认识五谷杂粮、蔬菜瓜果。

3. 饲养小动物

家长可以在家中喂养乌龟、金鱼、小猫、小狗等小动物，让宝宝了解各种小动物的生活习性和饲养方法。宝宝亲眼见到小动物在自己的照料下健康成长，在体会劳动愉悦的同时，还能同小动物建立起良好的情感，对小动物产生责任感。这种情感能够迁移到宝宝生活的其他方面，促进他们成为情感丰富的人。

4. 栽花种草

很多宝宝都喜欢植物。喜欢植物的宝宝大都具有同情心，个性温和善良。家长可以和宝宝一起在家中种一些花草，既可美化家庭环境，又能增长宝宝的知识，陶冶宝宝的性情。如果有条件，还可以开辟一块空地，种些向日葵、西红柿、丝瓜、黄瓜等植物。播种时，先让宝宝学会分辨各种种子的形状、颜色，待出芽、长叶之后，引导他们继续观察，给他们讲述植物生长的规律。

(三)选择幼儿园需要注意的问题

1. 路途远近是基本的考虑点

选幼儿园尽量不要舍近求远。幼儿园离家太远，会使得宝宝在今后的生活中不得不早起，以至于对宝宝健康产生负面影响。

2. 不要盲目追求幼儿园等级

有些幼儿园因受场地限制无法达到示范标准，但办学严谨，教师工作踏实，服务意识强，在园孩子的家长满意率高。这样的幼儿园是非常值得选择的。

3. 根据经济条件量力而行

幼儿园每月的管理费收费标准存在较大差异，收费标准的高低与教育质量的优劣并不一定成正比，所以家长不必为此背上沉重的经济包袱。

4. 选“特色”幼儿园应慎重

幼儿阶段处于生理和心理发展诸多方面的关键期。宝宝需要通过广泛接触周围的环境，促进语言、认知、社会交往、运动、情感等各方面的发展。如果在此阶段花大量时间用于练习某一技能，宝宝其他方面的发展会受到影响。

5. 尽量不要选全托幼儿园

学龄前儿童处于感情发展的关键期，非常渴求家人的关爱，如果此时被送进幼儿园全托，宝宝缺乏与亲人的接触，无法体验常人的感情，长此以往，他们会失去安全感、信任感。因此除非万不得已，家长不要“忍痛割爱”。

6. 尽量不要进比宝宝实际年龄高一级的班级

正常的宝宝智力年龄随生理年龄同步增长，一个聪明的3岁宝宝进入4岁年龄段的班级，他的能力会显得平平，还有可能事事不如别人，这对宝宝建立自信心十分不利。当宝宝大班毕业该进小学时，由于年龄的问题无法入学，宝宝还会面临"留级"的打击。

父母心理课堂

——3 岁宝宝专栏

一、父母该怎样帮宝宝度过 2 岁以后的“第一个叛逆期”？

宝宝在 2 岁左右自我意识开始变得强烈，这个时候他们会用自己的方式去了解世界，展示自己的力量。之前的“小乖乖”也许变成了令人感到无奈的“小恶魔”。他们总喜欢对爸爸妈妈的指令说“不”。比如“睡觉！”“不要！”“吃饭！”“不吃！”“叫阿姨！”“不叫！”……想要大人按照自己的想法来，否则就会情绪化，还会经常发脾气，被大人认为是“任性”“胡闹”。

两岁半到 3 岁，几乎所有的宝宝都会出现持续半年至一年的“反抗期”，这个反抗期是儿童心理发展的一个必经阶段，心理学上称为“第一反抗期”。这时的宝宝自我意识开始发展，好奇心强，有了自主的愿望，喜欢自己的事情自己做，不希望别人干涉自己的行动，而情绪控制能力还很弱，一旦自己的要求遭到父母的反对和制止就会感到不满，会以直截了当的形式表现出来，比如吵嚷、哭闹、说反话、顶嘴等。

可别小看这个不讨人喜欢的反抗期，它是宝宝个性形成的关键期，父母的教养态度直接影响到宝宝良好的个性品质的形成。因此父母可以从以下几个方面来对待宝宝的“第一个叛逆期”：

1. 不要总是用命令的口气和孩子交流

家长要学会观察与倾听，了解孩子的需求。不要总用命令的口气，如“要这样”或“不许那样”阻止孩子。比如不希望宝宝把玩具到处乱扔，你直接说：“宝宝应该把玩具放好!”这样他更乐于接受。也可以平等的姿态和孩子一起订立几条规则，但一个家庭里规矩不能太多，简单的几条孩子也易于遵守。

2. 面对生活常规事时不要太民主

很多家长似乎很民主，凡事都与孩子用商量的口气：“宝宝我们去吃饭好不好?”“我们一起刷牙好不好？”孩子在这种情况下大都会回答：“不好！”接着家长就会开始发脾气或者讲道理，那宝宝则更听不进去。有些生活常规是孩子必须要做到的，而且又是完全可以做到的，如什么时候吃饭，什么时候睡觉，这些简单的生活常规最好不要给孩子有选择的余地，必须严格执行。

3. 设定选项，让孩子选

在要求孩子前，家长可根据自己对孩子的要求，给出几个选择。比如是跟妈妈去买菜，还是在家和姥姥搭积木？当然，现在的宝宝很聪明，有时也会给出其他的答案，这时就应该明确地告诉他，这是不可以的，然后再严肃地重复一遍刚才妈妈提出的选择。

4. 给孩子作准备的时间

虽然孩子每日生活以玩为主，但那也是他的“工作”，不是家长粗暴地喊停，孩子就必须立即停止的，要给孩子留出反应的时间。比如出门前尽早提醒孩子：“五分钟后我们出门去哟！”再比如：“宝宝，再过五分钟，我们要吃饭了哟！”

5. 父母在教育孩子时立场一定要统一

父母在孩子面前一定要统一立场，一旦下命令就不能随意更改、妥协。如双方意见有分歧，可以避开孩子来讨论。但在教育孩子时，父母的教育理念和原则一定是统一的。做到这些，教育好一个孩子并不难！

二、父母如何给孩子提供高质量的陪伴？

很多父母定义的“陪伴”就是“我人在孩子身边了”。大部分家长往往是身体在孩子身边，但头脑和心却不在，这种“假装在陪伴”其实比缺席更可怕。因为我们的行为在告诉孩子，即使我们在一起，你太无关紧要了，以至于我可以分心去考虑其他事情。于是，缺少关注和爱的孩子，就会从其他途径来索取爱和关注。而大部分孩子就会发现，只有当他大哭大叫、调皮捣蛋时，父母才会真正全心全意开始陪伴，而不只是“陪着”。

高质量的陪伴其实并没有我们想象中那么难，最关键的是，我们真的愿意花时间在孩子身上，这是态度上的转变。在陪伴的过程中，父亲和母亲的角色同样重要。男孩从父亲那里学会如何成为一个男人，女孩通过对父亲的欣赏、爱戴和信任学会今后如何和其他异性相处，而这些一定需要父亲花时间和孩子互动，绝不是电视、玩具等可以替代的。孩子从母亲那里学会如何爱、照顾和信任，从小得到母亲更多关注的孩子，会有更强的自尊心，从而能更好地和他人互动。这些不仅需要母亲花时间和孩子互动，更需要母亲本人有一个比较稳定的情绪状态。因此，想要做到高质量的陪伴，请尽可能从以下方面做起。

1. 请每天至少一次放下手机全身心陪伴在孩子身边

每天至少一次和孩子一起疯狂傻笑；每天至少一次和孩子有身体接触（如拥抱、亲吻等）；每天至少一次放下“教孩子”的念头，跟随孩子玩；每天至少一次看着孩子的眼睛说：“我爱你，我喜欢和你在一起！”

2. 积极回应很关键

对于孩子的需求，家长应积极回应，从家长的回应中孩子慢慢形成一种自我认知，即：“我是重要的，我的需要会被聆听到。”特别是2岁以后的孩子，这方面的需求会越来越强烈，如果这期间父母应对方式不当，孩子就会把需求变成各种行为问题。

其实，父母和孩子在一起相互陪伴的时光非常短暂。笔者粗略算了一下，一个孩子从出生到上大学之前，与家长共同拥有的只有940个周末。过了这段宝贵的时期，再盼着孩子缠着你、和你说话，机会就会很少了。所以，请珍惜现在的每一天、每一个周末，尽量多和孩子创造属于你们彼此的回忆，而不仅仅是给孩子花钱。

三、发现宝宝撒谎该怎么办？

宝宝到了两三岁时，你会发现宝宝会说谎了。比如你问他："放在这里的饼干怎么不见了，宝贝是你吃了吗？""不，不是。"宝宝嘴角还带着饼干屑，却一脸天真地回答。

3岁左右的宝宝"说谎"往往并不是故意的，因为这个年龄的宝宝的记忆力通常比较短暂。比如孩子吃掉了桌上的饼干，过一会儿你问他，他就会告诉你他没有吃，这可能只是因为他已经不记得自己吃过饼干了。同时他们的想象力很丰富，但又还没有能力去辨别事情的真实性，对物品的归属概念模糊，常常会把想象的事当成真的事来说。例如宝宝想有一条小狗，他就可能会对别人说："我有一只狗狗。"有时还会因为认知能力不足，而无意识地说谎，例如："我家里有一个像房子一样大的球球。"这是因为表达能力欠缺，所以对事物进行了夸张的描述。还有一种情况是，孩子从小就被灌输要做"乖宝宝"，宝宝也希望自己是乖宝宝，因此一旦做错事，宝宝就会想："我是个乖宝宝，乖宝宝是不会把饭打翻的。"于是就否认自己的错误。对于宝宝的行为，如果家长只是一笑而过，不分析、不教育，宝宝便得到了不断强化与练习说谎的机会，慢慢就真的养成了说谎的坏习惯。对于宝宝说谎的现象，作为家长，一方面不必惊慌失措，另一方面要仔细分析宝宝说谎的原因和心理，然后采取相应的教育措施。

1. 不要轻易给孩子扣上"说谎"的帽子

了解了宝宝的这些心理特点后，当宝宝由于以上原因而出现言行与事实不符的情况时，家长不要轻易给孩子扣上"说谎"的帽子。

2. 对宝宝的错误行为处罚要得当

有时宝宝做错事还说谎会让家长大发雷霆，甚至体罚孩子。家长应该克制愤怒的情绪，先分析一下错误的性质。针对不同的犯错原因，要采取不同的方式方法，切忌粗暴体罚，而应耐心进行指导教育。

3. 帮助宝宝分清虚拟和现实

如果家里没狗，但宝宝却说"我们家有一只小狗"，家长需要明白宝宝可能只是希望有一只小狗。这时可以让宝宝描述小狗的样子，学学小狗的叫声，和宝宝玩玩与小狗有关的游戏，让宝宝有一种愉快的情绪，之后告诉宝宝：“我们家没有小狗，但叔叔家有小狗。”可以带着宝宝去看小狗，根据情况适当满足宝宝的要求，逐渐地让宝宝分清假想和现实。

4. 建立良好的亲子关系

平时多关心宝宝的生活，对他的要求要切合实际。当发现他说谎，要与他一起商量，下一次遇到类似情况用哪些更好的办法代替说谎。另外，要让宝宝知道，即使说了谎，你还是爱他的，你能理解他的心情。

5. 爸爸妈妈要以身作则

如果父母迫于某种不得已的原因，看宝宝小不懂事就空许诺言，孩子是不明白其中的道理的，往往是只接受表面最浅显的东西，并学会了说谎。父母也应该对自己严格要求，答应孩子的事就一定要做到，做不到的事千万不要许诺。

四、发现宝宝出手打人怎么办？

有时候孩子情绪受挫，也会有暴力行为。例如因为做错了事，受到旁人批评，就赌气摔东西、打别人，还气鼓鼓地不说话，如果遭到父母批评就放声大哭。这些举动往往是因为孩子不懂如何疏通情绪造成的，需要学习情绪管理。

1. 及时制止，立场鲜明

一旦孩子打人，应立刻制止，并用态度鲜明的语气和表情，告诉宝宝打人是不对的，绝对不被允许。如果孩子不听从，还要继续出手，可以将孩子拉开进行教育。无论孩子打的对象是谁，无论谁先打人，都一样，家长必须严肃表明立场。在有些家庭中，如果孩子打了家庭成员，爸爸、妈妈、爷爷、奶奶可能不当回事，有的还会开玩笑，当作游戏。这样做对孩子是错误的引导，孩子会把打人当成互动的方式，认为自己的行为获得了默许。

有的家长觉得，孩子是被打了才还手的，于是放任不管。这种模糊的态度也会让孩子对“规则”产生困惑。正确的做法是清楚地告诉孩子，无论是“谁先打谁”，只要是伤害别人的行为都是不对的。

2. 杜绝以暴制暴

对于孩子打人的问题，有的家长却采取以暴制暴的方式，追着孩子打。这种方式是极为不妥的。爸爸妈妈是孩子最先模仿的对象，许多孩子之所以学会打人，往往就是因为家里有人这样做过。孩子甚至会觉得，打人是获取权力、证明权力的一种方式。所以，家长一定要杜绝“以暴制暴”，既然不允许孩子打人，自己也不能打人。并且要教会孩子理解他人的感受，学会共情：“如果我们打了别人，别人会觉得疼，会受伤，这样做是不对的。”

3. 分析原因，学会共情

孩子出手打人的原因各有不同，要先搞清楚孩子是什么原因动的手，再进行教育引导。提倡使用陈述事实加大孩子感受的方法，例如："因为豆豆抢了你的玩具，所以你感到很生气，对吗？""因为球球挡了你的路，你想快点儿过去，你很着急所以才推她的，是吗？"这样的陈述会让孩子认识到自己现在的感觉是什么。只有知道是什么情绪，才能学会如何去控制。

4. 学会道歉

应培养孩子拥有直视自己错误的勇气，和敢于承担行为后果的责任感。尤其对2岁以上的孩子来说，如果打了人，家长不要光顾着教育自己的孩子或干脆替孩子向其他家长道歉，而应该引导孩子自己向被打的小朋友道歉。

5. 运用绘本，学习情绪管理

平时注意引导孩子学习情绪管理，尤其2岁以后。绘本是特别好的工具，可帮助宝宝学会管理情绪。

6. 树立好榜样

平时给孩子树立良好的榜样，对孩子给予更多积极的关注和尊重，鼓励孩子的正确行为，能让孩子更愿意倾听、学习和改变。

五、宝宝物权意识特别强该怎么办？

宝宝2岁左右，自我意识形成，很多家长会发现这个时候的宝宝物权意识特别强，对于自己的东西甚至周围的空间都有很强的占有欲，类似一种"领地意识"，一旦被侵犯就可能反击。比如出去玩时有小朋友不小心碰到他的东西，他就会立刻抢回去。

这是因为2岁左右的幼儿进入了物权意识的敏感期，常常说"这是我的""那是我的"，什么东西都不肯和别人分享，甚至爸爸妈妈也不行。他们通常会重复使用"我的"这个词，会反复地告诉别的小朋友："这是我的东西，我的妈妈……"而在动作上，有的孩子会伴随攻击行为。对于家长而言，怎么帮助宝宝度过物权敏感期呢？

1. 大人千万不要强抢孩子手中的东西

好多家长看到孩子不愿意分享时会感觉很尴尬，很着急，于是强抢孩子手中的东西，强迫他和其他小朋友分享。其实这是很不好的行为，将会给孩子造成无力抗拒、失望、恐惧的感觉，孩子会因此把分享和不好的感受联系在一起，以后就更不愿意分享了。好的做法是先征得孩子同意，让其自愿和其他小朋友分享。

2. 别把宝宝的物权意识说成是"小气鬼"的表现

当幼儿物权敏感期到来时，家长千万不要认为孩子是自私的。孩子其实是在进行物权归属的练习，通过对物品归属权的确认，来认知他与物品的关系。我们应该理解这个阶段孩子的行为，而不是乱贴标签。

3. 抓住时机，鼓励孩子分享

当宝宝和别的小朋友玩得开心的时候，提醒他："小朋友把玩具分给你玩，你高兴吗？"当他点头时再告诉他："那你把玩具分给他们玩，他们也会很高兴。"如此反复几次之后，让他也尝试把玩具分给别的孩子一起玩，通过练习让他知道玩具是属于他的，分给别人玩后还是可以要回来的，和别人分享，大家都快乐，这样宝宝就慢慢愿意分享了。

4. 给孩子灌输"轮流""借用"的观念

孩子在玩公共的游乐设施时，父母应趁机给孩子灌输"轮流"的观念。告诉他："你可以玩一会儿，再让弟弟玩一会儿。他玩一会儿，也要给你玩一会儿。"孩子想要玩别人的玩具，家长可以趁机教孩子"借用"的观念，如："那可是姐姐的蜡笔哟，你要先问姐姐可不可以借我用一下？"可以用这样的语言引导孩子学会和伙伴交往。

在这个过程中，孩子能不断感受到父母对自己的尊重，不断增强孩子对父母、对家庭的感激，使孩子感到自己是这些物品的真正主人，产生自豪感、责任感，自信心也会随之增强。同时，孩子在整理、摆放、使用、保管自己物品的过程中，也能渐渐培养出独立生活的能力和自我管理能力。

六、2岁以后的宝宝经常争抢玩具该阻止吗？

很多父母带着宝宝出去玩时，常常会叮嘱孩子：别和人家抢东西！在父母看来，做一个有教养的家长很重要，因此不希望孩子去和同伴争抢，让自己在别人面前显得难堪。其实，争抢是人性的一种本能，是宝宝面对竞争采取的一种方式。那面对宝宝的争抢行为，家长该怎么合理对待呢？

问题的关键在于如何引导孩子去正当竞争。当孩子在争抢玩具时，只要不存在安全隐患，在保证安全的情况下，不妨由着孩子，让他将属于自己的东西争回来，自己喜欢的可以去争取，但注意不能不择手段。家长可引导宝宝用言语和小伙伴商量。

七、孩子一不满足就发脾气怎么办？

有的宝宝动不动就发脾气、跺脚、摔东西，有时候还拍桌子、打人，要不就是一生气自己一个人跑到床上谁也不理。对此家长很苦恼，不知如何是好。

遇到这种情况，建议采用以下五个步骤来解决：

1. 制止孩子的不良行为。比如他在打人或者摔东西的时候，家长需要快速地控制住孩子的手，告诉他这是不对的，这样会把妈妈弄疼，会把东西摔坏，但是不要给孩子贴标签。

2. 告诉孩子你很理解他。可以问:“你现在是不是很生气?妈妈理解你。”切记,这个时候别急着解释你的理由,因为孩子的情绪没有平息的时候,你越解释越坏。

3. 引导孩子用更合理的方式来宣泄情绪。你可以提出建议:“要不要试试打一下枕头或者找个没人的地方大喊几声‘我很生气’,这样你就会觉得好多了。妈妈生气的时候呢,也经常用这些方法。”如果可以,你最好把这些可供发泄的材料及时递到孩子的手里,甚至可以做做示范,基本原则就是不伤身、不伤财。

4. 待孩子情绪平静之后,告诉他为什么不能满足他的要求。比如说:“因为家里已经有三个类似的玩具了,所以不能给你买,但是爸爸妈妈依然爱你。”要认真地告诉孩子理由,不然孩子还是会心存不满,甚至会留下心结。

5. 教孩子用语言来表达需求和感受。告诉孩子发脾气、哭闹并不能产生任何作用和效果,只有好好说出他的想法和理由,才有可能得到大人的回应和帮助。

总之,不能满足的一定要坚持原则。有的家长因受不了孩子的哭闹而随意地满足孩子,这就相当于变相地对孩子的行为给予奖励,久而久之,孩子会把哭闹当成要挟与控制他人的手段。

八、家长如何引导孩子独立解决问题?

随着行动和思维能力的飞速发展,2 岁以后的宝宝开始表现出爱探索、爱交往的特点,免不了会遇到各种问题。作为家长,这时不要急着插手,可以用以下五个问题去引导孩子探索、思考、解决问题:

第一个问题:怎么了?

这个问题看起来不起眼,但是非常重要。许多家长遇到问题时总会习惯性用成人的道德模式为孩子下定论:“一定是你先拿了小姐姐的玩具她才打你的。”这样的“一定是……”的模式强制性地剥夺了宝宝辩解的机会。

第二个问题:那你当时是怎么想的?

宝宝遇到情绪问题,很多时候会哭着找妈妈。这时,妈妈需要让宝宝将自己心里的感受说出来,帮助他从小学会宣泄和表达情绪。

第三个问题:你会怎么做呢?

在这个阶段,不妨跟孩子一起用头脑风暴,想想各种点子,合理的、不合理的、荒唐的、可笑的、恶心的、幼稚的……都可以,重点就是允许孩子有任何的想法而暂时不要做批评或判断。

第四个问题:这些做法的后果分别是什么呢?

家长带领宝宝耐心地分析每个做法的后果会是什么?你可能会很诧异地发现,大部分孩子都明白事情的后果。这是一个很好的亲子沟通机会，但值得注意的是，家长要避免借此机会对孩子进行说教，这会引起宝宝的反感，以后就再不愿意和爸爸妈妈分享心理活动了。

第五个问题：那爸爸妈妈可以帮你做点什么呢？

毕竟孩子还小，能力有限，家长应为其提供足够的支持和保护。此时宝宝会被莫大的安全感紧紧包围着，有利于身心健康发展。

采用以上模式多加练习，孩子将来遇到问题就会有能力自己解决了。请相信每个孩子解决问题的潜力都是无限的。

九、宝宝口吃怎么办？

1. 到了会说话的年纪，有的家长发现自家宝宝有点口吃，孩子口吃的原因如下：

(1)发展不平衡

在宝宝成长阶段，随着自我意识的发展，宝宝的表达和表现欲望逐渐增强，但宝宝的思维能力、词汇量和组织句子的能力都在发展阶段，这使他们在表达复杂思想时感到困难，说话过于急躁、激动或紧张。当急于表达，但表达能力却跟不上时，就容易出现口吃。

(2)模仿

宝宝的模仿能力很强，他们不单单喜欢模仿成年人的行为，也喜欢模仿同伴、同学的行为。口吃的感染性很强，孩子们又具有强烈的好奇心，当他们与口吃者经常接触，会因觉得口吃的人说话好玩儿而模仿，久而久之就容易形成口吃。还有一种情况是孩子常年与口吃者一起生活或一起玩耍，时间长了也会不知不觉中染上口吃。

(3)惊吓

宝宝由于惊吓而口吃的不在少数。有的父母过于严厉，当孩子太顽皮或做错了某件事时，就对他们加以责骂。尤其是当孩子说错话的时候，突然大声责骂他，会让他受到惊吓，从而变得口吃起来。另外，环境的惊吓刺激，如父母间的争吵，也可能导致幼儿突发口吃。

(4)父母要求过急

孩子的语言发展有快有慢，有的未满周岁就能说出简单的语言，也有的2岁后还不能找到适当的表达方式。有些父母过于心急和敏感，把孩子学话时的犹豫不决或轻度顿挫看作是口吃。当孩子学话时，父母对其进行过多的矫正和斥责，会对孩子产生极大的副作用，从而回避一些普通的交谈，口吃现象也逐渐加重，形成恶性循环。

2. 对于该阶段孩子的口吃现象，家长应：

(1)以平常心对待

家长如果对这一现象过于紧张，说话的语气音调就会流露出来，孩子会因此受到暗示，说话就更不流利了。更不要取笑、恐吓和打骂。当着宝宝的面也不要议论，否则会加重孩子的紧张心理。

(2)对他讲话一定要慢

爸爸妈妈要有足够的耐心，关注点不要放在孩子“话说得怎么样”上，而是要鼓励宝宝不要着急，慢慢说出自己的想法，确保每一个字讲清楚。

(3)唱歌

歌曲中往往有拖长音的字、重复的字，比较适合说话结巴的宝宝练习。唱熟了一首歌以后再说歌词，对宝宝来说就容易些。

(4)抓住机会表扬

当孩子有进步就要及时表扬，这样可以帮助他建立自信心。

十、2 岁后宝宝说话能力明显偏低该怎么办？

2 岁大的宝宝不仅能明白你对他讲的大部分内容，词汇量也在飞速扩充。但是每个宝宝的词汇积累量是有个体差异的，所以不用盲目跟别人家的宝宝比较。

1. 给宝宝提出包含 2~3 个要求的指令

比如“去厨房里，把苹果和抹布拿来”，通过复杂的指令提高宝宝对语言的理解能力。

2. 随时告诉宝宝生活中常见物品的名称

无论是在家、外出，看到斑马线、红绿灯、公共厕所、雕塑等任何物品，随时告诉宝宝该物的名称，并简单地说明这个物品是用来干什么的，以便于宝宝理解。

3. 鼓励宝宝说出自己及亲人的名字、年龄和性别

可以采取一问一答式：“你叫什么名字？”“你几岁了？”“你是男孩还是女孩？”让宝宝在问答中熟悉自己的信息，当宝宝熟练以后再引导他主动和成人对话。

4. 练习代词(你、我、他)的使用

很多宝宝在代词这一块是模糊的。比如妈妈说：“你要玩具吗？”宝宝回答：“你不要玩具。”所以，建议在和宝宝的对话中采用第三人称。比如：“宝宝要玩具吗？”他会回答：“宝宝不要玩具。”在他熟悉这种说法之后，再告诉他自己就是“我”，对方才是“你”。这一点要宝宝完全理解需要一定的时间，家长切忌埋怨宝宝，挫伤宝宝的自信心。

5. 结合场景帮助宝宝理解意思相反的词语(如高矮、里外、胖瘦、大小、多少)

在平时和宝宝交流中，有意识地在相应场景中说清这些词的关系。比如“宝宝

在帐篷里面”“爸爸在帐篷外面”，让宝宝根据实际的位置关系，逐渐理解“里面”和“外面”的概念。

6. 通过讲故事丰富宝宝的词汇量

通过每天给宝宝讲故事，尤其是重复的故事，引导他重复某些语句。这样可以不断建构宝宝的语言空间。

十一、2岁6个月后宝宝进入诅咒敏感期该怎么办？

2岁6个月后宝宝渐渐发现语言和肢体语言是有力量的，而最能表现力量的话语就是骂人的话。比如孩子会放狠话：“打死你！”“把你踢死！”“当头一棒打死大灰狼！”这些听上去既不文明又有些可怕的言辞，在某个阶段出现的频率相当高。大人听到这些词语后往往反应会很强烈，孩子于是开始发现这些负面语言的力量，并逐渐喜欢使用这样的语言来表达自己的情绪。

随着年龄的增长，宝宝很快发现一句话能表达一个意思，这个发现又使他开始重复说一句话。很快，宝宝又发现语言本身是有力量的，一句话有时候会产生一种强有力的效果，或者像一把剑一样能刺伤别人，诅咒的敏感期来了。

初次听见孩子说这类词汇的时候，家长可以适当询问和引导，方便得知孩子的动机并顺势引导说出正确的言辞。如果孩子反复说这些诅咒的话，家长应该尽量保持平静，力争淡化处理。让孩子觉得这些话和其他语言没什么区别，当他们觉得这些词语无法引人注意的时候，就会觉得无趣，也就不再说这些词汇了。不要太在意孩子的语言，因为这些语言并不代表他的真实想法，等这个阶段过去，情况会自然好转。

因为孩子在这个阶段发现了语言的力量，成人反应越强烈，孩子就越喜欢说。一般来说，小朋友只在诅咒敏感期才会有足够的兴趣去如此表达。如果成年人对宝宝的诅咒话语反应过激，或者让他们感觉到类似的表达方式会让说者从中受益，孩子就有可能真的形成习惯了。

因此家长应该认识到这一现象是正常的，是宝宝成长中的必经阶段。同时，在教养儿女的过程中需要注意自己的语言表达，给孩子营造一个文明的语言环境。

十二、宝宝为什么喜欢反复听同一个故事？

宝宝2岁以后，很多爸爸妈妈会经常给宝宝讲故事、读绘本，但发现每次拿出新的绘本或讲新的故事时，宝宝都会要求讲上一个刚讲过的故事，他们喜欢反复听同一个故事。很多家长不能理解，反问宝宝：“不是刚讲过吗？我们换个新的好不好？”可宝宝却执意要听这个。其实反复听一个故事，是宝宝不断深化学习和完善心理感觉的过程,也是宝宝的心智成长的过程。

重复听故事,不但令宝宝获得有关知识信息,学习词汇语句,懂得相关的道理,更为宝宝提供了创造性言语表达的素材,开发了语言潜能。在重复中,宝宝已能很好地把注意力控制到一个点上。注意力高度集中,宝宝的内心就获得了一种力量,这种力量激励着宝宝不断探索新鲜事物,获得新的认知,逐渐认识外部世界。几乎每个宝宝都经历过重复听故事的阶段。宝宝听着同一个故事时,每次感受到的重点、留意的词语、理解的人物关系都可能是不同的,每次都有新发现,细心的妈妈一定能从宝宝的表情、提问、故事复述和故事创编中感受到宝宝在进步。因此,家长不要武断地阻止他们,而应尽可能地满足宝宝的需求,用不同的语调给宝宝讲述同一个故事,这对宝宝的智能发展很有帮助。

十三、快上幼儿园了,宝宝胆小内向,不愿意交流,该怎么办?

其实造成这种现象的原因不外乎三点:

一是家长保护过度。有些家长在家里对孩子的保护过多、过细,怕磕着、怕摔着、怕不适应,总把孩子带在身边,形影不离,使孩子形成一种强烈的依赖心理和被保护意识。日常生活中对孩子限制过多,如孩子摸摸茶杯,大人就嚷:“别动,看,摔了!”孩子摸摸扫帚,大人就说:“扎着你,多脏,快放下。”造成孩子不敢从尝试与实践中获得知识,取得经验,胆小怕事。其实正是这种过度保护导致了孩子的胆小。

二是孩子收到一些恐吓的信息。不少家长在孩子年幼时都说过以下类似的话语:“你不听话,就把你扔到外面去!”“不许到处乱跑,小心人贩子拐走你!”……这种恐吓式的话语无形中给孩子造成一定的心理压力。孩子会因此而认为外界环境危机重重,于是产生了防备心理或者逃避心理。或者生活中某些偶然事件,如着火、跑水等吓着了孩子……这些经历在孩子心中留下了可怕的阴影,也会造成孩子胆小。

三是孩子与人交往太少,对陌生人和陌生群体不适应。有些孩子从小很少与人交往,除了家人,极少与同龄小朋友一起玩耍,极少有走亲访友的机会。这样,也会使孩子交往能力萎缩,怕见生人,怕在众人面前讲话。

家长应该多创造机会让孩子和同伴自由玩耍。孩子往往都喜欢玩沙子、玩泥巴,家长应尽量不去干涉他怎么玩。对于孩子的畏缩行为,如不敢滑滑梯、跳蹦床、说话声音太小等,父母要尽量克制自己的情绪,不要有太强烈的反应,而应努力发现并强化孩子身上的闪光点,避免拿“别人的孩子”来和“自己家的孩子”作比较。最胆小怯弱的孩子,偶尔也会有“大胆”的举动,也许在父母看来这微不足道,但做父母的必须努力捕捉这些稍纵即逝的闪光点,给予孩子及时的、必要的表扬。

家长对于胆小的孩子必须坚持“多肯定,少批评,多鼓励,少指责”的原则。多给孩子一点儿自由和自主的权利，允许他做出自己的选择和决定，允许他去探索和尝试。小到允许几个月的宝宝在地上到处乱爬，允许他翻箱倒柜满足自己的好奇心，允许他偶尔自己一个人安静地待着无所事事，而不是越俎代庖一手包办。

十四、宝宝拒绝上幼儿园，家长避免陷入四大误区。

误区一：一再妥协。

这是很多家庭普遍存在的问题，家长因为心疼孩子哭，而一味推迟孩子上幼儿园的时间。孩子哭了，家长很心疼，于是存有侥幸心理：也许明天就好了。结果，明天依然是今天的重复。孩子在这方面都是无师自通的“小人精”。家长只要妥协一次，他就会觉得自己只要一哭，就可以不用去幼儿园了。那么，当你再次送他去幼儿园的时候，他的哭闹会变本加厉。

误区二：三天打鱼两天晒网。

有的孩子刚入园时，哭闹比较严重，吃饭也不如在家多，容易上火。家长感到很心疼，便想送几天，在家里休息一天，给孩子调理调理。其实这样的想法是不对的，孩子在家里休息后，再来幼儿园会感到更加陌生了，特别是新入园的孩子还没有建立起与老师之间的依赖关系，送送停停会让孩子的适应过程事倍功半。坚持送园，对孩子适应幼儿园生活至关重要。

误区三：孩子哭，我也哭。

第一次离开自己的孩子这么长时间，对于爸爸妈妈来说也是一次心理考验。很多妈妈看自己的宝贝哭闹得厉害，也控制不住自己跟着孩子一起哭。这种状态会让孩子认为上幼儿园不管对于他自己还是对于父母来说都是非常痛苦的事，于是加剧了孩子的分离焦虑，不利于孩子适应幼儿园生活。

误区四：用语言吓唬孩子。

看到孩子哭得厉害不愿意上幼儿园，很多家长一着急就会吓唬孩子：“别哭了，再哭，再哭爸爸妈妈就不来接你了！”这是家长一时着急说的气话。家长这么说是为了让孩子停止哭泣，可是孩子往往只会越哭越厉害。因为孩子的理解能力是有限的，孩子理解的就是你不来接他了，这种负面效应会让孩子觉得恐惧，恐惧幼儿园，更恐惧分离了。

十五、如何缓解宝宝的入园焦虑？

到了3岁，孩子就要上幼儿园了，家长心情很是复杂：“我的孩子那么小，离开爸爸妈妈肯定很伤心。”“孩子在家从来都是衣来伸手，饭来张口，到了幼儿园该怎么办呢？”为了帮助孩子和家长顺利解决入园焦虑的问题，特建议家长做好以下准备工作。

1. 心理准备

家长要做好孩子入园的心理准备，避免孩子因入园产生焦虑。小朋友入幼儿园前，2~3 年的时间都是和家人在一起，突然要和陌生的老师以及小朋友相处，还要在陌生的环境里吃饭、喝水、睡午觉，这种变化对于小朋友来讲是非常巨大的。孩子面对陌生环境、陌生人群而产生的焦虑感，家长应该尽量帮助孩子缓解。

(1)提前多讲一些关于幼儿园的趣事，激发孩子上幼儿园的欲望。

(2)提前带孩子去幼儿园周围熟悉环境，如果条件允许，可以带孩子去幼儿园实地参观，了解一下上午和下午幼儿园里的课间活动和户外活动内容。

(3)了解熟识的小朋友里有哪些同班的孩子，这样孩子知道入园后也有自己熟悉的小伙伴，就能很自然地过渡了。

2. 物品准备

(1)在宝宝的被褥、衣服、毛巾、小背包等上面贴上宝宝的名字标签

和孩子一起准备个性化的小背包，贴上写着宝宝名字的小标签，也可以贴上小朋友喜欢的动物贴纸等。背包里能放下一两件换洗衣服就可以了。准备背包是为了加强小朋友上幼儿园的仪式感。

(2)准备一套备用的衣裤和小毛巾

刚入园的宝宝在幼儿园难免会尿床或弄脏衣物，准备一套备用的衣裤可以在小朋友发生突发情况后更换。夏季气温较高，为孩子准备一条干净的小毛巾，便于孩子在户外活动之后擦洗。

(3)可以带一件宝宝特别喜欢的物品

一般幼儿园都允许初入园的宝宝带一两件自己特别喜欢的玩具，如小玩偶、绘本等。在心理学上这件物品被称为“过渡客体”，宝宝手里拿着自己熟悉的东西，会增加宝宝的安全感，缓解入园焦虑。

3. 身体准备

提前培养宝宝的生活习惯，避免宝宝入园后因不适应幼儿园的生活而生病。

(1)提前匹配幼儿园的饮食习惯

提前调整孩子的饮食结构和时间，与幼儿园的饮食安排越接近越好。入园后，起床时间一般会比平时提前，早晨的时间会显得特别仓促。所以建议提前开始简化早餐，以喝奶为主，辅以鸡蛋和少量面食，尽量做到与幼儿园的早餐相似。午餐可多吃一点儿主食和蔬菜，保证宝宝一天的营养。晚餐可辅以水果、酸奶等以助消化。

(2)入园前应适当地调整孩子的作息时间

宝宝入园前，妈妈也可以有意识地按幼儿园的作息时间安排宝宝的活动。如帮助宝宝建立适宜的午睡习惯，一般幼儿园早上入园时间为 7 点 30 分至 8 点，吃午饭时间是 11 点至 12 点，午睡安排在中午 12 点至 14 点 30 分，晚饭时间为 16 点至

17点。

(3)提前培养宝宝的生活自理能力

①学习用勺吃饭。宝宝自己吃饭时,给他不易碎的碗、勺,戴上围嘴。由于宝宝还不能很好地控制自己的动作,会把饭菜弄得到处都是,这时父母不要责怪他,也不要怕麻烦,应多鼓励,及时纠正他的动作,相信宝宝会很快学会自己用勺吃饭。

②学习用杯喝水。刚开始练习用杯子喝水时,水温不要太高,也不要倒得太多,家长要帮宝宝控制好杯子的倾斜度。让宝宝用水杯喝水也可以锻炼他的双手协调能力。洒几次没关系,重要的是和宝宝一起总结经验,找到不洒水的技巧。此外,还要让宝宝适应喝白开水。

③大小便问题。入园前,家长一定要告诉宝宝有便意时不要憋着或拉尿在裤子里,要主动跟老师表达:"老师我要小便,我要大便。"以免因为宝宝不能及时如厕而弄脏裤子。同时,尽量鼓励宝宝便前自己脱下裤子,便后自己提上裤子。

④睡眠。按照幼儿园的作息安排,尽可能调整宝宝的睡觉时间,并且鼓励宝宝自己入睡。这些都可以帮助宝宝在幼儿园愉快地睡觉。

⑤方便穿脱的衣服、鞋子。宝宝入园的衣服除了要符合季节要求外,还应方便宝宝自己穿脱。如鞋子尽量不穿系带的,裤子不穿系腰带的,尽可能方便宝宝照顾自己,在集体生活中建立自信。让宝宝在入园前就充分练习穿脱衣服和鞋子。不要因为宝宝做不好就代替他做,多鼓励宝宝自己尝试。

⑥让孩子学会表达,寻求帮助。家长要告诉孩子:老师和妈妈一样,遇到困难请老师帮忙并不丢脸,老师很愿意帮助他。

要教会孩子的几句话:

当感到口渴时,要说:"老师,我想喝水。"

当有便意时,要说:"老师,我想上厕所。"

当没吃饱时,要说:"老师,我想再吃一碗。"

当不舒服时,要说:"老师,我难受。"

鼓励孩子在需要帮助的时候勇敢地表达出来。

4. 交往准备

(1)培养交往能力

家长应该鼓励宝宝多与周围的小朋友交往,带宝宝出去时,鼓励宝宝主动和陌生的小朋友打招呼,主动向小伙伴做自我介绍,如:"大家好,我叫甜果,今年三岁了,希望大家喜欢我。"可以经常带宝宝去其他小朋友家里做客,或到小朋友多的地方玩耍,鼓励宝宝主动介绍自己,去认识新的小朋友,使宝宝充分感受到与人交往的乐趣。

(2)培养良好的倾听习惯

家长可采取以下这些方法帮助宝宝建立良好的倾听习惯:

①重复：家长在说话的时候，让宝宝仔细听，并重复。

②传话：让宝宝把妈妈的话传给爸爸，再把爸爸的话传给妈妈。

③打电话：家长可以和宝宝玩打电话的游戏，也可以让宝宝打电话给他的小伙伴。

(3)培养语言表达能力

找出宝宝感兴趣的话题，鼓励宝宝学会表达自己的要求，说完整句子。可利用提问的方式培养宝宝语言表达的能力，启发宝宝多说。还可以在讲宝宝熟悉的故事时，边读边问。也可以在讲故事的时候，让宝宝参与进来，不看书，和宝宝一起回忆故事的内容，复述故事，让宝宝练习表达。

(4)引导宝宝使用文明用语

引导宝宝使用文明用语，如您好、再见、谢谢、不客气、对不起、没关系、请等。家长可以教宝宝礼貌用语儿歌，如："踩了人，多着急，快快说，对不起；碰了我，不生气，轻轻说，没关系；小伙伴，手拉手，你我他，好朋友。"在学习礼貌用语儿歌的过程中，宝宝自然会明白如何成为有礼貌的好孩子。也可以使用绘本，在故事中教宝宝学习常用的文明用语。会使用文明用语的宝宝来到幼儿园，自然会受到小伙伴和老师的喜爱。当然，培养宝宝使用文明用语不是一朝一夕的事情，需要一个循序渐进的过程，需要爸爸妈妈在家里以身作则，天天使用。可见，日常生活中的任何一件小事都能折射出教育的光芒。

夫妻互动课堂

如何让爱情历久弥新?

1. 回忆热恋。初为父母的你们，还记得当时的你侬我侬吗？热恋是婚姻的前导，热恋中的男女，那种两情依依、片刻难离的情景，是非常美妙的。每个人心底里都渴望被爱包围。结婚以后，经常回忆婚前的热恋时光，能唤起夫妻的情感共鸣，从而增进夫妻感情。

2. 用一张卡片或者发信息的方式写下对爱人肯定的语句，把它贴在镜子上、床头或者爱人每天都会看到的地方。比如："亲爱的，你昨天晚上把宝宝照顾得真好！""你不打扮，依然最美丽！"

每天写下对配偶的肯定和赞美，持续一个星期。在一个星期结束后，跟配偶坐下来，看看你们的记录，是不是温馨又浪漫？

3. 一起到公园散步，聊一些有关配偶童年的话题。增加对配偶的了解，也是增进感情的"小秘方"。

4. 想一种你配偶喜欢的活动，告诉你的配偶，这个月你准备跟他一起参与这项活动。

5. 保存一本"礼物点子笔记本"。每次听见你的配偶说"我真喜欢那个"，或者"哦，我真喜欢有一个那样的东西"，就把它写到你的笔记本里。留心听，你会拥有一个相当像样的本子。当你要送礼物的时候，可以用它作为指南。

6. 请求你配偶列出 10 样事情，是他希望你能在下个月做好的。然后，请配偶以数字1 至 10 标示出它们的优先等级。1 代表最重要的，10 代表最不重要的。

7. 送你的配偶一本书，并同他一起阅读，然后提议每星期一起讨论一章。最好不要选你想要对方看的书，而要根据配偶的兴趣选择他爱看的。

8. 送一份"有生命"的礼物。买一棵树或者一棵开花的灌木，向你的配偶致敬。你可以把它种在自己的院子里——在那儿，你可以浇水、施肥；或者把它种在花园里——在那儿，别的人也可以欣赏它。

附录：儿童发育敏感期

在陪孩子成长的过程中，家长可能会发现，在每一个特定的时期，孩子都有一种特殊的感受能力，这种感受能力促使他们对环境中的某些事物很敏感。孩子可能在几周或几个月内关注一类事物，每天都乐此不疲地重复去做，对别的事物则不感兴趣。这些现象的出现告诉我们，孩子的敏感期已经来临。孩子的敏感期很短暂，且在特定的敏感期中，孩子只对一种特定的知识或技能感兴趣。每一个敏感期的出现都将引发下一个敏感期的出现。孩子的成长就是由一个接一个的敏感期组成的，所以家长应该把握好孩子的每一个敏感期，更科学地陪伴孩子成长！

视觉发育的敏感期

时间：0～3个月

主要表现：刚出生的宝宝对光非常敏感，这时宝宝需要适应白天和晚上的光线差异。

养育建议：从出生开始就要给予宝宝充分且适当的光线刺激，可给宝宝多看视觉激发卡片(先黑白，后彩色)。

味觉发育的敏感期

时间：4～7个月

主要表现：宝宝的口腔可以感觉到甜、咸、酸等味觉，开始喜欢尝有味道的东西了。

养育建议：添加辅食时要注意饮食的清淡，建议3个月内不要加盐，1岁之内不要吃太甜的食物。

口腔发育的敏感期

时间：4～12个月

主要表现：宝宝不停地用嘴去探索，见什么咬什么，什么东西都喜欢往嘴里放。

养育建议：看到宝宝吃手时，不要无情地把宝宝的手从他嘴里拿开。在保证卫生的前提下，让宝宝“吃个够”。

咀嚼发展的敏感期

时间：9～15个月

主要表现：宝宝喜欢啃咬物品，类似口腔敏感期的表现，很多物品宝宝都喜欢放在嘴里。

养育建议：要保护宝宝的探索行为，可提供一些干净的物体给宝宝啃咬。食物是最好的磨牙工具，这是让宝宝循序渐进地接受各类食物的最好时机。6月龄，可以适当添加泥状食物；7月龄，可以添加末状食物；9月龄以后，可以适当吃些粗糙的小块食物；1岁以后，可以培养宝宝吃一些段状的食物（如给宝宝薄的馒头片、面包片、水果条，让其自己咬着吃），软软的白饭对于锻炼宝宝的咀嚼能力和吞咽能力也是不错的选择。

手眼协调能力发展的敏感期

时间：6～12个月

主要表现：宝宝在某个阶段喜欢扔东西，家长给什么就扔什么，拿到什么就往地上扔，尤其喜欢从高处往低处扔。

养育建议：这一时期，其实是宝宝手眼协调能力发展的关键时期。请家长不要过多地管制宝宝这种行为，如果无大碍的话，可以让他扔个够。

行走的敏感期

时间：1～2岁

主要表现：躺、坐、爬等已经不能满足宝宝的需要了，即使常常会摔倒，但他们开始喜欢扶、站、行走。他们不太会走，又要到处走，对上下楼梯、走斜坡等都乐此不疲。

养育建议：宝宝初学走路，摔倒是在所难免的。在保证安全的前提下，当宝宝摔倒时，让他自己重新站起来，给予宝宝足够的鼓励和赞赏是对宝宝最好的礼物。在这一阶段，可以多和宝宝做游戏、做运动，以便让他们的肌肉得到充分训练，使他们的左右脑得到均衡发展。此外，这也是增进亲子关系的最好时机。

精细动作发展的敏感期

时间：1.5～3岁

主要表现：这一时期宝宝的手一刻也停不下来，抓、捏、摸、揪、捅、按、拧、插、撕，所有需要动手做的事情，都是他们感兴趣的。

养育建议：在保证宝宝安全的情况下，请收起“别动”“太脏”“别去抓”“太危险”“快点起来”“这有什么好玩的”这样的语言。

细小事物敏感期

时间：1.5～2岁

主要表现：宝宝开始对生活中微不足道的小事物非常感兴趣，比如地上的小碎屑、泥土里的小昆虫、衣服上的细小图案、树下的小落叶、墙上的小洞等，越小越细的东西往往越能吸引孩子的注意，他们的眼睛仿佛是一个放大镜。这一阶段也是容易被忙碌的家长忽略的时期。

养育建议：此时期，正是我们培养孩子学会观察事物的好时机。这个时期，只要孩子处在安全的环境中，就可以鼓励孩子自由探索细小事物，让宝宝在想象的空间里自由驰骋。这也是引导和培养孩子观察力和专注力的最佳时期。

口语发展的敏感期

时间：1.5～2.5岁

主要表现：从宝宝能够发声时，他的语言学习就已经开始了。先是咿呀学语，接着能喊出“爸爸”或“妈妈”，然后是其他词、短语，进而能完整说出一句话，宝宝的语言就这样慢慢发展起来了。

养育建议：也许您觉得宝宝还不能完全理解我们的语言，但多和他说话、讲故事，对于这一时期的宝宝是大有裨益的。建议和宝宝交流时，尽量用普通话取代方言，多给宝宝留出亲子共读的时间。

自我意识发展的敏感期

时间：1.5～3岁

主要表现：宝宝开始能区分“我的”和“你的”以及“我”和“你”的界限。这一时期，宝宝自我意识萌出的标志主要有：开始用“是我的”来区别“我”跟“你”是不同的，“我是我”，“你是你”，这两个人是不同的；宝宝对自己的物品开始拥有所有权意识；宝宝开始说“不”，通过说“不”来表明“我”和“你”是有差别的。

养育建议：宝宝说“不”时，父母不必马上纠正，不必急于和他商量分辨，应让宝宝在不违反规则的情况下敢于表达和坚持自我，家长要尽量尊重宝宝的选择。

模仿敏感期

时间：2～2.5岁

主要表现：宝宝喜欢不停地模仿父母和其他小朋友的一举一动。

养育建议：这时的宝宝从形式上看完全没有自我，实际上这是儿童形成自我必须经历的阶段。成人尽量不要干预宝宝，让宝宝去做，把动作放慢，给孩子成长的空间。

社会规范的敏感期

时间：2.5～4岁

主要表现：宝宝不再像以前那样以自我为中心，他们开始关注周围的一些人和事，变得喜欢结交朋友，喜欢去人多的地方凑热闹。

养育建议：家长应该多带宝宝走出家门，给他们提供更多的与其他人交流的机会，在此过程中，宝宝会学习一些社会交往的简单礼仪与行为规范。

秩序发展的敏感期

时间：2～4岁

主要表现：这个时期的宝宝需要一个有秩序的环境来帮助他认识事物、熟悉环境。孩子一旦在做某件事时形成了秩序，就会每天不厌其烦地进行，一个环节都不能错，一个环节都不能漏，先后的顺序也不能打乱，否则就得再来一次。这种秩序敏感力会表现在宝宝对顺序性、生活习惯、所有物的要求上。

养育建议：随着宝宝的成长，他们的"秩序敏感期"会呈螺旋式上升的趋势。这一阶段，家长一定要有足够的耐心，陪宝宝一起度过这个敏感期。在宝宝一遍遍地按某种秩序做事情时，家长可尽量满足宝宝的需求，如果宝宝要求重来一次，那就重来一次。如果家长实在没办法满足宝宝的需求，千万不可因此谴责宝宝，而要多安慰他。

执拗的敏感期

时间：2～3岁

主要表现：进入执拗敏感期的宝宝，表现为对父母的建议和指令常常会不听从、固执己见，甚至开始反抗，事事必须得依他的想法和意图去办，否则就会闹情绪。他们的这种表现常常被家长认为是"任性"甚至"胡闹"。

养育建议：孩子的执拗敏感期来源于他们自我意识的觉醒。2岁以后的宝宝，随着生活范围的扩大和探索能力的提高，发现自己可以控制越来越多的东西，由此也变得喜欢挑战大人，并从中体会自己的力量。执拗敏感期通常是伴随着秩序敏感期出现的，因为2岁左右的宝宝内心已经有了一定的秩序感，并期待世界按照这种秩序感运行，他们做事时预想的事物如果不是按照其预想的去发展，他们就会比任何时候都显得"任性"。家长应做好耐心陪孩子度过这段时期的思想准备，尝试着理解宝宝的痛苦。发生冲突时，如果是非原则性问题，家长可尽量多做出些让步，尽量满足宝宝合情合理的要求。这一时期，来自家长的尊重也是宝宝建立自我和自尊的第一步。如果遇到原则性的问题，不能满足孩子，也要做好抚慰工作，通过拥抱、讲道理、转移注意力等方式减轻宝宝的痛苦。

空间敏感期

时间：1～6岁

主要表现：处于空间敏感期的孩子，床底下、衣柜里、桌子下、纸箱里……是他们最喜欢去的地方，他们对空间的探索乐此不疲。

养育建议：对于不同年龄的宝宝，我们应该给予不同难度的锻炼，最重要的是在保证安全的情况下让宝宝尽情探索，比如给宝宝提供一个独立的空间，比如一个属于宝宝的绘本阅读区等。

色彩敏感期

时间:3～4岁

主要表现:从3岁开始,宝宝对色彩有了感觉和认识,开始在生活中不断寻找不同的色彩,并使用和搭配。

养育建议:在宝宝最初接触色彩的时候,尽量不要把一整盒的颜料摆到宝宝面前,那只会让宝宝盲目乱涂,把颜色一种一种试涂一遍,最后变成像灰泥一样的大色块!这样,宝宝也还是不了解色彩。爸爸妈妈要有计划地陪宝宝逐一地认识各种颜色,也可以陪孩子一起阅读和欣赏各种画风、材质和形式的图画书。

逻辑思维敏感期

时间:3～4岁

主要表现:宝宝开始不断追问"为什么",如"天为什么黑了""为什么会下雨""小朋友为什么要上幼儿园"等等。这些问题总是让家长感到应接不暇,可是宝宝却不管不顾地打破砂锅问到底。

养育建议:保护好宝宝的这份珍贵的好奇心,宝宝正是通过这样的一问一答,在认识客观世界的同时也发展了思维能力。遇到家长无法回答的问题,家长可以和宝宝一起学习探索,一起阅读百科全书也是不错的选择。

【小提示】

每个宝宝的发育状况不同,敏感期来临的时间也会有所差异。